Fragen an die DDR

Grundwissen DDR

Fakten und Positionen

Fragen an die DDR

Alles, was man über den deutschen Arbeiter-und-Bauern-Staat wissen muß

edition ost

Mitarbeit:
Hans Bentzien, Harri Czepuck, Gerhard Fischer,
Günter Herlt, Klaus Huhn, Friedrich Wolff,
Wolfgang Wünsche

Vorbemerkung

Wie war die DDR?

Die Zahl jener wächst, die sie nicht mehr erlebt haben. Das Wissen bei den Nachgeborenen ist gering und scheint in einem seltsamen Widerspruch zu der Fülle der angebotenen Publikationen, der Medienberichte, der Aktivitäten der Zentralen für politische Bildung und vieler anderer Institutionen zu stehen.
Der Verlag fragte Schüler: Was wißt ihr von der DDR?
Zum einen stießen wir auf bemerkenswertes Interesse. Es war keineswegs so, daß man mit diesem Thema nur müdes Gähnen hervorrief. Im Gegenteil. Zum anderen jedoch wurden erschreckende Lücken sichtbar. Statt Auskünfte kamen Fragen.
Aus diesen Fragen entstand das Buch.
Vielleicht können die hier versammelten Antworten helfen, das Bild von der anderen deutschen Republik etwas deutlicher und verständlicher zu zeichnen, als es sich derzeit darbietet.
Dieses Buch ist kein Abriß der Geschichte der DDR, es ersetzt nicht die Beschäftigung mit den historischen Ereignissen. Es ist kein Zahlenwerk über das Land, obwohl statistisches Material eingeflossen ist. Es ist auch kein subjektiver Rückblick, wenngleich die Autoren auch von ihren eigenen Erfahrungen sprechen.
Das Buch wendet sich an jene Generation, für deren Eltern das untergegangene Land Lebensalltag war oder zumindest wahrgenommen wurde als „da drüben". Vielleicht provoziert es neue Fragen im Dialog der Generationen. Und es möchte zum Nachdenken über das Land anregen, das als „erster sozialistischer Staat auf deutschem Boden" all jenen eine Auseinandersetzung wert sein sollte, die die heutige Welt nicht als beste aller Welten ansehen.
Der Verlag dankt den Schülern des Domgymnasiums Merseburg, des Gymnasiums am Thie in Blankenburg und des Käthe-Kollwitz-Gymnasiums Halberstadt, die mit ihren „Fragen an die DDR" nach Antworten verlangt haben.

Inhalt

Alltag und Lebensweise ... 11

Wieso kostete eine Straßenbahnfahrt nur 20 Pfennige? 11 / Warum war der Alltag in der DDR so grau? 12 / Was machten die DDR-Bürger im Urlaub? 13 / Welche Privilegien hatten die SED-Mitglieder? 15 / Weshalb war das Westfernsehen verboten? 16 / „Hatten wirklich alle Arbeit?" 18 / Wer hatte Westgeld, und wie kam man da ran? 19 / Gab es in der DDR Pornographie? 21 / Wieso durfte man nicht in den Westen fahren? 22 / Warum fand sich die Bevölkerung damit ab, eingesperrt zu sein? 23 / Durften die Gewerkschaften in der DDR streiken? 24 / Gab es in der DDR viele Ausländer? 25 / Gab es in der DDR Prostitution? 27 / Gab es richtig Arme und auch Millionäre in der DDR? 27 / Hat die DDR-Bevölkerung wirklich von den West-Paketen gelebt? 28 / Gab es auch völlig unpolitische Bereiche in der DDR? 30 / Warum gab es so wenig Gaststätten? 31 / Wurde jeder von der Stasi überwacht? 32 / Waren die DDR-Bürger im Ausland beliebt? 34 / Wurden die SED-Genossen von den anderen Bürgern gemieden? 35 / Gab es in der DDR Sozialhilfeempfänger? 36 / Warum gab es in der DDR weniger zu kaufen als in der BRD? 37 / Warum gab es keine individuellen Freiheiten? 38 / Warum sind in der DDR die Häuser und Städte so verrottet? 40 / Warum traute sich keiner, seine Meinung zu sagen? 42 / Bückware – kam das mal vor, oder war es ein Dauerproblem? 43 / Warum gingen so viele Künstler in den Westen? 44 / Wenn jemand an die DDR glaubte, war er dann dumm? 45 / Worauf waren die DDR-Bürger stolz, und warum sind heute so viele von ihnen nostalgisch? 47

Schule und Ausbildung ... 51

Was war in den Schulen der DDR anders als heute? 51 / Was war denn so negativ am Schulsystem der DDR? 53 / Wie war die Schule aufgebaut? Gab es Spezialschulen? 54 / Wer durfte studieren? 56 / Konnte jeder studieren, was er wollte? 56 / Konnte man im Ausland studieren? 60 / Warum durften nur Kinder von Arbeitern studieren, Kinder von Pastoren aber nicht? 61 /

Stimmt es, daß jeder eine Lehrstelle erhielt? 62 / Warum durften die Schüler nur Russisch lernen und keine anderen Fremdsprachen? 63 / Welche Autoren wurden im Deutschunterricht behandelt? 64 / Gab es Religionsunterricht? 65 / Warum gab es militärische Ausbildung an den Schulen? 65 / Warum mußten alle Lehrer Mitglied der SED sein? 66 / Gab es Schulstrafen? 67 / Waren die Lehrer von 1989 anders als die von 1990? 67

Familie und Jugend ... 69

Warum mußten alle Kinder in Kitas gehen? 69 / War Schwangerschaftsabbruch in der DDR erlaubt? 70 / Warum kam die DDR mit einer Krankenkasse aus? 71 / Stimmt es, daß man in der DDR früher geheiratet hat als heute? 72 / Mußte jeder Pionier und FDJler werden? 73 / Was machten die Pioniere am Nachmittag? 74 / Waren die Kinder glücklich? 75 / Warum feierte man Jugendweihe? 77 / In alten Filmen sah ich jubelnde FDJler. Waren das alles Heuchler, oder wurden sie dafür bezahlt? 78 / Gab es viele Neonazis unter den Jugendlichen? 79 / Warum durfte keine Westmusik im Radio oder in den Diskotheken gespielt werden? 80 / Gab es in der DDR Drogen? 81 / Warum haben die jungen Leute in der DDR nichts gegen die Eintönigkeit unternommen? 81

Sport ... 83

Warum war die DDR so erfolgreich im Sport? 83 / Waren alle Leistungssportler gedopt? 86 / Warum haben sich Sportler für den Unrechtsstaat funktionalisieren lassen? 88 / Wie konnte die kleine DDR soviel Geld für den Leistungssport aufbringen? 89 / Warum hat man das Gute, z. B. im Sport, nach dem Mauerfall nicht übernommen? 91

Kiche ... 92

Wurden in der DDR die Gläubigen verfolgt und unterdrückt? 92 / Wie standen Kirche und Regierung zueinander? 93 / Mußte man in der DDR Kirchensteuer zahlen? 95 / Konnten die Kirchen unbehindert arbeiten? 96 / Warum traten so viele aus der Kirche aus? 96 / Konnte man sich in der DDR konfirmieren lassen? 97 / Warum standen Christen vor Gericht? 97 / Warum spricht man von Gleichschaltung der Kirche im Sozialismus? 99

Justiz ... 100

Wer hat in der DDR die Gesetze gemacht? 100 / Gab es in der DDR überhaupt Möglichkeiten, sein Recht einzuklagen? 100 / War die Justiz unabhängig? 101 / Wie funktionierte die Rechtsprechung? 102 / Was waren die Konfliktkommissionen? 102 / Gab es in der DDR politische Gefangene? 103 / Welches Strafmaß gab es für politisch Verurteilte? 104 / Gab es die Todesstrafe? 104 / Warum kam man ins Gefängnis, wenn man eine kritische Meinung äußerte? 105 / Warum konnten Russen Deutsche einsperren? 105 / Wieso gab es in der DDR Schauprozesse? 106 / Was sind die Waldheimer Prozesse? 106 / Wie hat die DDR mit der RAF zusammengearbeitet? 107 / Wurden Kinder ins Gefängnis gesteckt? 108 / Konnte die Polizei Wohnungen durchsuchen? 108 / Gab es weniger Straftaten und Gewalt? 109

Armee ... 111

Worin unterschieden sich NVA und Bundeswehr? 111 / Warum hatte die DDR soviel Militär? 112 / Worauf gründete sich Bildung und Einsatz der NVA? 113 / Was war der Warschauer Vertrag? 114 / Gab es Unterschiede zwischen den beiden Bündnissystemen? 115 / Wie war das mit der „Waffenbrüderschaft"? 116 / Gab es auch Wehrmachtoffiziere in der NVA? 118 / Wer hatte in der NVA das Sagen? 118 / Wie stark war die NVA? 120 / Gab es in der DDR eine Rüstungsindustrie? 121 / Was kostete die Armee? 121 / Was bedeutet der Begriff „Grenzregime"? 122 / War die DDR-Grenze ein Todesstreifen? 123 / Was geschah mit Wehrdienstverweigerern? 126

Inhalt

Wirtschaft ... 127

Warum gab es kein Privateigentum? 127 / Warum hat man sich nicht nach den Gesetzen des Marktes gerichtet? 128 / Warum hatte die DDR keine Devisen? 129 / Welchen Lohnunterschied gab es zwischen den Arbeitern und der Intelligenz? 130 / Hat die DDR auch Handel mit der BRD betrieben? 131 / Warum war die Umweltverschmutzung so hoch? 133 / Warum gab es in der DDR keine Preisschwankungen oder eine Inflation? 134 / Warum mußte man so lange auf ein Auto warten? 136 / Stimmt es, daß das Leben in der DDR billig war? 137 / Warum hat man in der DDR den Sozialismus nicht reformiert? 139

Politik und Geschichte ... 141

War die DDR ein Staat wie jeder andere? 141 / War die DDR ein Unrechtsstaat? 142 / Warum haben die Russen Deutschland geteilt? 145 / Warum wurde die DDR gegründet? 148 / Wurde die DDR von den Russen regiert? Wieviel Politik wurde in Berlin, wieviel in Moskau gemacht? 150 / Warum wurde die Freundschaft zur Sowjetunion angeordnet? Wie befreundet war man wirklich? 151 / Warum war die DDR von der Sowjetunion abhängig? 154 / Warum sind die Russen nach 1989 aus der DDR verschwunden? 155 / Was war der „Eiserne Vorhang"? 156 / Wie stand die DDR zu Adolf Hitler? 156 / War die DDR eine Diktatur wie das Dritte Reich? 158 / Gab es in der DDR Demokratie? 161 / Warum gab es in der DDR keine Länder, sondern Bezirke? 164 / Warum war die Wahlbeteiligung in der DDR höher als heute? 166 / Warum gab es nur eine Partei? 167 / Warum wurden die KPD und die SPD nach dem Kriege zwangsvereinigt? 169 / Wie begründete die SED ihren Machtanspruch? 171 / Warum hat die SED die Mauer gebaut? 172 / Warum hat man die Leute, die in den Westen wollten, nicht gehen lassen? 174 / Warum gab es nach dem Volksaufstand vom 17. Juni 1953 bis zum Jahre 1989 keine weiteren Aufstände gegen die SED-Herrschaft? 175 / Warum gab es keinen Kanzler in der DDR? 176 / Wer waren die wichtigsten

Politiker der DDR? 177 / Worin unterschied sich Erich Honecker von Walter Ulbricht? 177 / Ist die DDR gescheitert, weil die Politiker alt und verbohrt waren und nicht mehr mit der Zeit gingen? 180 / Wer hat 1989 die Partei entmachtet? 181 / Warum hat es 1989 keine Volksabstimmung gegeben, ob die DDR-Bürger sich der Bundesrepublik anschließen wollen? 182 / Warum wurde nichts von der DDR in den gemeinsamen Staat übernommen? 184 / Hätte die DDR weiterbestehen können und was hätte geschehen müssen, damit die DDR überlebt? 185

Abkürzungsverzeichnis 189

Alltag und Lebensweise

Wieso kostete eine Straßenbahnfahrt nur 20 Pfennige?

Weil der Staatshaushalt der DDR zu jeder Fahrt unsichtbar eine Mark oder auch mehr dazu legte. Beim Kauf eines Buches waren es – je nach Preis – etwa fünf Mark, bei einer Theaterkarte gar 20 oder 40 Mark. Beim täglichen Einkauf von Grundnahrungsmitteln und bei der Miete kamen pro Monat Hundertmarkscheine zusammen. Alles dies nannte man in der DDR „die zweite Lohntüte". Gemeint waren die hohen staatlichen Subventionen für etwa 80 Prozent aller Ausgaben, die zum Grundbedarf zählten. Das konnte sich dann pro Familienhaushalt auf 600 bis 800 Mark im Monat addieren. Diese Preisstützung für Nahrungsmittel, Mieten, Strom, Gas, Kulturgüter und Verkehrstarife kostete den Staat jährlich fast 50 Milliarden Mark. Aber so gab es dann den Fahrschein für die Straßenbahn oder den Bus im Stadtverkehr über 40 Jahre lang für 20 Pfennige. Das gab es nirgends in der westlichen Welt. Das ist auch der sozialistischen Ökonomie nicht gut bekommen.

Warum wurde das gemacht? Damit alle Bürger eine bezahlbare Wohnung hatten. Damit jeder seine Wege und Besorgungen mit den öffentlichen Verkehrsmitteln machen konnte. Damit die Grundnahrungsmittel für alle erschwinglich waren. Damit auch die kulturellen Genüsse kein Privileg einer reichen Oberschicht sind. Das hatte mit dem Charakter und den Zielen des sozialistischen Staates zu tun. Es wurde versucht, möglichst viel für alle zu bieten. Die Reise mit dem Personenzug kostete übrigens 8 Pfennige je Fahrkilometer. Wer das heute bei der Bundesbahn probiert, muß zu Fuß gehen. Man kann daher die Einkommen in der DDR nicht einfach mit den Bruttolöhnen in Westdeutschland vergleichen. Da stand es etwa 1.600 Mark der DDR zu 3.500 D-Mark beim Durchschnitt der vollbeschäftigten Arbeiter und Angestellten. Man muß aber in der BRD die hohen Abzüge an Steuern und Versicherungen von ca. 40 Prozent abrechnen. Und man muß in der DDR die unsichtbare zweite Lohntüte dazurechnen. Man muß auch bedenken, daß in der DDR 92 Prozent der Frauen berufstätig waren und entsprechende Einkünfte nach Hause brachten, während in der Bundesrepublik die Männer zumeist als alleinige „Ernährer der Familie" galten.

Alltag und Lebensweise

Gemessen daran, daß die DDR in der Arbeitsproduktivität 25 bis 50 Prozent hinter der BRD zurücklag, war das erreichte Lebensniveau beachtlich. Es rächte sich aber, daß zu lange über die Verhältnisse gelebt wurde, weil die Partei- und Staatsführung keine Abstriche an dieser Sozialpolitik machen wollte. Auch dann nicht, als die außenwirtschaftlichen Bedingungen wie der Ölpreis und viele andere Rohstoffpreise immer mehr dazu gezwungen haben.

Warum war der Alltag in der DDR so grau?

Abgesehen davon, daß der Alltag überall grauer ist als die Sonn- und Feiertage, sah es in der DDR auch sonntags vielerorts deutlich grauer aus als im Westen.

Da fehlte zum Beispiel die marktschreierische Werbung in kräftigen Signalfarben, die jedes Haus und jeden Laden rufen lassen: „Schau hier her!" Die westdeutschen Großunternehmen geben 10 bis 15 Prozent des Umsatzes für die Werbung aus, um die Konkurrenz zu verdrängen. Im Sozialismus hatten jeder Hersteller und Verbraucher ihren Platz im Plan. Da gab es diese Vordrängelei nicht. Die Waren reichten ohnehin kaum.

Ferner prägt das Leben im Kapitalismus ein breit gestreutes Kleineigentum. „Klein, aber mein!", „Hast du was, dann bist du was!" Also muß man auch vorzeigen, was man hat und was der Nachbar nicht hat. Das silbrige Auto. Den breiteren Balkon. Die blauen Dachziegel. Die Haustür mit den Butzenscheiben. Im Sozialismus gab es viele standardisierte Produkte, weil die Designer zuerst der Technologie und nicht der Ästhetik gehorchen mußten. Das brachte eine gewisse Monotonie in den Alltag.

Schließlich hat auch die modische Kleidung der Leute eine Wirkung auf den Betrachter. Im Osten konnten „gleiche Brüder – gleiche Kappen" tragen. Im Westen heißt es: „Mit Hut sind Sie mehr!" Und deshalb werden hunderterlei Hüte und Kappen angeboten. Ebenso läuft das bei Mänteln und Schuhen: „Das trägt man nicht mehr! Das ist out!" Der stetige Wandel heizt das Geschäft an. Die konkurrierenden Produzenten reißen sich ein Bein aus. Die Werbestrategen bestimmen, was wir kaufen sollen. Das ist auch ein Diktat, aber es wirkt wie ein Angebot.

Alltag und Lebensweise

Man kann aber weder das Lebensniveau noch die Lebenslust nach den Vorzeige-Symbolen beurteilen. Die versüßen das Dasein, aber bestimmen es nicht. Deshalb sollte man tiefer schauen. Das Gefühl der Geborgenheit, das fast alle DDR-Bürger bestätigten, hatte mit dem sicheren Arbeitsplatz und Lohn zu tun. Die kulturellen Interessen waren oft vom Brigadevertrag inspiriert, aber sie öffneten doch das Herz und den Blick für andere Genüsse. Die Freizeit haben Ost und West ganz ähnlich genutzt: Die einen hockten sich vor den Fernseher, die anderen gingen Kegeln, Angeln, Singen, Feuerwehr üben oder bei Freunden im Garten grillen.

Das Tolle am mißglückten Sozialismus war eigentlich, daß er allen Menschen alle Türen aufhielt. Keiner mußte bleiben, was er war oder wie er war. Bildung und Kultur gab es fast umsonst. Das kleine Glück war planbar. Gerade das hat aber manchen Mitbürger gestört, weil da „alles seinen sozialistischen Gang ging". Wer das Abenteuer, das Wagnis und Scheitern suchte, der fühlte sich gegängelt. Für schwache Weggefährten war das hilfreich – für starke war es unerträglich.

Aber grau sah es eigentlich nur von außen aus. Nicht zuletzt, weil das Volk sich das Volkseigentum nie richtig angeeignet hat. Man konnte auch ohne das gut auskommen. Nur eben nicht ankommen in der besseren der beiden Welten. Nun leben wir in der bunteren, und manchem wird das zu bunt.

Was machten die DDR-Bürger im Urlaub?

Sie erholten sich. Das tat jeder auf seine Weise. Damals wie heute blieb ein Drittel zu Hause, weil das Geld knapp ist, weil das Reisen beschwerlich ist, weil die Lieblingsorte ausgebucht sind oder weil der Garten ruft.

Das größte „Reisebüro" war der Feriendienst des Gewerkschaftsbundes FDGB. Der verwaltete 693 Erholungsheime in 421 Orten der Republik. Dazu auch 50 Prozent der Betten in einigen Interhotels. 1985 vergab die Gewerkschaft zwei Millionen Reisen. Darunter auch 11.000 Reisen auf dem Urlauberschiff „Arkona" mit Fahrten nach Kuba, ins Mittelmeer, ins Schwarze Meer sowie in die Ostsee. 17.000 Mitarbeiter sorgten für den Unterhalt und die Unterhaltung.

Durch den internationalen Austausch mit den sozialistischen Ländern kamen 173.000 Urlaubsreisen hinzu.

Alltag und Lebensweise

Die Kosten für Gewerkschaftsmitglieder – und das waren fast alle – beschränkten sich auf 28 Prozent der tatsächlichen Kosten. Für Kinder wurden 30 Mark bezahlt. Die 14-tägige Urlaubsreise sollte für Unterbringung und Verpflegung nicht mehr als die Hälfte des Monatseinkommens kosten. Kinderreiche Familien wurden bevorzugt.

Die Anreise per Bahn war um ein Drittel des ohnehin geringen Fahrpreises ermäßigt.

Alle größeren Betriebe und Einrichtungen hatten aber auch eigene Ferienanlagen. Das waren insgesamt 73.839 Objekte mit 385.000 Plätzen und 3 Millionen Gästen pro Jahr.

Daneben verkaufte das Reisebüro der DDR um Jahr 1985 etwa 537. 990 Urlaubsreisen an mehr als eine Million Gäste. Davon 60.000 nach Bulgarien, 25.000 nach Polen, 11.000 nach Rumänien. 604.000 Personen reisten in die Tschechoslowakei, 96.000 nach Ungarn und 258.000 in die Sowjetunion.

Schließlich gab es 529 Campingplätze in der DDR, wo sich jährlich etwa 2,3 Millionen Gäste in den idyllischsten Gegenden des Landes tummelten.

Weil die Bedürfnisse ständig wuchsen und das Reisen relativ billig war, reichte das Angebot nie aus, um alle Wünsche zu befriedigen. Vielen Menschen waren die Palmen auf der Krim auch kein Ersatz für Kreta und Bulgarien kein Ersatz für Spanien. Die östliche Halbkugel interessierte viele Leute weniger als die westliche. Da führte aber kaum ein Weg hin. Die DDR hatte keine Verträge mit den dortigen Reiseveranstaltern. Es fehlten die erforderlichen Valutamittel, weil die DDR-Mark im Westen nicht konvertierbar war. Die Nichtanerkennung der staatlichen Hoheitsrechte der DDR (siehe Kapitel „Politik und Geschichte") machte seriöse Vereinbarungen unmöglich. So blieb bei vielen Mitbürgern viel Fernweh, das beim Anblick der Fernsehberichte aus dem Westen nicht weniger, sondern mehr wurde und in der Wendezeit 1989 offen ausbrach.

Inzwischen weiß man, daß die Reisefreiheit nirgends grenzenlos ist. Da gibt es die harte Grenze der Zahlungsfähigkeit – trotz aller Billigangebote. Da gibt es die Einreisesperren in Spannungsgebieten. Da gibt es die Warnungen vor Bandenterror, Algenpest oder Seuchengefahr. Die meisten Bundesbürger zieht es daher auch nur in die Nachbarländer. Und hätten die DDR-Bürger großzügiger reisen können, dann wären die allermeisten auch wieder nach Hause gekommen. Obwohl es im Urlaub überall schöner als zu Hause ist.

Welche Privilegien hatten die SED-Mitglieder?

Die Verfassung der DDR gab allen Bürgern gleiche Rechte, unabhängig von Geschlecht, Religion oder politischer Überzeugung. Daher hatten weder die Christdemokraten oder Liberaldemokraten, noch die Nationaldemokraten, Sozialisten oder Mitglieder der Bauernpartei irgendwelche Sonderrechte. Die Sozialistische Einheitspartei Deutschlands (SED), mit zuletzt über zwei Millionen Mitgliedern, wurde jedoch durch einen Halbsatz in Artikel 1 der Verfassung in der Weise hervorgehoben, daß der Sozialismus „unter Führung der Arbeiterklasse und ihrer marxistisch-leninistischen Partei" gestaltet wird.

Dieser Führungsanspruch wäre durch das demokratische Mehrheitsprinzip im Parlament durchaus legitimiert gewesen, wenn er jeweils von den realen, freien, demokratischen Wahlergebnissen abgeleitet worden wäre. Doch diese Führungsrolle wurde vor allem ideologisch begründet. Es hieß, daß die SED die einzige Partei sei, die über ein wissenschaftliches Weltbild verfügt und daher der Vortrupp aller anderen gesellschaftlichen Kräfte sein muß. Damit wurde der Einfluß der anderen Parteien und Organisationen auf die Ziele und Wege der DDR nachteilig eingeengt.

Auch in den Statuten der SED gab es keinerlei Privilegien für die Parteimitglieder.

Im Gegenteil, da wurden Pflichten aufgezählt, die sich die Masse der Bevölkerung nicht aufbürden ließ: Vorbild am Arbeitsplatz sein, Weiterbildung anstreben, nach den Geboten der sozialistischen Moral und Ethik leben, uneigennützig dem Gemeinwohl dienen, die Errungenschaften des Sozialismus verteidigen, internationale Solidarität üben, ständig um die Verwirklichung der Parteibeschlüsse ringen ...

Wer kein Mitglied der SED war, lebte bequemer.

Dennoch glaubten und glauben manche Mitbürger, daß die Mitglieder der SED allesamt privilegiert waren. Z. B. bei der Zulassung zum Studium – aber auch da blieben sie eine Minderheit. Beim Aufstieg im Beruf – aber da zählte überwiegend das Fachwissen, und da konnten auch Mitglieder anderer Parteien Abteilungsleiter, Werkleiter und Minister werden. Die Wohnungen waren für alle zu knapp, die Ferienplätze auch und die Autos erst recht. Wo aber ein Mangel herrscht, da wird auch mal gemogelt bei der Verteilung. Da gibt es Bestechung, da zählt die Verwandtschaft oder auch die Mitgliedschaft in gleichen Parteien und Vereinen.

Das gab es auch in der DDR und bei nicht wenigen SED-Mitgliedern, die an den Schalthebeln saßen. Doch der Vorwurf der Privilegien kam eigentlich erst nach der Wende hoch, weil sich da Dutzende Beweise fanden. Die betrafen aber fast alle die oberste Funktionärsebene. Es ging um die Sonderverkaufsstelle für Westwaren in der Politbüro-Siedlung in Wandlitz, um Sonderjagdrechte der Bezirkssekretäre, um Sonderkredite und Materiallieferungen für Hausbauten der Oberen und ihrer Kinder, um Sonderrenten für hohe Staatsfunktionäre. Das wurde nach der Wende in etlichen Prozessen geprüft und geahndet.

Die eigentliche Schuld der wenigen Privilegierten war aber nicht zuerst eine juristische, sondern eine moralische: Wer an der Spitze einer Arbeiter-und-Bauern-Macht steht, hat sich nicht auf Kosten des Volkes zu bereichern! In anderen Staaten ist das mit ganz anderen Beträgen an der Tagesordnung. Aber die DDR wollte ja anders und besser sein.

Weshalb war das Westfernsehen verboten?

Der Empfang fremder Radio- und Fernsehsender war in der DDR zu keiner Zeit verboten. Er wurde aber in den 50er und 60er Jahren vielerorts scharf kritisiert. 1962 gab es sogar eine Aktion des Jugendverbandes FDJ, bei der man in Thüringen auf viele Dächer kletterte und jene Antennen, die nach Westen gerichtet waren, einfach absägte. Das hat aber den Empfang dieser Sender nur noch spannender gemacht.

Zehn Jahre später, im Mai 1973, erklärte Erich Honecker in einem Interwiew, „daß den Rundfunk und das Fernsehen der BRD bei uns jeder nach Belieben ein- und ausschalten kann." Da freuten sich die jungen Leute über das Wort „einschalten" – wegen der Musik- und Jux-Sendungen. Und viele ältere Leute freuten sich über das Wort „ausschalten", weil sie sich an vielen seichten und substanzlosen Sendereihen sattgesehen hatten.

Was die westdeutschen Sender für die Führungsetagen der DDR so gefährlich machte, waren einige Besonderheiten, die sich aus dem Kalten Krieg ergaben, der hier an der Grenze zwischen Kapitalismus und Sozialismus besonders hart tobte. Die Sender des Ostens wie des Westens vertraten die gegensätzlichen Ansichten und Absichten beider Welten. Sie taten dies auf gleichem Sprachgebiet, für jedermann verständlich, rund um die Uhr. Die Westsender hatten mit verstärkten Sendeanlagen entlang der Staatsgrenze und unter Ausnutzung der Insellage Westberlins etwa 90 Prozent des DDR-Territoriums in ihrer Reichweite. Die Ostsender erreichten nur den grenznahen Raum. Die Westsender betrieben auch von Anfang an spezielle Sendereihen, die der gezielten Beeinflussung der DDR-Bevölkerung dienten, z.B. durch Informationen, die in der DDR verschwiegen wurden.

Viele Leute waren auf die politischen Sendungen gar nicht erpicht. Sie wollten nur abwechslungsreiche Unterhaltung haben. Da reichten die 2 TV- und 4 zentralen Radioprogramme der DDR eben nicht aus, zumal, wenn in gleicher Sprache 3 weitere TV- und ein Dutzend Radioprogramme heranzuholen waren. Aber bei manchen Westsendern waren die Musik und Unterhaltung eben nur das „Einwickelpapier" für die Wortsendungen. Da gab es dann viele Kampagnen, in denen nach zentralen Stichworten und Stoßrichtungen auf die DDR eingeredet wurde. Als Stoßtrupp fungierte der amerikanische Radiosender RIAS in Westberlin. Der US-Sender „Radio Freies Europa" bearbeitete aus München andere Ostblockstaaten. Dieser „Krieg um die Köpfe" diente der offiziellen NATO-Strategie des „rollback", des Zurückrollens des Sozialismus.

In der westdeutschen Zeitschrift „Außenpolitik" hieß es im November 1967: „Unser Gedankengut ist in das öffentliche Leben der kommunistischen Staaten mit allen Mitteln der modernen Propaganda auf psychologisch geschickte Weise einzuschleusen ... mit dem Ziel, die Bevölkerung zum passiven Widerstand *(arbeite langsam)* und zur Sabotage zu bringen ..."

Henry Kissinger, Außenminister und Sicherheitsberater in

der USA sagte in den 70er Jahren: „Ein Rundfunksender kann ... eine wirksamere Form des Druckes sein als ein Geschwader strategischer Bomber."

Es war also nicht egal, welchem Sender man sein Ohr und sein Herz öffnete. Aber weil die Grenze im Äther offen ist, mußte jeder selber damit fertig werden.

„Hatten wirklich alle Arbeit?"

Wirklich: Alle, die arbeiten konnten, hatten eine Arbeitsstelle. Nicht jeder die Arbeit, die er am liebsten machte. Nicht jeder für den Lohn, den er sich wünschte. Aber doch mit einem Einkommen, mit dem sich auskommen ließ, denn die Grundnahrung, Mieten, Fahrpreise, Kultur- und Sozialleistungen kosteten sehr wenig.

Auch 90 Prozent aller Frauen waren berufstätig. Nicht etwa nur als Hilfskräfte mit Niedriglohn. 79 Prozent der Frauen hatten eine abgeschlossene Berufsausbildung. 36 Prozent aller Hochschüler und 60 Prozent aller Fachschüler waren Frauen.

Die Jugendlichen mußten nicht um eine Lehrstelle betteln. Es gab über 300 Ausbildungsberufe. Die spätere Beschäftigung war garantiert.

Für gleiche Leistung gab es gleiches Geld. Der Kündigungsschutz, der Unfallschutz und die Fürsorge für Mütter und Kinder wurden streng beachtet. Wer keiner geregelten Arbeit nachging, fiel unangenehm auf und wurde vermittelt.

Das klingt heute wie aus einem Märchenbuch. Aber damals stand das „Recht auf Arbeit" als Grundrecht in der Verfassung. Es gab sogar einen chronischen Arbeitskräftemangel, vor allem im Dienstleistungsbereich. An vielen Betrieben konnte man Schilder mit Arbeitsplatzangeboten lesen.

Hatte die DDR wirklich zu wenig Arbeitskräfte? Nein, sie hatte zu viele Arbeitsplätze! Der Aufwand an menschlicher Arbeitskraft war eigentlich in allen Bereichen zu hoch, weil der Grad der Rationalisierung und Automatisierung zu niedrig war. Zwar wurden viele moderne Erkenntnisse der Wissenschaft und Technik schnell in die Praxis übernommen, aber die Wirtschafts- und Finanzkraft der DDR reichte nicht, um dies mit dem nötigen Tempo in der nötigen Breite durchzusetzen.

1981 gab es in der DDR etwa 14.000 Industrie-Roboter, 1985 waren es 57.000. Der Anstieg war beachtlich, aber nicht ausreichend im Vergleich mit der westlichen Konkurrenz. Es geht bei solchen Vergleichen ohnehin nicht um die Stückzahlen, sondern um die Effektivität. Aber die Arbeitsproduktivität stieg zu langsam.

Außerdem wirkten noch andere Bremsen: Die DDR war arm an natürlichen Rohstoffen. Außer Braunkohle, Kali und Uran war da nicht viel zu holen. Um nicht den Liefersperren des Westens und den schwankenden Weltmarktpreisen ausgeliefert zu sein, wurden deshalb auch die weniger ergiebigen Rohstoffquellen und Fabriken mit hohem Arbeits- und Kostenaufwand genutzt. Wenn bei einem veralteten Betrieb zu entscheiden war: „Plattmachen und die Ware importieren, oder weitermachen, obwohl der hohe Fertigungspreis keinen Gewinn bringt?", dann konnten schon die Weiterbeschäftigung von hundert Leuten oder die Marktlücke den Ausschlag geben.

Das kann natürlich keine Volkswirtschaft lange aushalten. Das ging auch nur, weil der Gewinn aus anderen Betrieben und Wirtschaftszweigen dann im Staatshaushalt „umverteilt" wurde. Und das wiederum war nur möglich, weil 70 Prozent des produzierten Nationaleinkommens aus der volkseigenen Industrie kamen. Da konnte kein privater Geschäftemacher sagen: „Stop! Das ist mein Profit! Damit will ich ein Zweigwerk in Brasilien kaufen, weil dort die Arbeitskräfte billiger sind."

Der Rang der Arbeiter und der Arbeit in der DDR hatte natürlich auch ideologische Gründe. Die Marxisten sagen, daß die Arbeit die „Quelle der Menschwerdung" ist, und daß die Arbeiter die „Schöpfer aller Werte" sind. Darum wurden in der DDR die Tüchtigsten auch als „Helden der Arbeit" verehrt. Der Staat nannte sich Arbeiter-und-Bauern-Staat. Menschen dieser Herkunft hatten die Mehrheit in allen Parlamenten.

Wer hatte Westgeld, und wie kam man da ran?

Das statistische Jahrbuch der DDR gibt auf 500 Seiten keine Auskunft darüber. Da findet man weder das Stichwort „D-Mark" noch „Valuta-Einkünfte", auch nicht „Wechselstube" oder „Intershop". Das lag am Westgeld und an der Informa-

Alltag und Lebensweise

tionspolitik der DDR. Das „Westgeld" war der Schlüssel zur anderen Welt, war begehrt, war knapp. Mängel gibt man nicht gerne zu. Schon gar nicht, wenn Nachteile daraus erwachsen können. Aber das nährt dann Legenden.

Selbst der Finanzminister der DDR hatte stets weniger „Westgeld" in der Kasse als er brauchte. Man kann eben nur so viel ausgeben wie man einnimmt. Zwei Drittel aller Handelsgüter wurden mit den Bruderstaaten im RGW getauscht. Daneben wurden 1985 von der DDR auch 51,4 Milliarden Valutamark in den kapitalistischen Ländern erwirtschaftet. Davon gingen 28,9 Milliarden für nötige Einfuhren an Rohstoffen, Ausrüstungen und Waren gleich wieder raus auf den kapitalistischen Markt. Mit dem Rest waren Schulden und Zinsen zu tilgen, teure Sonderimporte zu sichern, hundert Botschaften und Handelsvertretungen samt Wohnungen zu bezahlen, Spesen für Dienstreisende und Monteure, Gagen für ausländische Künstler, Lizenzen für Filmimporte und Schlager, Kosten für Arzneien und medizinische Geräte zu decken. Die Wohnsiedlung des Politbüros brauchte auch eine Million für die Sonderwünsche, die den Zorn der Massen in der Wendezeit zum Kochen brachte.

Aber wie kamen die „Normalbürger" damals an Westgeld?

Wer Westverwandschaft hatte – das waren Millionen –, bekam mal was zugesteckt.

Wer auf Dienstreise im Westen war – das waren Zehntausende –, sparte Spesen.

Wer zeitweilig im Westen arbeitete – auch das waren Zehntausende –, bekam einen Teil des Lohnes für den Unterhalt in der Landeswährung ausgezahlt.

Wer Gagen kassierte, eine Erbschaft oder Urheberrechte hatte, war auch getröstet.

Wer als Rentner in den Westen fuhr – das waren Millionen – der ging auch mal in die Wechselstube und tauschte illegal seine DDR-Mark 4:1 oder 5:1 gegen D-Mark ein. Die Behörden der DDR nannten dies einen „Schwindelkurs". Sie hatten so unrecht nicht. Die Binnenkaufkraft der DDR-Mark nach den üblichen Grundkosten war 1:1 anzusetzen. Und beim Währungsumtausch nach der Wende wurde als Regierungsmaßstab der BRD im Verhältnis 2:1 getauscht.

Natürlich war es frustrierend, wenn die Mehrzahl der DDR-

Bürger, mangels Zugang zum Westgeld, das Gefühl hatten, ständig benachteiligt zu sein. Die DDR-Mark war nicht konvertierbar, oder nur in begrenzter Menge im Freundesland umzutauschen.

Mit dem Westgeld konnte man im Intershop auch jene Waren einkaufen, die in der DDR nur für den Export hergestellt wurden. Das alles war schwer einzusehen.

Erst recht, wenn man bedenkt, daß die Belastung beider deutscher Staaten durch die Nachkriegs-Reparationen mit 98:2 Prozent fast nur von der DDR getragen wurde. Da wären seitens der BRD 727 Milliarden D-Mark Ausgleichszahlung an die DDR gerechtfertigt gewesen. Damit wäre manches Problem lösbar geworden. Aber mit „wenn" und „hätte" schreibt man keine Geschichte. Da zählen nur Fakten. Fakt ist, daß die DDR-Behörden in viel zu hohem Maß dem eigenen Volk und seiner Gutwilligkeit und Urteilsfähigkeit mißtrauten. Und Fakt ist auch, daß die DDR von Anbeginn und ohne eigenes Verschulden sehr viel ärmer dran war als die BRD. Aber das macht sie in den Augen kluger Leute eher größer.

Gab es in der DDR Pornographie?

Sicher gab es die, aber nur heimlich, nicht öffentlich. Es gab keine Porno-Kinos, keine Porno-Zeitschriften, keine Porno-Queens, keine Porno-Videos, keine Sex-Messen, keinen Versandhandel mit Sex-Artikeln, keinen Sex-Tourismus.

Nun könnten Fremde entsetzt fragen: „War man in der DDR so prüde? Wie haben die sich bloß vermehrt ohne solche Anregungen?"

Vielleicht ist die Erklärung einfach die, daß aus Liebe zur Erotik die Pornographie verboten war? Die Grenze zwischen Erotik und Pornographie ist zwar sehr verschwommen, aber die Abneigung bei den allermeisten Menschen beginnt dort, wo der Partner beim Sex zum Objekt degradiert wird oder wo sich der eine auf Kosten des anderen amüsiert. Und wenn dann eine gewissenlose Industrie ein großes Geschäft daraus macht, die niederen Instinkte im Menschen zu wecken, wenn Brutalität bis zur Körperverletzung propagiert wird, dann ist es nicht Prüderie, sondern Anstand, dagegen einzuschreiten. Es gibt in den Amüsierviertln vieler Länder manche Inseln für besonders rabiate oder marktschreierische Formen der

Sexualität. Das findet dann in geschlossenen Räumen vor einem speziellen Publikum statt. In Deutschland gestattet die Pressefreiheit als Gewerbefreiheit – trotz sogenannter Selbstkontrolle –, daß nicht nur die Zeitungskioske, sondern auch die Tageszeitungen und Programmzeitschriften von solchen Angeboten wimmeln.

Aber daß in der DDR eine Zeitschrift durch ein monatliches Aktfoto zum Bestseller an allen Kiosken werden konnte, war gewiß etwas zu sparsam.

Wieso durfte man nicht in den Westen fahren?

Man durfte schon, aber nicht jeder und nicht zu allen Zeiten. Es gab in den 40 Jahren DDR unterschiedliche Regelungen, die zum Teil sehr streng gehandhabt wurden und viel böses Blut machten.

Von 1945 bis 1961, also 15 Jahre lang, war die Grenze offen, sowohl nach Westdeutschland wie nach Westberlin. Da gab es zwar auch – wie an allen Grenzen der Welt – Zöllner und Grenzer, die Schmuggler oder andere Kriminelle aufhalten sollten. Aber ansonsten herrschte dort ein lebhaftes Kommen und Gehen.

Schon damals war es aber vielen Mitarbeitern des Staatsapparates und der bewaffneten Organe verboten, ohne dienstlichen Auftrag ins westliche Ausland zu reisen. Das galt übrigens umgekehrt für viele westliche Beamte und Militärs ebenso. Nach dem 13. August 1961 war die Staatsgrenze der DDR „militärisches Sperrgebiet" (siehe Kapitel „Politik und Geschichte"). Man durfte nur nach strengen Kontrollen durch. Genehmigungen gab es für pendelnde Arbeitskräfte, für Monteure und Messefachleute, für Wissenschaftler, Künstler und Sportler, für Verwandtenbesuche bei Krankheits- oder Todesfällen. Später auch für alle Rentner, für Jugendgruppen, für Delegationen zu Kirchentagen oder Städtepartnerschaften.

Es waren im letzten Jahrzehnt der DDR Millionen, die in den Westen fuhren. Und es waren dennoch zu wenige. Es wuchs die Neugier, mal selber zu sehen und zu kaufen, was im Fernsehen von drüben jeden Tag zu bestaunen war. Die Forderung nach Reisefreiheit wurde Ende der 80er Jahre zu einem Sprengsatz der Wende.

Alltag und Lebensweise

Warum fand sich die Bevölkerung damit ab, eingesperrt zu sein?

Die DDR sicherte ihren Bewohnern die existentiellen Menschenrechte: das Recht auf Arbeit, auf Wohnung, auf Bildung, auf gesundheitliche Betreuung, auf Urlaub und Erholung, auf Kunst und Kultur usw. Andere Menschenrechte, etwa das auf Freizügigkeit, wurden eingeschränkt. Dafür gab es objektive Gründe. Zum einen fehlte es an Devisen, die Reisen ins Ausland erlaubt hätten, zum anderen an Vertrauen. Die DDR wollte nicht Bürger verlieren, die sie ausgebildet hatte. Denn ein Fachmann stellte einen Wert dar.

Jeder Verlust traf doppelt. Zum einen gingen die Ausbildungsaufwendungen verloren, zum anderen fehlte der Volkswirtschaft die qualifizierte Tätigkeit. In dieser Hinsicht war die Bundesrepublik sehr aktiv, um die DDR (es herrschte Kalter Krieg) zu schädigen. Durch gezielte Abwerbung, aber allein auch durch die Aussicht auf einen besseren Verdienst („Zu den politischen Grundgegebenheiten der DDR gehörte die Anziehungskraft des Westens, seiner Grundfreiheiten und seines Lebensstandards"; Egon Bahr, 15. Mai 1997 vorm Landgericht Berlin) verließen viele die DDR. Dadurch entstanden ihr bis 1961, bis zur Schließung der offenen Grenze („Mauerbau"), ein Schaden von etwa 100 Milliarden Mark.

Die meisten Menschen, die die DDR Richtung Westen verließen, waren keine politischen, sondern Wirtschaftsflüchtlinge. Zwischen 1945 und 1961 waren das etwa drei Millionen Menschen.

Diese Abwanderungsbewegung sollte durch die restriktive Reisepolitik verhindert werden – die alle traf. Auch jene eben, die nur besuchsweise ausreisen wollten.

Die meisten Menschen jedoch richteten sich in der DDR ein. Bis in die frühen 70er Jahre wurden das politische System und die Regierung durch Massenloyalität getragen. Die Mehrheit der Bevölkerung stand zur DDR, wie demoskopische Untersuchungen belegen. Dieses Vertrauen in die Führung ging aber im Laufe der nachfolgenden Jahre verloren und war Ende der 80er Jahre im wesentlichen aufgezehrt. Das war der eigentliche Grund für die Implosion des politischen Systems der DDR.

Durften die Gewerkschaften in der DDR streiken?

Kein Gesetz hat das verboten, aber es fand dennoch nicht statt. Nur in ganz seltenen Fällen und dann als politischer Protest, z. B. um den 17. Juni 1953 (siehe Kapitel „Politik und Geschichte").

Die gängige Begründung für den Verzicht auf Streiks hieß damals: Wenn die Betriebe volkseigen sind, wenn in den Chefsesseln die Unsrigen sitzen, streikt man nicht gegen sich selbst! Die früheren antagonistischen Klassengegensätze waren durch den Wandel der sozial-ökonomischen Struktur der DDR weitgehend abgebaut.

Die ostdeutschen Gewerkschaften hatten, auch ohne dieses Kampfmittel anzuwenden, sehr viel Macht und Einfluß gewonnen. Die einheitliche Gewerkschaftsorganisation FDGB vereinigte 16 Einzelgewerkschaften mit über neun Millionen Mitgliedern, die 97 Prozent aller Berufstätigen ausmachten. Das war die größte Massenorganisation der DDR. Als Anwalt der Arbeiterinteressen hatte die Gewerkschaft eine hohe Autorität im Arbeiter-und-Bauern-Staat.

In der Volkskammer, dem obersten Parlament der DDR, hatte der FDGB mit 61 Abgeordneten eine eigene Fraktion, die stärker war als die der meisten Parteien.

In den Betrieben wirkten 390.000 Gewerkschafter als gewählte Vertrauensleute.

Ebensoviele waren als Kulturobleute an der geistigen Betreuung beteiligt.

275.000 arbeiteten als Bevollmächtigte der Sozialversicherung in den Betrieben.

300.000 waren als Arbeitsschutzobleute tätig und haben mitunter ganze Betriebsteile gesperrt, wenn dort die strengen Schutzvorschriften nicht eingehalten wurden.

79.000 trugen die Frauenkommissionen, 30.000 die Veteranengruppen.

Wenn diese Gewerkschaftsfunktionäre über betriebliche oder kommunale Mängel klagten oder gar drei, vier Austrittserklärungen meldeten, dann löste das meist eilige Untersuchungen und schnelle Änderungen aus.

Auch die Parteileitungen der SED, die in der DDR das erste und das letzte Wort hatten, wurden dann nachgiebig.

Es gab auch Funktionäre, die nicht so lebensverbunden funk-

Alltag und Lebensweise

tionierten. Da war dann manches Mitbestimmungsrecht zum bloßen „Abnicken" verkümmert.

In der Wendezeit wurde z.b. bekannt, daß Solidaritätsspenden für die Auslandsarbeit der Gewerkschaften zweckentfremdet an den Jugendverband FDJ weitergereicht worden waren zur Finanzierung eines Jugendfestivals. Das Politbüro der SED hoffte, die dünne Warendecke der DDR durch den Verzicht auf den Aufkauf von Solidaritätsgütern zu entlasten. Der „obligatorische Solibeitrag" wurde dann halbiert. Aber die Wahrheit erfuhr kein Vertrauensmann.

Die Gewerkschaften waren in allen Parlamenten und Kommissionen vertreten. Sie waren als Schöffen bei Gericht, als Eltern- oder Handelsbeiräte in den Wohngebieten engagiert. Sie bestimmten die Debatten über Gesetze und Pläne maßgeblich mit. Ohne sie lief nichts, was für das Land und die Leute wichtig war.

Die umfassenden Rechte und Erfolge der Gewerkschaften in der DDR gaben auch den Gewerkschaften in der BRD Rückenwind für viele ihrer Forderungen. Man erkennt das daran, wie rigoros nach dem Scheitern des Sozialismus die politischen und sozialen Rechte der Belegschaften von den Unternehmerverbänden der Bundesrepublik abgebaut werden.

Gab es in der DDR viele Ausländer?

Nicht so viele wie in der dreimal größeren Bundesrepublik Deutschland, aber doch mit unterschiedlicher Aufenthaltsdauer viele Hunderttausend. Zum Beispiel:

Zehntausende Vietnamesen, die die Aggression der USA überlebt hatten und eine Ausbildung brauchten, um dann beim Aufbau ihrer Heimat helfen zu können.

Tausende Chilenen, die vor dem USA-hörigen Diktator Pinochet flüchten mußten, nachdem dessen blutiger Militärputsch gegen die sozialistische Republik gelungen war.

Tausende Afrikaner, die in ihren Heimatländern verfolgt wurden oder keinen Ausbildungs- oder Studienplatz finden konnten.

Zehntausende Pendler im grenznahen Raum zur Volksrepublik Polen, die in den Fabriken und Genossenschaften diesseits der Oder arbeiteten.

Tausende Ausländer von allen Kontinenten, mit denen die

DDR diplomatische oder kommerzielle Beziehungen hatte und die deshalb hier arbeiteten und lebten.
Gast- und Austausch-Studenten aus vielen Ländern der Erde.
Spezialisten, die zeitweilig in der DDR zu tun hatten.
Angeheiratete Ehepartner überwiegend aus den sozialistischen Bruderstaaten.
Außerdem lebten in der DDR fast 400.000 sowjetische Soldaten.
Sie alle wurden als Gäste geachtet. Von Pöbeleien oder tätlichen Angriffen war ganz selten zu hören. Viele Ausländer konnten aber auch kaum persönliche Beziehungen zu DDR-Familien aufnehmen, weil sie in Internaten, Wohnheimen oder Kasernen unter sich lebten.

Im Unterschied zur BRD gab es keine gezielten Anwerbe-Kampagnen in einzelnen Ländern, mit denen in Westdeutschland Millionen „Gastarbeiter" aus der Türkei, aus Portugal oder Griechenland für körperlich schwere Arbeiten oder niedrig bezahlte Dienstleistungs-Jobs herangeholt wurden.

Und es gab auch nicht die immer breiter und dreister auftretenden neonazistischen Organisationen, die den Rassen- und Völkerhaß propagieren und damit die Saat der Gewalt in die Köpfe pflanzen. Die rechtskonservativen Parteien und Verbände der BRD haben das geduldet und mit ausländerfeindlichen Kampagnen unterstützt.

Nach einer Umfrage des Heidelberger SINUS-Instituts aus dem Jahr 1980 hatten damals 13 Prozent aller Bundesbürger ein „geschlossenes rechtsextremistisches Weltbild". 5 Millionen meinten: „Wir sollten wieder einen Führer haben ..." Und 39 Prozent sprachen sich für die „Reinhaltung der Rasse" aus.

Auf diesem braunen Nährboden konnte seither noch mehr brauner Ungeist wachsen, der nach der Vereinigung auch zügig nach Ostdeutschland exportiert wurde, wo viele sozial ausgegrenzte Jugendliche schnell die Parolen der Neonazis übernahmen und in deren Führungsnetz eingebunden wurden.

Die DDR hat sich nach ihren beträchtlichen Anstrengungen für eine antifaschistische Grundüberzeugung bei Jung und Alt lediglich zu fragen, ob nicht zu viele Anlässe und Formen zum langweiligen Ritual wurden, bei dem manche Opfergruppen auch zu kurz gekommen sind. Wer aber nachträglich die DDR für die schrecklichen Schlagzeilen des Völkerhasses nach der Vereinigung verantwortlich machen möchte, verkennt die Hauptursachen.

Gab es in der DDR Prostitution?

Das älteste Gewerbe der Welt war in der DDR, wie in der Bundesrepublik, nicht verboten. Aber offiziell auch nicht erlaubt. Gleichwohl existierte im Umfeld der Leipziger Frühjahrs- und Herbstmesse und in Interhotels eine entsprechende Szene. Aber einen VEB Bordell hat es nicht gegeben.
Die Prostitution widersprach den ethisch-politischen Vorstellungen der DDR. Käuflicher Sex, so meinte man, würde auch die Frau zur Ware werden lassen. Das sei erniedrigend und Ausdruck der Männerherrschaft, die doch überwunden werden sollte. Mit Gleichberechtigung und Selbstbestimmung habe dies nichts zu tun.
Weil man davon ausging, daß Prostitution ausschließlich aus materieller Notlage oder aus Zwang erfolgte, diese Gründe in der DDR aber ausgeschlossen werden konnten, mutmaßte man ein wenig realitätsfern, daß es objektiv keine Notwendigkeit gebe, Sex als Dienstleistung anzubieten.
Bei allen kritischen Anmerkungen zur Prostitution und dem Verhältnis in der DDR zu dieser: Tatsache bleibt, daß der vergleichsweise rigide Umgang mit allen Formen der Sexindustrie in der DDR nicht nur verhinderte, daß eine doppelbödige Moral entstand, wie sie bürgerliche Gesellschaften kennen. Er leistete indirekt auch einen erkennbaren Beitrag zur Gleichberechtigung und Emanzipation von Frauen.

Gab es richtig Arme und auch Millionäre in der DDR?

Wer so fragt, ist wahrscheinlich schockiert von den krassen sozialen Gegensätzen in der Bundesrepublik Deutschland. In jeder Fußgängerzone der Städte trifft man Obdachlose, Bettler, Trinker, Habenichtse, die wie Ausgestoßene die Hand aufhalten. Zugleich sieht man in den bunten Illustrierten und Fernsehmagazinen, wie die Superreichen ihre Vermögen verprassen. Einen Alt-Bundesbürger regt das kaum noch auf. Die einen haben es eben geschafft, die anderen haben ja selber

Alltag und Lebensweise

schuld! Aber ehemalige DDR-Bürger haben an diesem Anblick immer noch zu knabbern, denn solche krassen Gegensätze im Einkommen wie in der Lebensweise gab es unter sozialistischen Bedingungen nicht.

Sicher gab es in der DDR auch richtig arme Menschen. Aber wer bei der Sozialfürsorge registriert war, mußte weder hungern noch frieren, noch betteln. Und wenn einer nicht mehr weiter wußte und sich auf die Straße setzte, dann wurde er bald von Passanten angesprochen, die ihm weiterhelfen wollten. Im Osten lebte man mehr miteinander als nebeneinander. Im Westen dagegen werden die Reichen immer reicher und die Armen immer mehr.

Natürlich gab es in der DDR auch reiche Menschen. Viele Handwerker und Klein-Unternehmer kannten keinen Auftragsmangel und haben gut verdient. Erfinder konnten durch den Export ihrer Patente und Lizenzen zusätzlichen Gewinn machen. Bei manchem haben sich Erbschaften addiert. Künstler waren vollbeschäftigt. Manche haben auch im Lotto oder Toto ein Vermögen gemacht. Aber die Reichen konnten nie zur tonangebenden Schicht werden. Und die Armen konnten nie im Elend versinken.

Heute besitzen die reichsten 10 Prozent der Haushalte 42 Prozent des gesamten Privatvermögens der BRD. Die untere Hälfte der Gesellschaft muß sich 4,5 Prozent allen Geldes teilen.

Wenn ein armes Land viele Arme hat, ist das logisch und keine Schande. Wenn aber eines der reichsten Länder der Welt immer mehr Menschen verarmen läßt, dann ist das eine erbärmliche Schande!

Hat die DDR-Bevölkerung wirklich von den West-Paketen gelebt?

Das ist blanker Unsinn. Dann wäre die halbe Bevölkerung verhungert, weil sie keine Westverwandtschaft hatte. Und die andere Hälfte wäre eine Woche später eingegangen, weil in diesen West-Paketen nur ein paar Beigaben zum Leben verpackt sein konnten. Aber jeder, der was geschenkt bekommt, freut sich. Manche zeigen besonders viel Freude, damit sie bald noch mehr geschenkt kriegen. Das war unter den Ostdeutschen nicht anders als unter den Süddeutschen oder Westdeutschen.

Die DDR konnte ihre Bevölkerung zu 90 Prozent aus eigenem Aufkommen ernähren und lieferte auch eine Menge Waren in den Westen. Manches kam dann als Geschenk der ahnungslosen Verwandtschaft zurück.
Im Pro-Kopf-Verbrauch vieler Lebensmittel lag die DDR deutlich über der BRD. Zum Beispiel mit 97 Kilo Fleisch pro Jahr, ebenso mit Butter, Milch und Eiern. Aber weil Kaffee und Kakao, Bananen und Apfelsinen für harte Valuta importiert werden mußten, waren sie meist knapp oder teuer. Deshalb lagen in den Paketen aus dem Westen oft ein Päckchen Kaffee, Kekse, Seife, Pudding- oder Backpulver, ein Hemd aus dem Schlußverkauf und viel Schokolade. Manchmal lagen auch Haferflocken, Kaugummis und anderes dabei, was es hier zur Genüge gab. Aber man schwärmte dann im Dankesbrief: „Wie das aussieht, wie das riecht, wie das schmeckt! So was kennen wir hier gar nicht!"
Inzwischen haben das alle ehemaligen DDR-Bürger bei ihren ersten Einkäufe nach der Vereinigung und dem Geldumtausch erleben können. Da gab es millionenfach die Hinwendung zu den Westwaren, die in Menge und Vielfalt den aufgestauten Wünschen aus dem Werbefernsehen entsprachen. Vieles von nebenan war wirklich ansehnlicher und besser. Aber vieles war auch nur Blendwerk, so daß etwas später die Ernüchterung um sich griff: „Die kochen auch nur mit Wasser!" „Vieles, was anders ist, ist deshalb nicht besser." Man fragt wieder öfter nach den vertrauten Ostprodukten. Aber viele Hersteller sind längst von der westdeutschen Konkurrenz aufgekauft oder liquidiert.
Päckchen und Pakete schickt man sich unter Verwandten auf der ganzen Welt. Das ist kein Armutszeugnis für die Empfänger und keine besonders noble Geste von den Absendern. Aber was zwischen der DDR und der BRD geschah, hatte immer eine politische Dimension. Viele Organe und Organisationen im Westen wollten die Wiedervereinigung erzwingen und starteten deshalb auch alljährlich Aufrufe: „Schickt Päckchen nach drüben!" Das klang freundlich und arglos. Aber es suggerierte doch nebenher: Die armen Leute im Osten warten darauf und leben davon!
In Wahrheit hat sich die DDR ihre Lebensgrundlagen in viel höherem Maße selber erarbeiten können und müssen als ver-

gleichsweise die BRD. Aber während man im Osten, dank der Schwerfälligkeit der Planwirtschaft, zu tun hatte, die wachsenden Bedürfnisse annähernd zu befriedigen, hatte man im Westen, dank der viel stärkeren ökonomischen Basis und der beachtlichen Flexibilität der Marktwirtschaft, immer zu tun, neue Bedürfnisse zu erzeugen, um das Schwungrad der „Wegwerfgesellschaft" in Gang zu halten. Dafür waren dann auch die Schulden, die die DDR in die Einheit einbrachte, deutlich kleiner als die Schulden der Bundesbürger, die seit Jahrzehnten auf Kosten der kommenden Generationen leben. In D-Mark ausgedrückt waren das 3.625,- pro DDR-Bürger zu 7.050,– pro BRD-Bürger. Die müssen wir nun gemeinsam abarbeiten, damit es auch künftig Geschenkpakete in beide Richtungen gibt.

Gab es auch völlig unpolitische Bereiche in der DDR?

Zunächst: Natürlich war die DDR-Gesellschaft eine politische wie jede andere auch. Die Tatsache, daß die heutige deutsche Gesellschaft weniger politisch erscheint, macht sie darum nicht apolitisch. Der Unterschied bestand vor allem darin, daß in der DDR immer und überall über Politik geredet wurde. Jedem sollte bewußt sein, daß alles mit allem irgendwie zusammenhing. Wenn beispielsweise in Sibirien eine Erdölpipeline platzte, konnte dies zur Folge haben, daß in Schwedt weniger Öl ankam, die DDR Benzin im Ausland für Devisen kaufen mußte, die dann für den Kauf von Südfrüchten fehlten, kurz: Fernab in der Taiga lag der Grund, daß es zu Weihnachten in der DDR keine Apfelsinen gab.
So nährte man das Verständnis für die komplexen Vorgänge in der Gesellschaft und wie wichtig der Beitrag jedes einzelnen in diesem Getriebe war. „Auf dich kommt es an, nicht auf alle", hieß es in einem Gedicht von Brecht. Das förderte nicht nur Selbstbewußtsein, sondern konnte auch als Ballast verstanden werden. Mancher hatte schon genug zu tun, um mit sich klarzukommen. Andere wollten nicht für andere verantwortlich sein. Sie genügten sich selbst, obgleich der Mensch ein kollektives Wesen ist. Darauf wurde immer und überall hingewiesen.
Dennoch gab es natürlich Freiräume, in denen nicht erinnert wurde, daß man eigentlich zur Befreiung der gesamten

Menschheit angetreten sei. Wenn man nicht mochte, schloß man nach Feierabend seine Wohnungstür und ließ die Politik draußen. Man trank sein Bier und begleitete im Westfernsehen das „Traumschiff" oder gab sich Rosamunde Pilcher hin. Oder man ging ins Kino an der Ecke und sah sich Edgar-Wallace-Krimis oder einen Film aus der Traumfabrik Hollywood an. Es liefen ja nicht nur Streifen aus den Mosfilm-Studios.

Wer sich für Politik nicht interessierte, wurde nicht erschossen, allenfalls in der Brigade scheel angesehen, wenn beispielsweise der Gewerkschaftsvertreter eine Soli-Spende für Erdbebenopfer in Mexiko oder für die Befreiungsbewegung von Südafrika einsammelte und ihm ein Beitrag verweigert wurde. Oder man erntete kollektives Unverständnis, wenn man dem freiwilligen Arbeitseinsatz zur Verschönerung des Vorgartens oder einem Betriebsausflug fernblieb.

Arbeit, auch das hatte mit Politik zu tun, war in der DDR immer mehr als ein Job, mehr als nur Gelderwerb. Über die Arbeit erfuhr man öffentliche Anerkennung, konnte sich bestätigen, fand darin Befriedigung. Im Betrieb fand soziale Kommunikation statt. Der einzelne war gleichsam eingebunden in ein soziales Netz: Man sprach nicht nur miteinander, man half sich auch. Man tauschte sich aus. Die vermeintliche Individualisierung, die heute stattfindet, bedeutet letztlich eine Isolierung. Jeder ist sich selbst der nächste. Rücksicht gilt Ausdruck von Schwäche und kehrt sich gegen den, der sie zeigt.

Arbeitslosigkeit trifft Ostdeutsche darum doppelt: Sie verloren ihre Beschäftigung und die Gemeinschaft, in die sie bis dahin eingebunden waren.

Warum gab es so wenig Gaststätten?

Dafür gab es mindestens zwei Gründe, die historische Wurzeln hatten. Im kommunistischen Selbstverständnis gab es keinen Müßiggang. Eine Restaurantkultur, wie sie die Bourgeoisie pflegte, galt als Ausdruck von Dekadenz. Die traditionelle Kneipe an der Ecke, in der nach getaner Arbeit ein Bier gezischt wurde, akzeptierte man als proletarisches Element. Gaststätten hatten vor allem die Aufgabe, Dienstreisenden Verköstigung anzubieten oder bei Familien- oder Brigadefeiern Obdach zu gewähren. Aber mehr mußte nicht sein. (Als die Tageszeitung Junge Welt in den frühen 80er Jahren einmal diskutierte, was Kultur sei, wies Prof. Jürgen Kuczynski in seinem Beitrag darauf hin, daß auch Essen und Restaurants mit zum Thema gehörten. Es reagierten einige ältere Leser sehr empört, einer entrüstete sich mit der Bemerkung, er habe nicht jahrelang im KZ gesessen, um unwidersprochen hinzunehmen, daß der Jugend weisgemacht werden soll, es sei kulturvoll, sich aus Langeweile den Bauch vollzuhauen.)

Das zweite Moment hing mit der Wirtschaftskraft zusammen. Es fehlten zunächst Personal, Raum und auch die Lebensmittel, um die Gastronomie zu entwickeln, der man – s. o. – keine Bedeutung beimaß. (Wenn man in den 50er Jahren unterwegs war, benötigte man sogenannte Reisemarken, die man dem Kellner bei der Bestellung abliefern mußte.) Später entwickelte sich auch in der DDR ein starkes Bedürfnis nach Geselligkeit und Unterhaltung, aber da erwies sich zunehmend die ökonomische Decke als zu kurz. Es kamen keine Italiener, Griechen, Jugoslawen oder Türken in die DDR, um Restaurants zu eröffnen. Als Markt war die DDR zu uninteressant, und vermutlich hätte man ihnen auch keine Schankgenehmigung erteilt.

Das führte dazu, daß sich besonders an Sonn- und Feiertagen oft Schlangen vor den wenigen Restaurants bildeten. Die Gäste warteten geduldig, bis sie vom Kellner plaziert wurden. Diese verfügten zwar, wie das gesamte Personal, über eine exzellente Ausbildung, aber nicht über das hinlängliche Verständnis, Dienstleister zu sein und was dies bedeutete. Kellner benahmen sich mitunter wie Könige. Der Mangel führte gerade im Dienstleistungsbereich zu einem völlig unüblichen Rollenverständnis.

Allerdings fragt man sich heute, was besser ist: Schlangen vor den Restaurants oder leere Tische. Traurig ist wohl beides.

Wurde jeder von der Stasi überwacht?

Die DDR zählte etwas mehr als 16 Millionen Menschen. Beim MfS waren keine 100.000 Hauptamtliche beschäftigt, hinzu kamen etwa noch einmal so viele sogenannte Inoffizielle Mitarbeiter (IM). Wie sollen etwa rund 200.000 Mann ein ganzes

Alltag und Lebensweise

Volk überwachen? Mathematisch gesehen hätte also jeder auf 80 Personen „aufpassen" müssen. Allein dadurch wird schon ersichtlich, wie absurd die Behauptung von der angeblich „flächendeckenden Überwachung" ist.
Überdies lautete der Auftrag nicht Überwachung, sondern Schutz der DDR.
Das MfS bestand aus zwei Teilen, der Hauptverwaltung Aufklärung (HVA) und der Abwehr. In der Bundesrepublik sind das zwei eigenständige Einrichtungen – der Bundesnachrichtendienst (BND) mit Sitz in Pullach bei München ist für die Auslandsspionage zuständig, das Bundesamt für Verfassungsschutz (BfV), Köln, und die Landesämter für Verfassungsschutz (LfV) geben vor, für die innere Sicherheit zu arbeiten.
Die DDR war seit Beginn ihrer Existenz Angriffen ausgesetzt, sie sollte weg. Vom Westen wurde mit politischen und mit wirtschaftlichen Mitteln auf dieses Ziel hingearbeitet. Um die Sicherheit des Staates zu gewährleisten, wurde ein entsprechendes Ministerium geschaffen. Auch hier stand das sowjetische Modell Pate.
Die nach der Oktoberrevolution dort gegründete Tscheka war von ehemaligen Offizieren der zaristischen Geheimpolizei Ochrana formiert worden. Die hatten nicht nur außerhalb der eigenen Landesgrenzen agiert, sondern sahen in der eigenen Bevölkerung den Hauptfeind. Dieser Idee folgte auch die Tscheka und ihre Nachfolgeeinrichtungen. Das MfS übernahm diese Lesart: Der von außen gegen die Sicherheit des Staates operierende Feind benötigt Helfer im Inland. Also müssen diese aufgespürt werden, um die Angriffe von außen erfolgreich abwehren zu können. Das hatte zur Folge, daß nahezu alles zum Sicherheitsproblem erklärt wurde. Vom MfS wurde praktiziert, was auch der Bundesverfassungsschutz betreibt – Sicherheitsüberprüfungen von Personen, Lauschangriffe, Postkontrolle, Einschleusen von V-Leuten in Organisationen, Überwachung von oppositionellen Vereinigungen, Verhinderung von Wirtschaftssabotage, Abwehr von Funkspionage etc. Aber eben alles eine Spur intensiver und gründlicher. Das löste, als es bekannt wurde, berechtigten Unmut unter der Bevölkerung aus.
Die Mitarbeiter des MfS wiederum fühlten sich von der Poli-

tik mißbraucht. Sie sollten das kompensieren und lösen, was eigentlich die Partei- und Staatsführung hätte lösen müssen. Beispielsweise das Ausreiseproblem. Die Staatssicherheit wurde beauftragt, die Zahl der Antragsteller „zurückzudrängen". Aber wie sollte sie das? Die Leute wollten die DDR verlassen, weil sie mit den Verhältnissen unzufrieden waren. Das war primär ein politisches oder ein wirtschaftliches Problem und keines der Staatssicherheit. Oder der Schutz von Massen- und Sportveranstaltungen. Gab es dafür nicht die Volkspolizei?

Aus diesem merkwürdigen Verständnis von Sicherheitspolitik verschoben sich auch die Maßstäbe. Nach Lesart der DDR-Führung war am Ende fast alles „sicherheitsrelevant".

Waren die DDR-Bürger im Ausland beliebt?

Es kommt darauf an, wo und wen man fragt. Die Direktoren der Luxushotels in Honolulu werden den Kopf schütteln, weil ihnen kaum ein DDR-Bürger begegnet ist.

Die Kolchosbauern entlang der Erdgastrasse in der Ukraine werden nicken und ein Dutzend Vornamen aufzählen von Mitgliedern der Jugendbrigaden aus der DDR.

Wiederum konnte es einem gerade in den Metropolen des Ostblocks passieren, daß man – als Deutscher erkannt –, nach „Deutsch-Mark" gefragt wurde. Und wer die nicht in der Tasche hatte, war dann auch nicht mehr sonderlich interessant.

Es gibt keine statistischen Untersuchungen zu dieser Frage. Da bleibt nur die Summierung entsprechender Äußerungen in Presse, Funk und Fernsehen und die Befragung der Zeitzeugen. Gestützt darauf, könnte man sagen: Die DDR und ihre Bürger hatten einen geachteten Platz im Kreis der Völker Europas und der Welt. Die Gründe sind plausibel:

Die DDR war der erste Friedensstaat in der deutschen Geschichte. Kein Nachbarland wurde durch Völkerhaß oder Gebietsforderungen bedroht. Die Lehren beider Weltkriege führten zu der Staatsdoktrin, daß von deutschem Boden nie wieder ein Krieg ausgehen darf. Das schafft viele Freunde in aller Welt.

Die DDR war ein leistungsfähiger Industriestaat. Mit 130 Ländern bestanden Handelsverträge. Zwei Drittel aller Industriegüter gingen in die sozialistischen Bruderstaaten. Ein Drittel wurde in die kapitalistische Welt exportiert. Das waren Maschinen und Ausrüstungen, Chemie- und Textilprodukte, Schienenfahrzeuge und Steuerungstechnik von hoher Qualität. Die Monteure und Wartungsingenieure genossen hohes Ansehen.

Die DDR stellte überaus erfolgreiche Mannschaften in fast allen sportlichen Disziplinen. Bei Weltmeisterschaften und Olympiaden waren sie als „Goldhamster" gefürchtet, aber eben deshalb auch sehr beliebt.

Die DDR hatte ein hohes kulturelles Leistungsniveau. Zu den 88 Orchestern gehörte das weltberühmte Gewandhaus-Orchester. Unter den 183 Theatern war das Berliner Ensemble, das Brecht gegründet hatte. Unter den 690 Museen waren die Häuser auf der Museumsinsel in Berlin, die Millionen Besucher anlockten. Die Tourneen und Ausstellungen dieser Institutionen haben der DDR viel Anerkennung eingebracht.

Die wichtigsten Botschafter eines Landes sind aber seine Einwohner. Natürlich gibt es überall Rabauken. Die Fußballfans der DDR waren auch nicht die leisesten. Aber man merkte den meisten Bürgern schon an, daß sie durch Eltern und Schule, Betrieb und Umfeld, Buch und Film zu Anstand und Bescheidenheit, zur Völkerfreundschaft und internationalen Solidarität erzogen worden waren.

Wurden die SED-Genossen von den anderen Bürgern gemieden?

Weshalb sollten sie das? Hatten die Genossen Aussatz oder Mundgeruch, schlugen sie Frauen und kleine Kinder? ... Natürlich nicht.

Der SED gehörten rund 2.300.000 Frauen und Männer an. Das heißt: jeder siebte Ostdeutsche hatte ein rotes Parteibuch. Das waren ganz normale Menschen wie jeder andere auch. Nein, doch nicht ganz. Die SED-Führung hatte die Losung ausgegeben: Wo ein Genosse ist, da ist die Partei! Und da sich die Partei für alles im Lande zuständig fühlte, nahmen das auch die anderen Bürger sehr ernst. Jeder Genosse wurde für alles verantwortlich gemacht: für die Schlaglöcher in der Straße, für fehlende Bananen, für lange Wartezeiten bei Autobestellungen, für Umleitungen, für ramponierte Wartehäus-

chen, für eine unverständliche Honecker-Erklärung, fürs langweilige Zentralorgan, für einen schlechten DEFA-Film usw. In dieser Hinsicht hatten es die Genossen schwerer als normale Bürger. Sie waren der Adressat für manchen Unmut. Und mancher Kritiker hoffte darauf, der Genosse X. habe einen heißen Draht „nach oben". Den hatte er natürlich nicht. Zudem drückte die Genossen die Pflicht, sich gleichsam als Stellvertreter der ganzen Partei zu verhalten, und das hieß: stets und immer Vorbild zu sein! Er sollte in Ansätzen sichtbar machen, was „die Partei" unter dem „neuen Menschen" verstand. Ein Mensch also, der von hohem Bewußtsein beflügelt, von Idealismus durchdrungen und Selbstlosigkeit beseelt war. Durch und durch Sozialist eben, sauber, moralisch gefestigt, menschlich integer und antsändig. Ein Humanist der Tat. Wenn es um freiwillige Arbeitseinsätze ging, setzte man auf die Genossen. Brachen die Dämme, mußten die Genossen ran. War das Interesse an einer Veranstaltung gering, mußten die Genossen die leeren Reihen füllen.
Mitglied der SED zu sein war sehr belastend. Aber nicht für das Umfeld.

Gab es in der DDR Sozialhilfeempfänger?

Ja. Die Zahl von Sozialhilfeempfängern ist stets ein Indikator für den Reichtum einer Gesellschaft, aber auch Ausdruck sozialer Gerechtigkeit. Nicht jeder, der seinen Lebensunterhalt mit eigener Arbeit bestreiten möchte, ist dazu auch in der Lage. Dennoch haben auch solche Menschen einen Anspruch auf ein Leben in Würde.
Gemessen an der Gesamtbevölkerung (etwa 16 Millionen Menschen) war die Zahl der Empfänger von Sozialfürsorge in der DDR gering. 1970 waren es 56.966 Personen, 1989 nur noch 5.535. Das war darauf zurückzuführen, daß beispielsweise die Renten und das Kindergeld kontinuierlich erhöht wurden. Auch wenn diese Zuwendungen nach heutigen Maßstäben nicht sonderlich hoch waren, so genügten sie angesichts der niedrigen Lebenshaltungskosten, um ein wenngleich bescheidenes, so doch gesichertes Leben zu führen.
Im Jahr 1989 lag das durchschnittliche Bruttogehalt bei 1.280 Mark, die statistische Durchschnittsrente in jenem Jahr – es gab 2,8 Millionen Rentner – betrug 426,88 Mark. Ein Groß-

teil der Altersrentner bezog daneben noch eine Zusatzrente. In der DDR existierte ein komplexes System von staatlicher und Betriebsrente, die sowohl eigen- wie auch fremdfinanziert wurde. Seit Jahren sucht man in der Bundesrepublik nach vergleichbaren Modellen – ohne erkennbaren Erfolg. Man wäre, wenn man denn gewollt hätte, durchaus in der Lage gewesen, die in der DDR praktizierten Formen zu übernehmen.

Warum gab es in der DDR weniger zu kaufen als in der BRD?
Weil in der DDR weniger produziert wurde. Kein Land kann mehr verteilen, als es an Waren und Werten zustande bringt. Was man nicht selber produziert, muß man importieren, egal ob Hosenknöpfe, Computer oder Bananen. Aber Handeln heißt Geben und Nehmen – oder Borgen. Am Ende muß man zahlen, egal ob mit Geld oder Waren, mit Bodenschätzen oder Kunstschätzen. Von alledem, was die Basis einer starken Volkswirtschaft ist, hatte die BRD ungleich mehr als die DDR.
Die DDR hatte drei „Geburtsfehler": Sie war schon vor hundert Jahren die ärmere Gegend Deutschlands. Sie wurde durch die Spaltung nach dem Zweiten Weltkrieg von der Schwerindustrie im Westen abgeschnitten. Dort gab es 150 Hochöfen, die Eisen und Stahl lieferten, hier gab es nur fünf. Dort gab es hochwertige Steinkohle, hier nur minderwertige Braunkohle. Dort gab es an der Küste die Hochseehäfen, hier nur Kuhweiden. Und mit dem bißchen Industrie, die den Krieg im Osten überlebt hatte, mußte die DDR die Reparationen an die Sowjetunion für ganz Deutschland bezahlen. Das war anfangs ein Drittel des produzierten Nationaleinkommens. Später wurde uns ein Teil erlassen. Aber bis 1965 blieben das jährlich 210 Millionen Dollar.
Der zweite „Geburtsfehler" war die Nachahmung des sowjetischen Modells. Unter dem Einfluß der sowjetischen Besatzungsmacht wurden viele Strukturen und Prinzipien der UdSSR in Staat, Wirtschaft und Kultur der DDR übernommen. Die hatten sich dort zum großen Teil bewährt, aber unter anderen sozialhistorischen Bedingungen. Die Sowjetunion war als rückständiges Agrarland in die sozialistische Planwirtschaft gegangen. Es gab dort auch wenig Tradition in der Ausübung einer parlamentarischen Demokratie. Zwar wurden in der DDR viele Prinzipien bei der Leitung und Len-

kung von Staat und Wirtschaft modifiziert. Zum Beispiel durch Einführung eines Mehrparteiensystems, durch dreierlei Typen landwirtschaftlicher Genossenschaften, durch eine andere Kirchenpolitik usw. Dennoch erwiesen sich viele Lenkungs-Strukturen als starr und hemmend. Sie führten zu einer verkrusteten Planbürokratie, bei der die ideenreichen kleinen Warenproduzenten nicht zur Entfaltung kamen. Gerade in der Massenbedarfsgüter-Produktion fehlte es immer wieder an Menge, Vielfalt und Qualität zur Erfüllung der wachsenden Bedürfnisse.

Der dritte „Geburtsfehler" war die geographische Nachbarschaft zum ökonomisch stärksten Staat der westeuropäischen Union. Die DDR-Bevölkerung wurde wegen ihres hohen Lebensstandards zwar von vielen osteuropäischen Völkern beneidet, aber das zählte wenig beim Wettlauf mit dem Kapitalismus. Die hiesige Bevölkerung hatte den ständigen Vergleich mit dem reicheren Nachbarn im Westen. Dabei wurde oft übersehen, welche Startvorteile die BRD mit dem reicheren Nachkriegserbe und der Marshallplan-Hilfe der USA hatte. Dort stützte man sich auf die alten Konzerne und Führungskräfte, trotz anderer Bestimmungen im Potsdamer Abkommen. Dort wurden die Fabriken rasch nach dem neuesten Stand der Technik ausgerüstet, wodurch die Kapazitäten der Siegermächte Frankreich und Großbritannien bald überflügelt wurden. Dieses „Wirtschaftswunder" half der BRD, Dutzende Entwicklungsländer in eine profitable Abhängigkeit als Zulieferer zu bringen und sich auf deren Buckel zu mästen. Wer ein Hemd für wenige Euro verkauft, muß ja erst jemand finden, der es für ein paar Cents zusammennäht. Und wenn der selber kein Hemd hat, kann man sagen: „Ist mir egal!", oder: „Das muß sich ändern!" Dann geht es aber nicht nur um den Wohlstand, sondern auch um den Preis dafür. Und dann erscheint manches aus der versunkenen Welt des Sozialismus in anderem Licht.

Warum gab es keine individuellen Freiheiten?

Der Mensch kann nie und nirgends auf der Welt frei von allem sein. Jede Freiheit hat ihren Preis, verlangt Einsicht in vielerlei Notwendigkeiten. Aus der Befreiung vom Mietvertrag folgt der Zwang zum Schlafsack. Freiheit vom Strom-

tarif verlangt Kredit für ein Windrad. Kein anderer Begriff ist so vielschichtig und buntschillernd wie der Freiheitsbegriff. Die alten Griechen sahen darin die physische Beziehung des Menschen zur Natur und Gesellschaft, seine Sachkenntnis über die gesetzmäßigen Zusammenhänge.
Damit wurden die Menschen in der DDR reichlich versorgt.
Der Katholizismus stellte später die Willensfreiheit als geistige Freiheit dagegen. Die Freiheit ist nur bei Gott, und die Kirche weist den Weg dorthin. Dieser Weg war aber mit strengen Geboten und starren Glaubenssätzen gepflastert, deren Einhaltung im Alltag nicht leicht fiel. Die Begnadigung bei Verstößen erfolgte zeitweilig durch Geld.
In der DDR hatte die Kirche – trotz Religionsfreiheit und Publizität – wenig Anhänger. Doch wurden mitunter auch die Thesen des Marxismus-Leninismus wie orthodoxe Glaubenssätze gelehrt. Zweifel waren Ketzerei. Das rächte sich.
In der Neuzeit ist mit Freiheit meist die individuelle Freiheit als rechtliches Gut gegen jedwede Unterdrückung des Menschen gemeint. Aber wo die nationale Freiheit z.B. durch Notstandsgesetze eingeschränkt ist, da ist auch die individuelle Freiheit beschnitten. Wo die ökonomischen Existenzgrundlagen unter der Verfügungsgewalt profitorientierter Privatbesitzer stehen, ist es schwer, ein menschenwürdiges Dasein für alle einzuklagen, auch wenn es die Verfassung verspricht. Und wer als Anarchist jegliche Reglementierung ablehnt, holt sich auch schnell seine Beulen, weil die menschliche Gesellschaft so nicht funktioniert.
In der DDR gab es deshalb – wie in allen Ländern der Welt – per Gesetz und Verfassung nicht nur Rechte, sondern auch Pflichten. Mancher empfand manche Regelung als besonders eng, z.B. die Eingrenzung der Reisefreiheit. In der Nachwendezeit wurde deshalb auch der Vorwurf der Demütigung und Deformierung der Bürger erhoben.
Wahr ist, daß nach dem Katalog der anzustrebenden Grundrechte für die Völker Europas aus der KSZE-Schlußakte Defizite ins Auge fielen. Die betrafen vor allem die individuellen Freiheiten. Aber wenn man die Hauptforderungen der bürgerlichen Revolution zum Maßstab nimmt – Freiheit, Gleichheit, Brüderlichkeit –, dann waren in der DDR auf der Basis

des Volkseigentums an den wichtigsten Existenzgütern die Gleichheit und Brüderlichkeit aller Bürger weitgehend eingelöst. Die Polemik der westeuropäischen Länder setzte deshalb meist bei den individuellen und politischen Freiheiten im Osten an, ohne das eigene Defizit an Gleichheit und Brüderlichkeit im gesellschaftlichen Bereich zuzugeben.

Inzwischen kann jeder abwägen, was er gewonnen und verloren hat. In der Bundesrepublik darf man jeden Kanzler einen Trottel nennen, auch auf dem Marktplatz oder im Radio. Aber den eigenen Chef kritisiert man besser nicht. In der DDR war es umgekehrt. Und da es mehr Bosse als Kanzler gibt und nur die Bosse bestimmen, ob man Arbeit und Brot findet, scheint das schmerzlicher. Jedenfalls für die, die ihre Arbeitskraft verkaufen müssen. Das sind aber die allermeisten.

Warum sind in der DDR die Häuser und Städte so verrottet?

Diese Frage tut weh, weil sie berechtigt ist. Man merkt es am Aufblühen so vieler Altstädte nach der Wende. Was da an neuen alten Glanzpunkten auferstanden ist, hätte die DDR wohl erst in Jahrzehnten geschafft, und da wäre es für manches zu spät gewesen. Bei der Antwort geht es nicht um Entschuldigungen, sondern Erklärungen.

Ostdeutschland war nach dem zweiten Weltkrieg weithin verbrannte Erde, weil die Ostfront die Hauptfront für das Nazireich war. Die Wohnhäuser, die überlebt haben, hatten mehr als ein halbes Jahrhundert auf dem Buckel und oft schwere Schäden. 40 Jahre DDR waren deshalb begleitet von 40 Jahren Wohnungsnot.

Im Herbst 1973 beschloß das Zentralkomitee der SED das Wohnungsbauprogramm. Von 1976 bis 1990 sollten 3 Millionen Wohnungen gebaut oder modernisiert werden. Der Bestand von 6,2 Millionen Wohnungen wurde damit um 50 Prozent aufgestockt. Das war eine gewaltige Anstrengung, zumal es in der DDR nie darum ging, Wohnungen als private Spekulationsobjekte anzubieten. Es ging um die Bedürfnisse und nicht um den Profit. Deshalb gehörten zu jedem Neubaugebiet auch die sozialen Einrichtungen wie Schulen, Kitas, Schwimmhallen, Polikliniken, Kaufhallen, Klubs.

Das war nur zu schaffen, wenn 60 bis 70 Prozent dieser Wohnungen als industriell vorgefertigte Plattenbauten mit moderner Technologie auf der grünen Wiese errichtet wurden. Tatsächlich kamen dann innerhalb von 15 Jahren 7,2 Millionen Menschen – das waren 43 Prozent der Bevölkerung – zu einer neuen oder modernisierten Wohnung. Das kostete den Staat 260 Milliarden Mark.

Der innerstädtische Lückenbau und die Rekonstruktion der Altbauten verlangten aber andere Technologien und Materialien. Da wurden auch wieder Maurer und Stukkateure gebraucht, Zimmerleute, die Treppen bauen können, variable Kleinteile aus den Häuserfabriken. Das wurde viel aufwendiger und teurer als ein Neubau. Und die Mieten deckten ohnehin nur ein Drittel der Unterhaltskosten, weil sie über die vier Jahrzehnte der DDR hinweg mit 0,80 bis 1,25 DDR-Mark je Quadratmeter festgelegt waren. Der Staat bezahlte den Rest.

Aber den Preis für diese Baupolitik zahlten viele – auch denkmalgeschützte Altbauten in Leipzig, Stralsund, Bautzen und anderswo, die nur rekonstruiert wurden, wenn die Bausubstanz und der städtebauliche Rang dies lohnten, und wenn die Kosten bei 60 Prozent eines Neubaus blieben. Da ist dann vieles – zu vieles – verrottet. Auch, weil es in den Kreisen und Bezirken zu wenig Handwerker und Material gab, da Berlin als Hauptstadt zur Visitenkarte der Republik herausgeputzt werden sollte und deshalb meist Vorrang hatte.

Man muß aber auch erwähnen, daß die DDR-Bürger beim Verschönern ihrer Häuser nicht faul waren. Da wurden unendlich viele Stunden als Eigenleistungen investiert. Die Nachbarn in Westdeutschland hatten ihre Fenster und Wände auch nicht öfter gestrichen, aber sie hatten die besseren Farben, die dann nicht zwei Jahre, sondern zehn Jahre hielten. Und hätte die DDR kostendeckende Mieten verlangt, dann wäre manches anders gelaufen. Die Peitsche des Geldes fördert oft schnellere Einsichten als die sanfte Nötigung der Moral. Zumal man im Sozialismus nicht exmittiert werden durfte. Auch nicht nach einem halben Jahr Mietrückstand. Dann kam die Hausgemeinschaft und fragte, ob sie helfen kann. Seltsame Welt?

Alltag und Lebensweise 42

Warum traute sich keiner, seine Meinung zu sagen?

Wenn sich tatsächlich keiner getraut hätte, dann hätte sich in der DDR keine immer breitere Protestbewegung bis zum Umsturz der Machtverhältnisse 1989 entwickelt. 1990 mußten dann die Minister und der Regierungschef am Runden Tisch allen Organisationen des Landes Rede und Antwort stehen, auch über die Tätigkeit der Stasi. In der Endphase der DDR gab es mehr Demokratie, Redefreiheit und Mitbestimmung als irgendwann und irgendwo in Deutschland.

In den Gründungsjahren der DDR war es ähnlich. Jeder Kopf und jede Hand wurden gebraucht, um ein anderes, demokratisches, antifaschistisches und friedliches Deutschland aufzubauen. Da gab es viele kontroverse Diskussionen, was denn nun der beste Weg wäre, was zu tun und was zu lassen ist. Viele einfache Menschen, die das nicht gelernt hatten, wurden in hohe Ämter delegiert, wo sie sich viele Beulen holten, aber zumeist bestanden haben.

Das Recht auf freie Meinungsäußerung war in der Verfassung der DDR verbrieft. Es gab viele Anlässe dazu: Produktionsberatungen im Betrieb, Rechenschaftslegungen der Werkleitung, wo manchmal auch die Ablösung der Leiter verlangt und erreicht wurde. Wer das heute versucht, merkt den Unterschied, denn die Demokratie und Redefreiheit begann damals in den Betrieben, wo sie heute aufhört. Es gab Haus- und Wohngebietsversammlungen, wo örtliche Mißstände zur Sprache kamen. Es gab Gesetzes- und Plandiskussionen, an denen Millionen beteiligt waren, wo – neben den erwünschten Zustimmungserklärungen – auch Klartext geredet wurde. Die Gewerkschaftszeitung „Tribüne" und die Fernsehreihe „Prisma" waren beliebt für ungeschminkte Wahrheiten. Die Kabaretts und die Satirezeitschrift „Eulenspiegel" lebten davon. Öfter gab's Ärger wegen zu kesser Kritik, aber es waren Ventile, auch wenn sie zu wenige und zu eng waren, und oft waren es auch echte Mitsprachemöglichkeiten.

Die Meinungsfreiheit war aber auch durch verschiedene Gesetze eingeschränkt. Das „Gesetz zum Schutz des Friedens" verbot zum Beispiel jegliche militaristische und revanchistische Propaganda. Die Verbreitung von Rassen- und Völkerhaß wurde bestraft. Das Jugendschutzgesetz verbot die

Verherrlichung von Gewalt und Totschlag oder die Verbreitung pornographischer Literatur. Später haben spezielle Staatsschutzgesetze auch die Diskriminierung der Symbole und Repräsentanten des Staates untersagt, ebenso die Zusammenarbeit mit ausländischen Geheimdiensten. Diese Gesetze wurden zunehmend restriktiv angewandt.

In den 80er Jahren waren der äußere Druck und die innere Unzufriedenheit so weit vorangeschritten, daß die Polizei und das Ministerium für Staatssicherheit ihre Kontrollsysteme immer weiter ausgebaut haben, so daß manchmal der Eindruck entstehen konnte, daß jedermann jeden überwacht. Das war natürlich nie so, schon allein deswegen, weil es nie so viele Leute und Gelder dafür gab. Aber es betraf SED-Mitglieder ebenso wie Parteilose oder Mitglieder anderer Organisationen. Allein in der SED kam es von Januar 1988 bis August 1989 zu 47.000 Parteiverfahren, die mit dem Austritt oder Ausschluß endeten. Die Hunderttausende Antragsteller auf Ausreise aus der DDR haben auch keine Loblieder auf das Land gesungen.

Manche, die damals alles und jeden lauthals kritisierten, haben heute den Eindruck, daß – trotz vieler Freiheiten – viel mehr Duckmäusertum herrscht. Vielleicht wirken die ökonomischen Existenzängste strenger als die politischen? Vielleicht lähmt es auch, wenn man alles kritisieren, aber nichts ändern kann?

Bückware – kam das mal vor, oder war es ein Dauerproblem?

Theoretisch gab es alles – sofern man Beziehungen, ein relevantes Tauschprodukt oder die „richtige Währung" hatte. Wer Verwandte in der Bundesrepublik hatte, bekam mit deren Hilfe über „Genex" (eine DDR-Handelsfirma, bei der mit Valuta gezahlt wurde) umgehend seinen Trabant, eine Tiefkühltruhe oder den Farbfernseher. Wer gespuntete Bretter hatte, konnte sie gegen knappe Fliesen tauschen. Und lesehungrige Verkäuferinnen legten für ein gefragtes Buch sogenannte Bückware unter den Ladentisch und verkauften diese an eben jenen guten Kunden.

Trotzdem: Die Warendecke war knapp und ließ an Vielfalt zu wünschen übrig. Bestimmte Produkte, allen voran die Südfrüchte, waren immer rar, da fehlte es an Devisen. Fehlplanungen oder Ausfälle führten zu Engpässen.

Allerdings: Die Waren des Grundbedarfs waren in ausreichender Menge ständig verfügbar. Dennoch blieb es ein Ärgernis, daß man in der Regel ein Verkaufsgespräch mit der Wendung begann: „Haben Sie ...?" und nicht: „Ich möchte ...!"

Warum gingen so viele Künstler in den Westen?

Die DDR war ein kleines Land. Die Zahl der Bühnen und Veranstaltungsorte, der Galerien und Konzerthäuser, der Verlage und Plattenfirmen war begrenzt. Wer hier als Künstler erfolgreich war, glaubte es auch anderenorts zu sein. Vor allem dort, wo man die gleiche Sprache sprach, dem selben Kulturkreis angehörte und sich auf gemeinsame kulturelle Wurzeln berufen konnte. Dies hätte man in praxi leicht ausprobieren können. Die DDR war aber sehr zögerlich bei der Vergabe von Ausreisevisa. Erstens meinte man, weshalb sollten Künstler privilegiert werden – andere Bürger dürfen aus Devisenmangel auch nicht fahren? Zweitens wußte man, daß ein hier aus Qualitätsgründen abgelehntes Manuskript auch drüben ein schlechtes blieb. Doch aus der Sicht des Westens wurde eine Ablehnung durch die DDR-Offiziellen zu einer Aufwertung. Drittens schließlich hieß es, daß die Ausbildung teuer genug war – die Gesellschaft hatte sie bezahlt, also hatte sie ein Anrecht, davon etwas zurückzubekommen.

Die restriktive Reisepolitik (die sich in den 8oer Jahren lockerte) war allerdings nur ein Grund, weshalb Künstler der DDR den Rücken kehrten. Mancher fühlte sich von Funktionären bevormundet und gegängelt, mochte sich vielleicht mit den Zielen der sozialistischen Kulturpolitik („die sozialistische Nation wird kultutrell geformt von der sozialistischen Nationalkultur ... die die Ideen des Friedens und Humanismus, des Patriotismus und des Internationalismus, des wissenschaftlichen Sozialismus verwirklicht") identifizieren, sah aber durchaus keinen Anlaß, den Staat – der immense Mittel für die Föderung der Künste, auch für die materielle Absicherung der Künstler aufwendete –, über Inhalte und Formen der Kunst mitreden zu lassen. Konflikte waren vorprogrammiert.

Und es gab Ereignisse, die diese Konflikte forcierten. So etwa, als die DDR 1976 Wolf Biermann nach einem Konzert in Köln ausbürgerte. Der Liedermacher war nicht unbedingt die Ikone der DDR-Kunst, aber dieser Rauswurf – auch die Nazis hatten Mißliebigen die Staatsbürgerschaft entzogen – provozierte Protest. Künstler, Schriftsteller und Wissenschaftler sahen sich zur Solidarität gezwungen, die sie unter normalen Umständen nie geübt hätten. Das wiederum veranlaßte die DDR-Führung, gegen die Protestierer vorzugehen. So wurden beispielsweise einige Autoren aus dem Schriftstellerverband ausgeschlossen, bekannte Schauspieler wie Manfred Krug bekamen keine Angebote mehr. Da sie aber wie jeder andere auch von ihrer Arbeit lebten, sah mancher keine andere Möglichkeit, als in den Westen zu gehen und dort zu arbeiten.

Die DDR-Führung hatte 1976 eine eklatante Fehlentscheidung getroffen und diese in der Folgezeit nicht nur nicht zurückgenommen, sondern durch weitere Fehlentscheidungen fortgesetzt. Insofern bedeutet das Jahr 1976 in der Kulturpolitik der DDR eine Zäsur. Der angerichtete Schaden war irreparabel. Das Land hat sich davon nie wieder erholt.

Zugleich muß man natürlich auch sehen, daß jeder Abgang im Westen propagandistisch ausgeschlachtet wurde. Denn jeder Künstler, den die DDR nicht hatte halten können, war ein Votum gegen diesen Staat und dieses System. Umso ärgerlicher war es für den Westen, daß kaum ein erfolgreicher Spitzensportler der DDR die Republik verriet, wie das damals hieß. Es fehlte nicht an Abwerbungsversuchen.

Wenn jemand an die DDR glaubte, war er dann dumm?

Wenn jemand behauptet, 1 + 1 sind 3, kann man unterstellen, daß er nicht ganz richtig tickt.

Wenn jemand allerdings behauptet, daß einer, für den 1 + 1 gleich 2 sind, nicht richtig ticke, dann trifft der Vorwurf auf ihn zu. Das ist vielleicht ein wenig abstrakt, benennt aber das Problem: Wir haben es hier mit Logik zu tun. Und dem Versuch, Logik als Unsinn zu erklären.

Die Macher der DDR traten mit großem Idealismus an. Es sollte eine neue Gesellschaft in einem Staat geschaffen werden, in dem die Menschen keine Angst um ihre Zukunft haben sollten. Sie würden freundlich miteinander umgehen und sich auch friedlich zu ihren Nachbarn verhalten. Jeder Bürger hätte Arbeit und eine warme Wohnung zu erschwinglichen Preisen, die Kinder wüchsen behütet auf und würden eine ordentliche Ausbildung erhalten. Die medizinische Versorgung wäre so preiswert wie die Schule, nämlich gratis, in jeder Gemeinde böte ein Kulturhaus vielseitige Zerstreuung, und der Urlaub wäre so sicher wie das Amen in der Kirche, die man natürlich im Dorfe lassen wollte.

Das war der Anspruch. Und ihn hätte man vielleicht auch genau so eingelöst und alle Pläne verwirklicht, wenn man a) allein auf der Welt gewesen wäre und b) wenn jeder, der in diesem Staat ein Amt hatte, auch so wunderbar und vollkommen gewesen wäre wie der „neue Mensch", den diese Gesellschaft erziehen wollte. Das heißt: Es zeigte sich, daß der Anspruch sich nicht nur fortgesetzt an der Wirklichkeit rieb, sondern auch der Idealismus auf der Strecke blieb. Der Weg zum genannten Ziel „Sozialismus" erwies sich als sehr weit und sah nicht nur deswegen immer öfter wie ein Umweg aus.

Dennoch hielten viele in der DDR an diesem Ziel, an der Idee von einer gerechten Gesellschaft der Freien und Gleichen, fest. Denn diese Utopie wurde ja nicht dadurch schlecht, weil sie im Alltag nicht immer standhielt. Der Dichter Bertolt Brecht sprach von den Mühen der Ebene, die man durchschreiten müsse. Im übrigen zeigt es sich heute mehr denn je als wichtig, daß eine Gesellschaft über eine Vision verfügt. Wenn es kein Ziel gibt, zu dem man sich hinbewegt, stellt sich nämlich zwangsläufig die Frage: Wozu bewegt man sich eigentlich? Noch schlimmer: Gibt es überhaupt noch eine Bewegung? Eine stagnierende Gesellschaft ist eine tote Gesellschaft.

In der DDR gab es eine zeitlang eine große Mehrheit, die eine sozialistische Gesellschaft wollte, zumindest akzeptierte. Diese Zustimmung schwand in dem Maße, wie die Distanz zwischen Anspruch und Wirklichkeit zunahm. Die Menschen spürten das. Ihr Unmut wurde auch dadurch geschürt, weil die Staats- und Parteiführung diesen Widerspruch offenkundig nicht nur nicht sah, sondern alles schönredete. In der DDR erzählte man in den 80er Jahren einen Witz, der ging so: Ein Mann stellt bei der Polizei einen Ausreiseantrag. Der Genosse Abschnittsbevollmächtigte gibt sich konsterniert und fragt den Antragsteller, Mitglied der SED wie er selbst, warum

Alltag und Lebensweise

er wegwolle. Er sei schließlich Genosse. Als alle Überredungskünste gescheitert sind, erkundigt er sich schließlich resigniert, wohin denn die Reise gehen solle. „In die DDR!", lautet die Antwort. So ein Quatsch, sagt der ABV, da sei er doch bereits. „Nein", meint der Antragsteller, „ich will in jene DDR, von der ich jeden Tag in der Zeitung lese."

Als im Herbst 1989 immer mehr Menschen auf die Straße gingen, demonstrierten sie für eine bessere DDR, für einen Sozialismus, der diese Bezeichnung wirklich verdiente. Sie taten dies nicht aus Dummheit, sondern weil sie Arbeitslosigkeit, Obdachlosigkeit, Drogen, Not und Elend, Krieg und all die anderen Begleiterscheinungen des Kapitalismus nicht haben wollten. Die Entscheidung oder das Bekenntnis zur DDR war also wohlüberlegt und gründete sich auf sehr logische Schlüsse.

Und das Festhalten an dieser sozialistischen Idee, die die DDR verwirklichen wollte, folgt auch einer Erkenntnis. Nämlich jener, daß der Kapitalismus am Ende ist. Die Allmacht des Finanzkapitals in der Weltwirtschaft wird Globalisierung genannt und so hingestellt, als ob es eine Verbesserung und Weiterentwicklung des Kapitalismus ist. In Wirklichkeit ist es eine Verschärfung der Ausbeutung, wie man sofort erkennt, wenn man nach Afrika oder Lateinamerika blickt. Wenn die Menschheit so weiter wirtschaftet wie bisher, rottet sie sich aus. Es läßt sich mit mathematischer Präzision errechnen, wann der letzte Liter Öl verbraucht und der letzte Tropfen Trinkwasser verunreinigt ist, wann infolge der Klimaveränderungen die Polkappen geschmolzen und Kontinente überflutet sein werden. Bürgerkriege, Epidemien und Hungersnöte tun ein übriges. Das alles wird kommen, wenn wir nichts ändern.

Worauf waren die DDR-Bürger stolz, und warum sind heute so viele von ihnen nostalgisch?

Auch wenn dies von manchem bestritten wird: Natürlich hat fast jeder eine besondere Beziehung zu seiner Heimat und dem Staat, in dem er lebt. Das sind zunächst die Familie und die Freunde, die Schule und der Lehrbetrieb, die Arbeit und das Umfeld, die Landschaft und die Gegend, in der man aufgewachsen und in der man zu Hause ist. Auch wenn es seit

1952 keine Länder mehr gab, fühlten sich die Sachsen durchaus als Sachsen und die Thüringer als Thüringer. Die (Ost-)Berliner legten darauf wert, als Berliner wahrgenommen zu werden, und die Mecklenburger wollten auch so geheißen werden. Da mischen sich private Geschichte und Geschichte der Region, Mentalität und Mundart. Alles zusammen stiftet Identität.

Darüber hinaus gab es natürlich auch einen Bezug zum Staat, in dem die Region lag. Er stiftete Identität durch bestimmte Gemeinsamkeiten: Sprache, Kultur, Gesetze, Währung, Erlebnisse und Besonderheiten, mit denen man sich von anderen abhob und unterschied.

Die DDR-Bürger haben sich auf die gesellschaftlichen Verhältnisse eingelassen, und eine sehr qualifizierte Mehrheit der Bevölkerung hat die politischen Ziele des Staates als richtig akzeptiert und sie mitgestaltet, hat sich identifiziert: mit der Sozialpolitik, der Friedenspolitik, der Kultur- und Bildungspolitik usw., war also auch stolz war auf „Errungenschaften", auf Leistungen – beispielsweise im Sport. Ähnlich war es, wenn Künstler der DDR im Ausland gefeiert oder Wissenschaftler und ihre Leistungen anerkannt wurden. Als Sigmund Jähn 1978 ins All flog, machte das stolz. Oder als Erich Honecker auf dem Höhepunkt des Rüstungswettlaufs zu Beginn der 80er Jahre, als Moskau alle Abrüstungsgespräche beendete, erklärte: Jetzt erst recht! und sich für eine „Koalition der Vernunft" engagierte, waren sehr viele DDR-Bürger nicht minder stolz auf diese nachdrückliche Friedenspolitik. Und nicht wenige Ostdeutsche waren mächtig stolz, als Jürgen Sparwasser 1974 in Hamburg bei der Fußball-WM ein Tor schoß und damit die DDR im einzigen Länderspiel gegen die BRD als Sieger von Platz ging ... Auch die Sozialpolitik oder die Tatsache, daß der unselige § 218 (Schwangerschaftsabbruch) oder § 175, der Homosexualität unter Strafe stellte, abgeschafft wurden, als in anderen Ländern daran festgehalten wurden, befriedigte sehr. Das Arbeitsgesetzbuch war eines der modernsten der Welt, um das uns Arbeitnehmer nicht nur in der Bundesrepublik zu Recht beneideten: Auch das machte stolz.

Ein sozial-psychologisches Moment verdient unbedingt Erwähnung. Nicht wenige von denen, die sich im Westen

Alltag und Lebensweise

Brüder und Schwestern nannten, ließen die armen DDR-Verwandten spüren, daß sie mehr hatten, sich mehr leisten konnten und sich als die „besseren" Deutschen fühlten. Mal stellte man mehr den Wohlstand aus, mal führte man die „politische Diskussion", ganz als „Bürger der freien Welt", der tun und lassen kann, was ihm gefällt. Solche Herablassung, die sich auch in den westlichen Medien wiederfand, hat nicht wenig zur Herausbildung von Gefühlen des Stolzes bei den DDR-Bürgern beigetragen. Man wollte sich die eigene Leistung nicht kleinreden lassen, mehr noch: Man hatte ein Bewußtsein davon, daß man einen Alltag lebte, der zwar weniger materiellen Wohlstand aufwies, in dem sich aber eigene, wertvolle soziale Beziehungs- und Werteverhältnisse herausgebildet hatten.

Daß seitens der Staatsführung auch allzu gerne und wohl auch allzu oft diese Gefühle zum Inhalt politischer Verlautbarungen gemacht wurden – die Floskel „mit berechtigtem Stolz" fand sich in vielen Reden Erich Honeckers –, stieß so manchem DDR-Bürger unangenehm auf. Aber daraus abzuleiten, daß es diese Gefühle nicht gab, ist einfach falsch.

Nach der Vereinigung 1990 verschwanden nicht nur die Grundlagen des DDR-Staats- und Sozialwesens, verschwinden sollte auch die DDR „aus den Köpfen". Ureigene Erfahrungen und Gefühle wurden einer anderen Deutungshoheit unterstellt. Das hängt mit der Neigung der jeweils Herrschenden zusammen, die Vergangenheit nach ihren Vorstellungen zu interpretieren. Wer die Deutungshoheit über die Vergangenheit besitzt, glaubt nämlich, diese auch über die Gegenwart zu haben. Das war schon immer so. Die offizielle Bundesrepublik macht da keine Ausnahme und investiert viel an Geld und Kapazitäten für die sogenannte Aufarbeitung – in der Wissenschaft, in den Medien, in Organisationen und Verbänden usw. Mit „Nostalgie" ist man schnell zur Hand, wenn jemand in irgendeiner Form dagegenhält, und weit ist es dann meist nicht mehr bis zum Vorwurf, zu den „ewig Gestrigen" zu gehören.

Nostalgie ist ein aus dem Griechischen stammendes Wort und heißt schlicht „Heimweh". Der Schriftsteller Klaus Mann schrieb in seiner Lebensbilanz „Der Wendepunkt" den Satz: „Unser Heimweh beginnt mit unserem Bewußtsein." Hilft uns das, die Frage zu beantworten? Auf den ersten Blick sicher nicht, denn wer's gern simpel hat, würde schwören, daß niemand sich mit dem Bewußtsein in die DDR zurücksehnt. Aber Bewußtsein ist mehr. Bewußtsein ist auch Erinnerung. Zugegeben: In der DDR gab es im Februar nie Erdbeeren zu kaufen, in den Autos steckte rund ums Jahr kaum Automatik, und bei den Preisen in den Kaufhäusern änderte sich in keiner Jahreszeit auch nur ein Pfennig. Wie schön ist es, sich im Februar Erdbeeren leisten zu können, die Autoscheiben mit Knopfdruck zu bedienen und sich in den Winterschlußverkauf zu stürzen. Da bleibt allerdings auch, daß man über den Preis einer Straßenbahnfahrt nicht nachdenken darf, denn der betrug bekanntlich 20 Ostpfennig, und das waren am Wechselstubenschalter 5 Westpfennig. Heute sind es mindestens 2,40 Euro und das wären 4,80 Westpfennig, also um fast 10.000 Prozent mehr, und wer nicht Straßenbahn fahren will, kann auch die Benzinpreise umrechnen, da käme er immerhin auf 1700 Prozent. Und das alles sind Vergleichszahlen zu einem angeblich untauglichen Land. Es kommt eben vor, daß die Menschen darüber nachdenken, dann bekommen sie Heimweh nach den Tagen, wo man zum Arzt gehen konnte, garantiert nichts bezahlen mußte und auch in der Apotheke die Geldbörse in der Tasche lassen konnte. Kurzum: Die Frage, warum DDR-Bürger nostalgisch sind, ist mit dem Hinweis zu erklären, daß sie das Leben in der DDR besser kannten als viele, die heute darüber reden oder schreiben.

Schule und Ausbildung

Was war in den Schulen der DDR anders als heute?

Es gibt ein Menge von Unterschieden, so daß hier nur auf die wichtigsten eingegangen werden kann. Die Schule und die Lehrer, überhaupt das Lernen wurden sehr geachtet, die Tätigkeit der Lehrer wurde von der Gesellschaft unterstützt. Sie vermittelten nicht nur den Unterrichtsstoff – obwohl darin ihre wichtigste Aufgabe bestand –, sondern galten zugleich mit den Eltern als die Erzieher der Jugend. Erziehung und Lehre waren eine Einheit. Die Schüler wurden als politische Menschen gesehen im Sinne der alten Griechen, die den Menschen als *zoon politicon* betrachteten, als gesellschaftliches Wesen. Und für diese Gesellschaft, in der DDR die sozialistische, wurde der Jugendliche vorbereitet. Er sollte sich von Anfang an als vollwertiges Mitglied der Gesellschaft fühlen, das Rechte, aber auch Pflichten gegenüber den Mitbürgern hat. Er sollte lernen, selbständig zu denken und zu handeln. Dazu lernte er an den Schulen entsprechend seinem Alter das Minimum an Wissen und die Fähigkeit, das Wissen in Tun, in Können anzuwenden. Über diese Erziehungsprobleme gab es seit Jahrzehnten verschiedene Modelle, und die Schulreformer, die nach der Nazizeit noch vorhanden waren, entwickelten die demokratische Einheitsschule. In diesem Begriff liegt schon das Erziehungsziel, die Demokratie, und die Methode, die einheitlichen Erziehungsgrundsätze. Heute liegen die Schulfragen in der Entscheidung der Länder, die Vorteile gegenüber dem zentralen Schulsystem erscheinen mehr als fraglich.

Der Besuch aller Bildungseinrichtungen war unentgeltlich. In der SBZ wurde 1946 durch das „Gesetz zur Demokratisierung der deutschen Schule" eine einheitliche, achtjährige Schulpflicht für alle Kinder eingeführt. Es wurden einheitliche Lehrpläne für Grund- und Oberschulen geschaffen. Vorangegangen war die Abschaffung von Privatschulen, die Entfernung von Lehrern, die durch ihre Nähe zur Naziideologie, teilweise durch Mitgliedschaft in der NSDAP, nicht mehr für den Schuldienst geeignet erschienen, sowie die (Schnell-)Ausbildung von sogenannten Neulehrern, um den Schulbetrieb aufrechterhalten zu können.

Nach der Schule gingen die meisten der Vierzehnjährigen an eine Berufsschule und erlernten dort einen der Facharbeiterberufe, die mit einer Prüfung abgeschlossen wurden. Etwa jeder Fünfte ging weiter zur Oberschule und bereitete sich weitere vier Jahre auf das Abitur vor, das zum Studium an einer Universität oder Hochschule berechtigte. Mit 17 oder 18 Jahren besaß jeder Jugendliche in der DDR entweder einen Beruf oder die Befähigung zum Studium.

Mit dem neuen Schulgesetz von 1965 galt die 10-Klassenausbildung für jeden, die „Zehnklassige allgemeinbildende polytechnische Oberschule" wurde Pflichtschule. Die enge Verbindung mit der Produktion wurde eingeführt. Im sogenannten Unterrichtstag in der Produktion lernten die Schüler einen Betrieb von innen kennen und erhielten Einblick in die Grundbegriffe wichtiger Berufe in Industrie und Landwirtschaft. Dabei kümmerten sich die Betriebe rechtzeitig um ihren Nachwuchs und warben schon die neuen Lehrlinge. Diese Tendenz wurde noch verstärkt, indem die Oberschüler mit einem zusätzlichen Jahr zugleich einen Beruf erlernen und das Abitur ablegen konnten, umgekehrt aber auch die besten Berufsschüler sich mit dem Beruf auch auf das Fachabitur zum Studium auf Ingenieurschulen vorbereiten konnten. Schulzeit und Berufsanfang wurden also auf das engste verknüpft.

Das alles wurde mit der deutschen Einheit abgeschafft. Es verschwand nicht nur der allgemeine Erziehungsauftrag der Schulen – schließlich wäre es ja auch paradox, wenn sich das gesellschaftliche System der BRD mit dem Ziel der „Erziehung der allseitig gebildeten sozialistischen Persönlichkeit" versehen würde –, sondern dieser Auftrag wurde pädagogisch und politisch diskreditiert. Aber auch das einheitliche Schulsystem an sich läßt sich angeblich nicht mit den individuellen Möglichkeiten des westlichen Schulsystem vereinbaren. So wird durch die Zergliederung der Schulen heute weniger zielgerichtet gelernt, die Hochschulen sind überfüllt, das Geld reicht nicht, und es entsteht ein akademisches Proletariat. Und das sind nur einige wenige der negativen Erscheinungen.

Das Schulsystem der DDR war sehr effektiv und bot den jungen Menschen gute Entwicklungsmöglichkeiten. Die Bildung vermittelte solides Wissen in Theorie und Praxis und verband die Schule mit den anderen Bereichen des Lebens.

Schule und Ausbildung

Was war denn so negativ am Schulsystem der DDR?

Alle Schulen seien staatlich gewesen, lautet ein Vorwurf. Bereits Bismarck hatte gegen den kirchlichen Widerstand die konfessionslose Schule durchgesetzt. Die konfessionellen Privatschulen wurden abgeschafft, da sie in Wirklichkeit Standesschulen für Reiche waren, deren Kinder eine bessere Erziehung erhalten sollten, wie es auch heute wieder der Fall ist. Die reichen Familien zahlen viel Schulgeld, um gute Lehrer sehr gut zu bezahlen, damit sie die beste Erziehung mit allen Möglichkeiten leisten können. Die Oberschicht bildet ihre Führungselite rechtzeitig aus und zeigt sich durchaus flexibel, wenn es darum geht, benötigte Potentiale zu integrieren. Das Beispiel des ein oder anderen, der es „aus kleinen Verhältnissen" kommend in die Vorstandsetage einer Bank geschafft hat, soll dann Beweis für Chancengleichheit sein. Das ist alles nicht neu, es sind die Verhältnisse, denen man in der DDR mit der Beseitigung der Grundlagen des „bürgerlichen Bildungsmonoplos" zu Leibe gerückt war.

Ein weiterer Vorwurf an die Schule der DDR: Sie hätte einen Leistungsdruck ausgeübt – ja, hat sie. Und zwar nicht nur in Form von Zensurenvergabe, sondern auch, indem sich Lehrer um leistungsschwächere Schüler bemühten, sie nicht „abschrieben", sondern individuelle Förderpläne erarbeiteten oder leistungsstärkere Schüler für Lernpatenschaften gewannen und Kontakt zu den Eltern suchten und hielten, das alles in weitaus stärkerem – und von den Pädagogen auch abgefordertem – Maß, als es heute üblich ist.

Man wirft der Schule vor, sie wäre streng durchorganisiert gewesen – abgesehen davon, daß es unter den Lehrern (wie unter den Eltern) immer welche gibt, die auf übertriebene Strenge setzen oder mit Strenge andere, fehlende pädagogische Fähigkeiten kompensieren, abgesehen davon war Disziplin an den DDR-Schulen ein geforderter Wert, wie in anderen pädagogischen Modellen eben mal mehr, mal weniger auch. Experimente beispielsweise mit antiautoritären Erziehungskonzepten gab es nicht. Wie oft und wie sehr Disziplin – z. B. in Form von Einsicht oder des Befolgens von Anweisungen – an Stellen eingefordert wurde, wo andere Formen angebrachter gewesen wären, kann man als Problem entweder individueller pädagogischer Arbeit oder eben als ein dem

Schulsystem immanentes ansehen: Indem man die DDR-Schule als Ganzes als Instrument für politische Indoktrination betrachtet und den Erziehungsauftrag als unzulässig (nämlich der Anpassung des Individuums an das politisch-ideologische System dienend) oder als illusionär (nämlich auf nicht behebbarer Differenz zwischen Individualinteressen und denen der SED beruhend) ansieht.

Wie war die Schule aufgebaut? Gab es Spezialschulen?

Das Bildungswesen war übersichtlich gegliedert. Den Kinderkrippen (die allerdings nicht dem Ministerium für Volksbildung, sondern dem für Gesundheit unterstanden), die die Kinder bis zum 3. Lebensjahr besuchen konnten, schlossen sich Kindergärten an, die von nahezu allen Kindern bis zum Schulbeginn besucht wurden. Die Betreuung erfolgte ganztägig von Kindergärtnerinnen, die drei Jahre an pädagogischen Fachschulen ausgebildet worden waren. Die Unterbringung der Kinder war für die Eltern kostenlos, lediglich einen geringen Essensgeldzuschuß hatten sie zu erbringen, Kinderreichen (Familien ab 4 Kindern, Alleinstehende ab 3 Kindern) wurde dieser erlassen.

Mit 6 Jahren (Stichtag 31. Mai) erfolgte die Einschulung an einer Allgemeinbildenden polytechnischen Oberschule (POS). Der Unterricht wurde an 6 Tagen der Woche (Montag bis Sonnabend) erteilt. Der Mittwoch war in der Unterstufe in der Regel ein hausaufgabenfreier Tag – weil mittwochs die Pioniernachmittage stattfanden. Zweimal im Jahr erhielten die Kinder Zeugnisse, dazu auch eine verbale Beurteilung über den schulischen Leistungsstand und das gesellschaftliche Engagement. Darunter verstand man die Mitarbeit in der Pionierorganisation oder der Jugendorganisation (FDJ), in Sportvereinen und anderen Einrichtungen. In das Zeugnis wurden auch die sogenannten Kopfnoten, nämlich Zensuren für Fleiß, Betragen, Mitarbeit, Ordnung, Gesamtverhalten eingetragen. Die Benotung erfolgte von 1 bis 5. Für alle Unterrichtsfächer gab es einheitliche Stunden- und Lehrpläne. Großer Wert wurde auf die Vermittlung sogenannter polytechnischer Kenntnisse und Erfahrungen gelegt. Diesem Ziel waren alle Fächer verpflichtet, in besonderem Maße die Fächer Werken und Schulgarten sowie der Polytechnische Unterricht in den Klassen 7 bis 10. Neben der Ausbildung handwerklicher Fertigkeiten ging es dabei auch um unmittelbaren Kontakt zu Betrieben. Es gab Partnerschaften zwischen Klassen und Arbeitskollektiven. Dadurch nahmen Brigaden oftmals über Jahre Anteil an der Entwicklung der Kinder und unterstützten auch materiell die Klasse (Renovierung der Klassenräume, Organisierung von Klassenfahrten, Sport- und anderen Festen).

Die POS gliederte sich in Unterstufe (Klassen 1 bis 3), Mittelstufe (4-6) und Oberstufe (7-10).

Die Klassen blieben – natürlich Abgänge etwa durch Umzug und Neuzugänge etwa durch Sitzenbleiber abgerechnet – in der Regel die gesamte Schulzeit in gleicher Zusammensetzung bestehen. Das hatte auf das Sozialverhalten, auf Gruppenverhalten, soziale Bindungen und – heute würde man sagen – „Teamfähigkeit" ungeheuer positive Auswirkungen, wozu auch die weitgehend in den Schulbetrieb eingebundenen gesellschaftlichen und Freizeitaktivitäten beitrugen. Das betraf die Pionier- und FDJ-Arbeit ebenso wie die zahlreich an den Schulen existierenden Abeitsgemeinschaften, die fakultativ, aber in großem Umfang besucht wurden und in der technischen Ausstattung sowie durch oftmals hochqualifizierte fachliche Anleitung seitens der Schule unterstützt wurden.

Am Ende der 10. Klasse erfolgten Prüfungen, der Schulabschluß wurde attestiert. Danach wurde die Lehre aufgenommen oder an die Erweiterte Oberschule (EOS) gewechselt, die mit dem Abitur nach der 12. Klasse und der Hochschulreife endete.

Um besondere Begabungen zu fördern, gab es in der DDR Spezialschulen und Spezialklassen mathematischer, naturwissenschaftlich-technischer, sprachlicher, künstlerischer und sportlicher (Kinder- und Jugendsportschulen) Richtung. Darüber hinaus gab es Sonderschulen für Schwerhörige, Gehörlose, Sehschwache, Blinde und Stimmgestörte, für förderungsfähige Gehirngeschädigte, dauerhaft Körperbehinderte sowie für stark verhaltensgestörte Kinder.

Schule und Ausbildung

Stundentafel der zehnklassigen allgemeinbildenden polytechnischen Oberschule

Fach	1/1	1/2	2	3	4	5	6	7	8	9	10
Deutsch	11	10	12	14	14	7	6	5	5	3	4
Russisch						6	5	3	3	3	3
Mathematik	5	5	6	6	6	6	6	6	4	5	4
Physik							3	2	2	3	3
Astronomie											1
Chemie								2	4	2	2
Biologie					2	2	1	2	2		2
Geographie						2	2	2	2	1	2
Werken	1	1	1	1	2	2	2				
Schulgarten			1	1	1	1					
Polytechnischer Unterricht											
· Einführg. in d. sozialistische Produktion								1	1	2	2
· Technisches Zeichnen								1	1		
· Produktive Arbeit								2	2	3	3
Geschichte						1	2	2	2	2	2
Staatsbürgerkunde								1	1	1	2
Wehrerziehung										1	1
Zeichnen	1	1	1	1	2	1	1	1	1	1	
Musik	1	1	1	2	1	1	1	1	1	1	1
Sport	2	2	2	2	3	3	3	2	2	2	2
Fakultativer Unterricht											
· Nadelarbeit					1	1					
· 2. Fremdsprache								3	3	3	2

Wer durfte studieren?
Konnte jeder studieren, was er wollte?

Studieren durfte, wer die Hochschulreife, das Abitur erworben hatte. Man erwarb es entweder an der EOS, in einer Berufsschule oder in Sonderlehrgängen der Volkshochschulen. Es erfolgte eine Steuerung und Lenkung bei der Studienplatzvergabe, die sich am realen Bedarf der Volkswirtschaft und Heranbildung des akademischen Nachwuchses orientierte.

In allen Fachrichtungen standen bestimmte Studienplatz-Kontingente zur Verfügung. Diese Plätze wurden durch die

Schule und Ausbildung

Sektionsleitungen der Universitäten vergeben, in der Regel nach Aufnahmegesprächen (die aber nicht Aufnahmeprüfungen im engeren Sinne gleichzusetzen sind). Damals wie heute gab es sogenannte Modefächer, die überfüllt gewesen wären. Andere Fächer waren nicht so beliebt, obwohl sie dringend gebraucht wurden. Hier setzte die Studienlenkung ein. Überfüllungen sollten vermieden werden, wem hätte es genützt, wenn zu viele Absolventen später zwar ausgebildet, in der Praxis aber nicht benötigt worden wären. Was es also nicht gab: Man konnte sich nicht einfach für sein Wunschfach einschreiben, übrigens auch nicht für selbstausgesuchte Kombinationen von mehreren Fachrichtungen. Die Zahl der Bewerber etwa für ein auch damals schon begehrtes Germanistikstudium lag in der Regel zwischen 20 bis 30 Bewerbern auf einen Studienplatz, und nur einer wurde dann auch immatrikuliert. Worin der Sinn der Ausbildung von Tausenden von Germanisten liegen soll, ist schwer einzusehen, denn auch heute ist die Zahl der mit ihnen zu besetzenden Stellen überschaubar. Wer also mit viel Aufwand und Kosten ein Studium hinter sich gebracht hat, um dann artfremd oder unter seiner Qualifikation zu arbeiten oder sich gleich beim Arbeitsamt zu melden, wird die Vorteile dieser Praxis nur zu gut verstehen. Kurz, nicht jeder konnte studieren, was er wollte, und der Staat durfte das Studiengeld nicht umsonst ausgeben, das ja auch nicht unbegrenzt zur Verfügung stand.

Die Aufnahme eines Hochschulstudiums konnte unmittelbar nach dem Abitur erfolgen. Aber auch ein „praktisches Jahr" zwischen Schulabschluß und Aufnahme des Studiums war nicht unüblich, bei manchen Studienrichtungen (etwa bei Journalistik ein Volontariat) sogar erforderlich oder wurde gelegentlich auch gewählt, um sich nach einer nicht erfolgten Zulassung erneut zu bewerben. Ebenfalls möglich – und gerade bei begehrten Studienplätzen die Chancen des Bewerbers erhöhend – war die Delegierung zum Studium durch den Betrieb, in dem man durchaus auch schon mehrere Jahre gearbeitet haben konnte.

Die Aufnahme erfolgte zum einen nach den Zensurendurchschnitten, nicht unwesentlich waren aber die politische Einstellung und die gesellschaftlichen Aktivitäten des Studienbewerbers. Sie sollten aktive Mitgestalter der Gesellschaft sein. Der Staat war sozialistisch, die zukünftige Führungselite (ein in der DDR ungebräuchlicher Begriff, man sprach von Kadern) sollte sozialistisch denken und handeln, zumindest aber erwartete man Loyalität. Gab es Zweifel, konnte in Ausnahmefällen eine Studienzulassung verweigert werden.

Bevorzugt behandelt bei der Zulassung wurden Männer, die sich für eine über der Wehrpflichtzeit (von anderthalb Jahren) liegende Dauer des Dienstes in der NVA verpflichtet hatten. Die Zulassung an den theologischen Sektionen der Universitäten waren nicht staatlich beeinflußt, wiewohl die Finanzierung auch dieser Studienrichtung durch den Staat, nicht durch die Kirche erfolgte.

Der Staat finanzierte komplett Ausbildung und Studium, die Studenten erhielten ein Grund-Stipendium (anders als beim heutigen Bafög ohne irgendwelche Rückzahlansprüche), und zudem wurden gestaffelte Leistungsstipendien ausgereicht. Über diese entschieden auf der Grundlage der Leistungen die Seminargruppen bzw. die FDJ- oder Parteigruppen der Seminargruppe. Ein Wohnheimplatz kostete mit allen Nebenkosten 10 Mark im Monat (in der Regel 2- bis 4-Bettzimmer), auch Studentinnen mit Kind konnten für diesen Preis ein Einzelzimmer bewohnen. Die Mehrzahl der Studenten wohnte in solchen Studentenwohnheimen.

Ein Hochschul- oder Universitätsstudium dauerte in der Regel vier, in Ausnahmen fünf Jahre, das Medizinstudium sechs Jahre mit einem integrierten einjährigem klinischen Praktikum. Abgeschlossen wurde mit einem Diplom. Ein dreijähriges Forschungsstudium mit dem Ziel der Promotion war den Beststudenten möglich. Ein Fachschulstudium dauerte drei Jahre.

In allen Studienrichtungen gab es ein marxistisch-leninistisches Grundlagenstudium, Russisch- und Sportunterricht. Zu Beginn des 2. Studienjahres hatte jeder Student eine mehrwöchige Militärausbildung zu absolvieren. Mädchen und Verweigerer des Dienstes mit der Waffe wurden in der gleichen Zeit in einem Lager der Zivilverteidigung (Katastrophenschutz, Erste Hilfe u. ä.) ausgebildet.

Die Teilnahme an den Lehrveranstaltungen war Pflicht, zahlreiche Versäumnisse konnten zur Exmatrikulation führen. Ein Jahr vor Abschluß des Studiums wurden mit den künf-

tigen Absolventen sogenannte Einsatzgespräche geführt. Sofern nicht schon vorher klar war, wo der spätere Arbeitsplatz sein würde (z.B. weil der Student sich selbst umgesehen hatte oder sowieso von einem Betrieb delegiert war, der ihn zurückerwartete), wurden diese durch diese Einsatzkommissionen vermittelt. Dabei ging es um die Erfordernisse der Volkswirtschaft und nicht nur um die individuellen Wünsche des Studenten; da wurde ein Pädagogikstudent schon mal auf ein Dorf vermittelt, obwohl Berlin sein Wunschziel war. Natürlich wurde die jeweilige familiäre Situation beachtet, konnten Gründe geltend gemacht werden, die gegen einen bestimmten Einsatzort oder auch eine bestimmte Tätigkeit sprachen. Für drei Jahre nach Abschluß des Studiums aber galt diese Vermittlungspflicht, drei Jahre also sollte der Absolvent auf dem zugewiesenen Arbeitsplatz bleiben, bevor er kündigen durfte, wenn das seine Absicht war. In der Realität wurde das – allerdings auch von Berufssparte zu Berufssparte unterschiedlich – nicht immer streng gehandhabt. Die Betriebe ihrerseits hofften Absolventen für länger oder immer an sich zu binden, indem sie einen Platz im Betriebskindergarten, Urlaub in Betriebsferienheimen und andere soziale Unterstützungen gewährleisteten oder eine Wohnung zur Verfügung stellten. Denn Wohnungen waren rar, und Arbeitskräfte auch. Aber das ist ein anderes Thema.
Heute wird eine „Verschulung" des Studiums vielfach kritisiert. Dazu ist zu sagen, daß die Rahmenbedingungen so waren, daß sich die Studenten auf das Wesentliche, nämlich das Studium, konzentrieren konnten und nicht mit ihrer Existenzsicherung beschäftigt waren. Trotzdem: Nebenjobs gab es auch damals, und mal eine Nacht Pakete bei der Post stapeln, mal einen Sportplatz reinigen diente vielen Studenten als willkommene Aufbesserung des Stipendiums.
Auch die Stringenz der Ausbildung in einem festgefügten Zeitrahmen kann man wohl kaum als Nachteil ansehen, wozu auch eine größere Systematik in den Lehrinhalten gehörte, die sich gerade in den gesellschaftswissenschaftlichen Fächern im Vergleich zum heutigen Stand bemerkbar machte. Natürlich waren auch damals Dozenten und Professoren spezialisiert, aber es ging – um beim Germanistikstudium zu bleiben – kein Student von der Universität, ohne die deutsche

Literaturgeschichte „von der Pieke auf" zu kennen. Das zufällige und entweder nur dem eigenen Geschmack oder der Spezialisierung der lehrenden Professoren geschuldete Auswählen von Lehrinhalten gab es nicht. Zugespitzt: Heute kann man als ausgebildeter Germanist mit „Promotion über Kafka" von der Uni kommen, ohne ein Wort mittelhochdeutsch zu kennen oder je eine Zeile Goethe gelesen zu haben. Damit gleich zum nächsten Kritikpunkt: zu wenig Freiräume für Lehrkräfte und Studenten. Das klingt immer gut und einleuchtend, denn Freiräume – Möglichkeiten zum Auswählen, individuelle Wege, kurz: Räume des Gestaltens – das brauchen zumal junge Leute. Man kann das, was die Universitäten an fakultativen Lernmöglichkeiten boten, was im Rahmen insbesondere einer intensiven Kulturarbeit der FDJ an (finanziell geförderten) Theater-, Musik-, Kabarett- und anderen Gruppen existierte, was an zahlreichen politischen Diskussionen stattfand, was durch Praktikumseinsätze oder studentische Feriengestaltung im In- und Ausland an sozialen Kontakten entstand, als weiteren Beleg auf das Konto „Verschulung" buchen. Was sonst aber sollen diese Freiräume sein? Und man sollte sich vor Augen führen: Jedem Studenten war es möglich, diese Angebote wahrzunehmen, mehr noch, sie mitzugestalten, nichts hing vom Geldbeutel ab. Auf dieses alles hier einzugehen, sprengt den Rahmen. Aber man kann ja mal die fragen, die an der Karl-Marx-Universität, an der Wilhelm-Pieck-Universität und natürlich auch an der Martin-Luther- oder Humboldt-Universität studiert haben.

Konnte man im Ausland studieren?

Ja. Die DDR hatte in den Kulturabkommen mit den Ostblockstaaten Plätze reserviert und bezahlt, um besonders begabte Schüler und Studenten bei berühmten Lehrern oder an angesehenen Universitäten studieren zu lassen. An den Oberschulen konnten sich die Schüler in den 11. Klassen für ein Studium im Ausland bewerben und wurden dann delegiert. An diese Delegationen wurden hohe Anforderungen gestellt. In Halle gab es die sogenannte ABF II, an der die zukünftigen Auslandsstudenten vorbereitet wurden. An diesem Institut erhielt man auch Landeskunde und -geschichte vermittelt, Schwerpunkt war natürlich das Erlernen der Sprache. Auch im Rahmen eines bereits aufgenommenen Studiums und insbesondere bei Absolvierung eines Forschungsstudiums konnten einzelne Semester im Ausland absolviert werden. Die meisten Studenten gingen an sowjetische Universitäten (überwiegend an russische, aber auch an Einrichtungen anderer Unionsrepubliken). Talente besonderer Art, vor allem aus dem künstlerischen Bereich, erhielten auch zeitweise Einzelunterricht bei berühmten Lehrern, so die Musiker und Tänzer, die in der DDR schon eine Grundausbildung wahrgenommen hatten. Sie wurden für bestimmte Kurse oder begrenzte Zeitabschnitte dort immatrikuliert.

Warum durften nur Kinder von Arbeitern studieren, Kinder von Pastoren aber nicht?
Es stimmt, daß in der DDR die Arbeiterkinder besonders gefördert wurden, damit sie auf die Oberschulen und danach auf die Universität gingen. Das hatte seine historischen Gründe, denn Arbeiterkinder hatten es bei gleicher oder sogar höherer intellektueller Befähigung traditionell viel schwerer, weil sie von Haus aus nur wenige Vorbedingungen mitbrachten. Welcher Arbeiterhaushalt verfügte schon über gute Bücher? Wer konnte das Studiengeld aufbringen? Um die höheren Schulen nicht weiterhin als Horte für reiche Töchter und Söhne zu belassen, wurden Schul- und Studiengebühren abgeschafft. Aber die finanziellen und technischen Voraussetzungen sind die eine Seite. Es wurden Formen der Förderung der ehemals Benachteiligten geschaffen wie beispielsweise die Arbeiter- und Bauernfakultäten, an denen junge Menschen, die kein Abitur hatten, auf das Studium vorbereitet wurden. Dorthin wurden begabte Leute delegiert, die bereits einen Beruf ausgeübt hatten. Das wurde nicht selten belächelt – sowohl von der alten Bildungselite als auch von Seiten der Arbeiter, denen nicht ohne weiteres das Selbstbewußtsein für ihre neue Rolle zuwuchs –, Tatsache ist, daß diese Leute dann zumeist in bedeutenden Positionen erfolgreich arbeiteten.
Der wichtige Sinn in der Förderung der Arbeiter- und Bauernkinder bestand darin, daß die Arbeiter für ihren Staat eine eigene Intelligenz, eine Führungsschicht brauchten, die diesem Staat eng verbunden war und blieb. Die Arbeiter- und

Bauernfakultäten wurden 1964 geschlossen; sie hatten sich historisch überlebt, denn die nachwachsenden Generationen hatten die Bildungschancen im DDR-Schulsystem wahrnehmen können.

Trotzdem galt auch weiterhin die Förderung von Kindern aus Arbeiterfamilien, was sich – wenn es beispielsweise um Vergabe von Studienplätzen ging – darin ausdrückte, daß nach der Familienherkunft gefragt und durchaus nicht nur nach rein fachlicher Eignung entschieden wurde.

Unter diesen Voraussetzungen muß man auch die Zulassung oder Ablehnung von Kindern aus Pastorenfamilien betrachten. Oft galten sie als staatspolitisch unzuverlässig oder erklärten auch selbst ihre Distanz zu den gesellschaftlichen Zielen und wurden abgelehnt. Es gibt aber auch viele entgegengesetzte Beispiele, wie die Vorsitzende der CDU, Angela Merkel zeigt. Sie hat als Pastorentochter 1973 ihr Abitur gemacht und im selben Jahr ein Physikstudium in Leipzig begonnen und war danach am Zentralinstitut für physikalische Chemie in Berlin beschäftigt. 1986 hat sie promoviert und ging nach der Wende in die Politik.

Im Laufe der Jahre, nachdem eine Zusammenarbeit zwischen Saat und Kirche entstanden war, bildete es keine Ausnahme mehr, wenn Kinder von Pastoren studierten.

Stimmt es, daß jeder eine Lehrstelle erhielt?

Ja, das stimmt. Jeder Jugendliche bekam ein Lehrstelle nach Abschluß seiner Schulzeit. Die Ausbildung erfolgte in den großen Betrieben mit angeschlossenen Betriebsberufsschulen (die auch Lehrlinge aus kleineren Betrieben, die nicht über eigene Schulen verfügten, aufnahmen) und für Handwerker in kommunalen Berufsschulen. Für manche Lehrverhältnisse wurden gute und sehr gute Zensuren verlangt. Das wußte man und strengte sich an, wenn man in bestimmten Betrieben, die gute Entwicklungsmöglichkeiten boten, arbeiten wollte. Diese Betriebe hatten eigene Lehrwerkstätten, die den Betriebsberufsschulen angeschlossen waren. Die Lehrausbilder waren ältere und erfahrene Arbeiter, die eine zusätzliche pädagogische Ausbildung benötigten und sehr geachtet waren. Daß es begehrte Lehrberufe und weniger populäre gab, versteht sich. Nie reichten die vorhandenen Lehrstellen als Kfz-Schlosser für die zahlreichen fast ausschließlich männlichen Bewerber; bei den Mädchen stand Friseuse hoch im Kurs. Jeder Jugendliche bekam *eine*, wenn auch nicht immer *seine* (Wunsch-)Lehrstelle. Die Planung und Vergabe von Lehrstellen entsprach den volkswirtschaftlichen Erfordernissen, die Übernahme der ausgebildeten Lehrlinge in Arbeitsrechtsverhältnisse schloß sich in der Regel nahtlos an.

Es gab natürlich auch Jugendliche mit Lernschwierigkeiten, die dann schon aus der 8. oder 9. Klasse abgingen. Auch für diese Jugendlichen wurden Ausbildungspläne für Berufe mit einfachen Anforderungen erarbeitet, und sie legten eine Teilprüfung ab. Junge Menschen in der DDR haben ein Arbeitsamt nie von innen gesehen, jeder konnte seinen Lebensunterhalt aus eigener Kraft verdienen.

Warum durften die Schüler nur Russisch lernen und keine anderen Fremdsprachen?

Die DDR war Mitglied des sozialistischen Lagers, in diesem wiederum die Sowjetunion der größte und tonangebende Staat, also war Russisch Umgangssprache. In ihr wurden alle Dokumente und Vereinbarungen, der staatliche Schriftverkehr abgefaßt. Es war also eine Entscheidung nach praktischen, aber auch nach politischen Gesichtspunkten, wenn Russisch als erste Fremdsprache gelehrt wurde. In jedem Betrieb gab es dringende Notwendigkeit, einen Schriftverkehr oder technische Dokumente zu übersetzen, die aus der Zusammenarbeit mit sowjetischen Betrieben und Verwaltungen entstanden. Das traf auch auf den wissenschaftlichen und akademischen Bereich zu.

Aber die Annahme, daß an den Schulen nur Russisch gelehrt wurde, ist falsch. Eine zweite Fremdsprache – bevorzugt Englisch oder Französisch – konnte fakultativ ab der 7. Klasse an allen POS gewählt werden. An den Oberschulen waren Russisch und eine weitere Fremdsprache Pflichtfächer. Außerdem gab es Lehrgänge, Sprachkurse und ein gewiß nicht weniger Fremdsprachen als heute umfassendes Angebot an den Volkshochschulen. Schließlich wuchs mit dem zunehmenden Handel und Kulturaustausch in westlicher Richtung auch der Bedarf an entsprechend ausgebildeten Mitarbeitern der Organisationen.

Welche Autoren wurden im Deutschunterricht behandelt?

Wie für jedes Fach gab es auch für den Deutschunterricht verbindliche Lehrpläne, die im ganzen Land galten. Und auch die Lehrbücher – und demzufolge auch die Lesebücher – waren für alle Schüler die gleichen. Die Lehrpläne legten auch fest, welche Bücher, den Altersstufen angemessen, Pflichtlektüre waren. Es gab einen von der Literaturwissenschaft vorgegebenen Kanon, der mit Charakterisierungen wie klassisches Literaturerbe, fortschrittliche bürgerliche Literatur, sozialistische Literatur arbeitete und literarische Werke und ihre Spezifik in engem Zusammenhang mit den sozialen Bewegungen betrachtete. Es sollte nicht nur die Lust zu lesen, sondern auch die Fähigkeit zur Wertung entwickelt werden. Dem Literaturunterricht wurde ein hoher Stellenwert zugeschrieben, darin war man dem aus aufklärerisch-bürgerlicher und früher proletarischer Tradition kommenden Ideal des gebildeten Kulturmenschen verpflichtet. So war es Ziel, den Schülern Ein- und Überblick über die Entwicklung der deutschen und internationalen Literatur zu geben, einen Bogen zu schlagen von den Anfängen bis zur Gegenwart, und ihnen die „besten Zeugnisse des Kunstschaffens" zu vermitteln. Wie sah der Kanon, wie sah die Auswahl aus?

„Lehrplanautoren" – es können nur einige genannt werden– waren Walther von der Vogelweide, Hans Sachs, Gellert, Lessing, Goethe (Faust 1 wurde in der 10. Klasse behandelt), Schiller, Bürger, Hölderlin, Heine, Büchner, Freiligrath, Herwegh. Als Autoren der bürgerlich-realistischen Literatur: Fontane, Storm, Rilke, Thomas Mann, Heinrich Mann (Der Untertan). Autoren des Bundes proletarisch revolutionärer Schriftsteller bzw. der sozialistischen Literatur: Erich Weinert, Ludwig Renn, Willi Bredel, Kuba, Friedrich Wolf, Johannes R. Becher, F. C. Weiskopf. Viel Raum wurde Brecht eingeräumt und auch Anna Seghers (Das siebte Kreuz). Wichtige Werke der DDR-Literatur: Bruno Apitz (Nackt unter Wölfen), Peter Hacks, Volker Braun, Dieter Noll (Die Abenteuer des Werner Holt), Hermann Kant (Die Aula), die besonders mit der Zielstellung des Begreifens der eigenen Geschichte, und da schwerpunktmäßig in der Auseinandersetzung mit dem Faschismus gelesen wurden. DDR-Kinder- und Jugendliteratur von Erwin Strittmatter, Horst Beseler,

Schule und Ausbildung

Uwe Kant, Benno Pludra, Alex Wedding, Günter Görlich. Daß die russische und sowjetische Literatur einen großen Raum einnahm, erklärt sich aus der Betonung der engen Beziehung zur Sowjetunion und einer Auffassung, die in der Literatur immer auch der Widerspiegelung gesellschaftlicher Prozesse sah. Gelesen wurden unter anderem Tolstoi, Gorki, Majakowski, Scholochow, Nikolai Ostrowski (Wie der Stahl gehärtet wurde), Aitmatow (Djamila). Schließlich Autoren der Weltliteratur: Sophokles, Shakespeare, Swift, Balzac, Maupassant, Victor Hugo, Pablo Neruda. Wichtig war die Lektüre von „Ganzschriften", also nicht nur der auszugsweise oder zitierende Umgang mit Literatur: Alle hier genannten Romane und weitere, dazu zahlreiche Stücke sollten von den Schülern komplett gelesen werden.

Gab es Religionsunterricht?

In der DDR waren Staat und Kirche getrennt, konsequenterweise war es dann auch Sache der Kirche, den Religionsunterricht durchzuführen. Wer christliche Unterweisung wollte, konnte direkt in die Gemeindehäuser der Kirchen gehen und durch den Pfarrer oder Katecheten den Unterricht erhalten, was zur Teilnahme an der Konfirmation, der Einsegnung und Aufnahme in die christliche Gemeinschaft der Erwachsenen berechtigte. Heute wollen die Kirchenleitungen, daß der Unterricht an den Schulen erteilt und der Religionslehrer aus Steuergeldern bezahlt wird, also auch aus Geldern derer, die sich gegen jede Kirchenzugehörigkeit entschieden haben.

Warum gab es militärische Ausbildung an den Schulen?

In den letzten Jahren der DDR stieß der Militärdienst immer mehr auf Ablehnung. Die Bewegung „Schwerter zu Pflugscharen" gewann viele Anhänger, der Pazifismus wurde unter der Jugend immer stärker. Damit fürchtete die Führung der Nationalen Volksarmee größere Schwierigkeiten bei der Bereitstellung der Wehrpflichtigen und des Offiziersnachwuchses. Als Grund der wachsenden Abneigung, Dienst mit der Waffe zu tun, erkannte sie mangelndes Verteidigungsbewußtsein. Daher sollte an den Schulen mehr aufgeklärt werden, daß der Friede bewaffnet sein müsse, und 1978 wurde für die Schüler der 9. und 10. Klassen das Fach Wehrkunde mit einer Wochenstunde eingeführt. Gegen dieses Schulfach gab es starken Widerstand, vor allem von Seiten kirchlicher Kreise, die darin ein Zeichen für zunehmende Militarisierung der Gesellschaft sahen.

Allgemein ist dazu zu sagen, daß Friedenswille und Militär bei vielen Menschen nicht in Einklang zu bringen sind. Es besteht immer die Gefahr, daß die Zielstellung – die Verteidigung –, eines Tages in Angriff auf Nachbarländer umschlägt, z. B. weil sie wichtige Bodenschätze besitzen. Das Öl im Kaukasus war eines der Kriegsziele Hitlers im Zweiten Weltkrieg, und auch heute gehört es zu den Begehrlichkeiten. Die DDR hat keine Kriege geführt, die Nationale Volksarmee hat immer betont, daß sie nur für Verteidigung des Staates, der sozialistischen Errungenschaften, wie es hieß, kämpfen würde. Trotzdem tat sich zunehmend eine Kluft auf zwischen erklärter Friedenspolitik des Staates und einer hochpolitisierten, engagierten Jugend, die sowohl nach anderen (z.B. pazifistischen) Inhalten und als auch nach anderen Formen der Äußerung und Bekundung des Friedensbegehrens suchte. Die Argumentation der SED-Führung dagegen war: Wenn der Staat eine Friedenspolitik betreibt, muß es keine zusätzlichen Aktivitäten geben. Immer stärker wurden die Großveranstaltungen, Friedensmanifestationen und Initiativen der gesellschaftlichen Massenorganisationen als formalisiert empfunden, was durchaus auch zu Einbußen an Glaubwürdigkeit führte. Die Unterrichtung von Schülern in militärischen Fächern trug in nicht geringem Umfang dazu bei und brachte weder die erwünschten Resultate noch eine stärkere Identifikation mit der Friedenspolitik.

Warum mußten alle Lehrer Mitglied der SED sein?

Wo immer diese Auffassung herrührt, sie entspricht nicht den Tatsachen. Natürlich setzte man ein positives Verhältnis zu den Inhalten und Zielen des Staatspolitik für die Arbeit eines Lehrers voraus; und junge, intelligente Menschen, die den Lehrerberuf erwählten, waren besonders für die Idee des Sozialismus, für soziale Gerechtigkeit und Solidarität zu begeistern. Und dazu gehört es tatsächlich auch, daß man sich mit Gleichgesinnten zusammenschließt, auch in einer Partei. Es waren durchschnittlich mehr Lehrer in der SED als in anderen Bevölkerungsgruppen. Trotzdem gab es viele Lehrer, die anderen Parteien angehörten oder parteilos waren. Mitgliedschaft in der SED jedenfalls war keine Voraussetzung für die Ausübung des Lehrerberufs.

Gab es Schulstrafen?

Nachsitzen und in der Ecke stehen. Mitunter wurde vorm Fahnenappell getadelt. Auch das war ein Relikt aus vergangener Zeit. In den frühen DDR-Jahren traten die Klassen regelmäßig im Karree auf dem Schulhof an, der Direktor und der oder die Vorsitzende der Pionierfreundschaft hatten etwas mitzuteilen. Die Gruppenratsvorsitzenden, vergleichbar mit den heutigen Klassensprechern, machten zuvor Meldung. Appelle dieser Art fanden zwar bis zum Ende der DDR statt, aber die Pausen dazwischen wurden immer größer und reichten oft von Jahrestag zu Jahrestag.

An manchen Schulen liebte man das Straffe. Zum Einrücken ins Schulgebäude wurde klassenweise angetreten, die Farbe der Turnhosen und -hemden war vorgeschrieben. Es gab Versuche, die Art des Meldens vorzuschreiben (rechter Ellenbogen auf die Schulbank gestützt, den Unterarm im Winkel von 90 Grad nach oben gereckt), doch das ließ sich wie manch anderes Unsinnige nicht durchsetzen. Es scheint immer und überall und unabhängig vom jeweiligen politischen System unter den Lehrern etliche zu geben, die zu Reglementierungen und Vorschriften neigen und es als Erfolg ihrer pädagogischen Anstrengungen nehmen, wenn sie sich durchsetzen lassen.

Waren die Lehrer von 1989 anders als die von 1990?

Zutreffend ist, daß wohl kaum ein Pädagoge beim Anschluß der DDR an die Bundesrepublik seinen Dienst quittiert hat. Insofern standen 1990 dieselben Lehrer vor ihren ostdeutschen Klassen wie im Vorjahr.

Tatsache ist aber auch, daß nicht wenige bei ihren Schülerinnen und Schülern erheblich Vertrauen dadurch einbüßten, daß sie nunmehr anders redeten als vordem. Viele nahmen ihren Lehrauftrag in der DDR sehr ernst, sozialistische Persönlichkeiten mit einer umfassenden Allgemeinbildung zu erziehen. Es entsprach mehrheitlich auch ihrer Überzeugung.

In der Bundesrepublik kennt man einen solchen Lehrauftrag nicht. Politik, so heißt es, habe in der Schule nichts zu suchen. Die vordem „politischen Lehrer" – und das betraf nicht nur die ehemaligen Staatsbürgerkunderlehrer –, als solche auch bei ihren Schülerinnen und Schülern mit klarer Haltung bekannt, mußten nunmehr unpolitisch sein. Sie scheuten sich, wohl auch verunsichert, sich festzulegen, zu erklären, für oder gegen etwas Partei zu ergreifen. Daß diese Vorsicht nur zu begründet war (und ist), zeigte allein ein Beispiel aus Sachsen: Dort wurden im Herbst 2001 (!) einige Lehrer dienstlich gemaßregelt und strafversetzt, weil sie nach dem Anschlag auf das World Trade Center in New York am 11. September in ihren Klassen die Frage diskutiert hatten, ob die Politik der USA und der Terror nicht in einem kausalen Zusammenhang stünden.

Gleichwohl weigerten sich nicht wenige Lehrer, sich – nicht nur im Interesse der eigenen Glaubwürdigkeit – derart entpolitisieren zu lassen. Allerdings wurde vielen die Entscheidung abgenommen. In allen neuen Bundesländern wurden die Lehrer evaluiert, also auf Diensttauglichkeit und -fähigkeit überprüft. Tausende wurden anschließend aus dem Schuldienst entlassen. Trotz Protesten ihrer Schüler und der Eltern.

Familie und Jugend

Warum mußten alle Kinder in Kitas gehen?

Sie mußten nicht, sie durften! Auch, wenn manche manchmal geweint haben. Die Frage klingt wie ein Vorwurf, aber sie betrifft einen Vorzug der sozialistischen Gesellschaft. Die Politiker und Pädagogen in Ost und West sind sich einig:
– Daß Frauen wie Männer das Recht und die Chance auf Arbeit und Studium haben.
– Daß auch alleinerziehende Väter oder Mütter nicht ans Kinderbett zu fesseln sind.
– Daß alle Kinder und Familien gewinnen, wenn sie pädagogisch betreut werden.
– Daß die Kleinen in der Gemeinschaft besser die Selbstbehauptung lernen.
– Daß der Übergang zum Schulalltag mit der Kita-Erfahrung viel leichter fällt.
– Daß Kitas eine körperliche, seelische und finanzielle Entlastung für die Eltern sind.
– Daß man also dafür sorgen muß, daß alle Eltern, die dies wollen, ihre Kinder auch wirklich in eine Kindertagesstätte geben können.
Das ist den meisten Staaten dieser Erde zu teuer. Wenn dennoch Kitas entstehen, wird ein Großteil der Kosten auf die Eltern abgewälzt. Die Bundesrepublik ist noch weit entfernt von einem ausreichenden Angebot an Kinderkrippen und Tagesstätten in allen Bundesländern. Manche Gegenargumente haben daher mehr ökonomische als pädagogische Gründe. So wird der DDR in manchen Publikationen vorgehalten:
– Sie habe vom Kindergarten bis zur Uni eine Erziehungsdiktatur walten lassen.
– Die Kleinsten seien schon durch gemeinsame Pullerpausen kollektiviert worden.
– Die Kitas hätten der sozialistischen Indoktrination der Minderjährigen gedient.
– Den Kindern sei durch die Entfremdung von den Eltern seelischer Schaden zugefügt worden.
Viele Millionen Eltern aus der ehemaligen DDR wissen es besser. Zwischen Elbe und Oder gab es 7.400 Kinderkrippen für die Kleinsten. 1985 betreuten sie 345.200 Mädel und Jungen. Das waren 75 Prozent aller Kinder unter drei Jahren. Die Eltern kostete das 22,– bis 25,– Mark im Monat. Die auf-

wendige pädagogische, medizinische und hauswirtschaftliche Betreuung durch geschultes Personal verlangte, daß der Staat monatlich pro Krippenplatz 350,- Mark drauflegte.

Eine Million Kinder zwischen drei und sechs Jahren waren tagsüber in Kindergärten untergebracht. Das waren 93 Prozent der betreffenden Jahrgänge. Dort kostete das Mittagessen 35 Pfennige. Sie wurden ganztägig von 85.000 Kindergärtnerinnen und Helfern betreut. Der Staat mußte Milliarden dafür investieren. Diese Mühe trug aber goldene Früchte durch die Einsatzbereitschaft der Eltern und durch die Entwicklungschancen der Kinder.

Wem das zu fremd, zu fragwürdig oder zu teuer vorkommt, der sollte sich kundig machen. Die guten Erfahrungen in der DDR sind zu analysieren und nicht zu ignorieren.

War Schwangerschaftsabbruch in der DDR erlaubt?

Am 9. März 1972 wurde nach lebhafter Debatte und mit etlichen Gegenstimmen in der Volkskammer der DDR das Gesetz über die Unterbrechung der Schwangerschaft angenommen. Seither waren die Frauen berechtigt, innerhalb der ersten 12 Wochen eine Schwangerschaft – ohne jede Bedingung und ohne finanzielle Beteiligung – vorzeitig beenden zu lassen. Die Schwangerschaftsunterbrechung wurde in den Krankenhäusern vorgenommen. Die Patientinnen erhielten Krankengeld. Der Eingriff war nur untersagt, wenn ein gesundheitliches Risiko für die Mutter bestand.

Zur Begründung des Gesetzes wurde u.a. gesagt: Die Entscheidungsfreiheit über die Familienplanung gehört zur Gleichberechtigung der Frauen. Wem das Schicksal der Kinder am Herzen liegt, der muß unterstützen, daß möglichst viele „Wunschkinder" auf die Welt kommen, indem Zeitpunkt und Zahl der Geburten in das soziale Umfeld und die Lebensplanung der Familie passen. Wenn der Schwangerschaftsabbruch nicht legalisiert wird, treibt man Zehntausende Frauen in die Arme von Geschäftemachern, die im In- oder Ausland unter oft fragwürdigen Bedingungen das Leben von Mutter und Kind gefährden.

Bis dahin galt der berüchtigte § 218 aus dem Strafgesetzbuch von 1871, der die Abtreibung mit hohen Strafen belegte. Viele Frauen aus den untersten sozialen Schichten waren den sogenannten „Engelmacherinnen" ausgeliefert. Das waren Frauen, die als medizinische Laien mit primitiven Geräten versuchten, solche Abtreibungen heimlich in ihren häuslichen vier Wänden vorzunehmen. Dabei sind viele Schwangere verstorben oder auch schwer erkrankt. Die Damen aus besseren Kreisen ließen das für viel Geld bei Spezialisten im In- und Ausland besorgen. Bei den einen wie den anderen geschah es oft aus Verzweiflung und unter moralischem Zwang, weil die Ächtung der „unehelichen Kinder" zu erwarten war oder die Männer sich weigerten, ihre Vaterschaftspflichten zu übernehmen. Solche Diskriminierung und Heuchelei, vor allem auch das tödliche Risiko für die Frauen wurden abgebaut.

Der Bundestag der BRD billigte – nach breiten gesellschaftlichen Protesten gegen den § 218 – im Jahr 1974 das „Dreimonatsfristenmodell" für den Schwangerschaftsabbruch. Aber dieses Gesetz wurde 1975 als verfassungswidrig zu Fall gebracht. Seit 1976 gilt eine reformierte Indikationsregelung, die aber immer noch unter starker Kritik der Kirchen und der christdemokratischen Union steht.

Das hohe Niveau der Geburtenzahlen in der DDR, auch nach der Genehmigung des Schwangerschaftsabbruches, beweist, daß diese Entscheidung richtig war. Natürlich gehörte auch die vorbildliche Betreuung von Mutter und Kind nach dem Gesetz von 1950 dazu, worin Ehe, Familie und Mutterschaft unter den besonderen Schutz des Staates gestellt wurden. Dazu wurden 900 Beratungsstellen für Schwangere eingerichtet. 90 Prozent der Schwangeren nahmen an regelmäßigen kostenlosen Untersuchungen teil. 10.000 Mütterberatungsstellen führten jährlich etwa drei Millionen Konsultationen durch. Solche Betreuung, einschließlich der Pflichtschutzimpfungen, half wesentlich, die Säuglingssterblichkeit von 18,5 bei 1.000 Lebendgeborenen im Jahr 1970, auf 9,6 im Jahr 1985 zu senken. Das dichte Netz von Kinderkrippen und Kindergärten mit sehr geringen Gebühren half ebenfalls, die DDR als kinderfreundliches Land bekanntzumachen.

Warum kam die DDR mit einer Krankenkasse aus?

Weil man keine zweite braucht – oder gar, wie in der Bundesrepublik derzeit, 360.

Jeder Werktätige leistete entsprechend seinem Einkommen

einen Sozialversicherungsbeitrag und darin einen Anteil für die Krankenkasse (der vom Lohn automatisch einbehalten wurde), der größte Teil kam aus dem Staatshaushalt. Aber eigentlich wurde die medizinische Versorgung, die für alle Sozialversicherten gratis war, aus dem Staatssäckel bezahlt, denn das, was man heute Arbeitnehmeranteil nennt und sich auf die 15 Prozent (vom Bruttolohn) zubewegt, hatte allenfalls symbolische Bedeutung und war alles andere als kostendeckend.

Vor allem hier zeigte sich der Vorzug der sozialistischen Gesellschaft. Gesundheitsvorsorge und medizinische Betreuung waren keine Frage des Geldbeutels, sondern uneingeschränkter Rechtsanspruch für alle. Und dieser wurde konzentriert vom Staat eingelöst.

Krankenkassen heute verstehen sich zwar als Dienstleister, sind aber in erster Linie zunächst eigenständige Betriebe und damit Selbstzweck. Allein der von ihnen betriebene Verwaltungsaufwand ist gewaltig, die Personalkosten sind immens. Es entstanden sich selbst beschäftigende bürokratische Apparate, die oft in beeindruckenden Palästen residieren, welche mit Krankenkassenbeiträgen errichtet wurden. Was heißt: Gelder wurden für einen anderen als den eigentlichen Zweck ausgegeben. Ihnen nachgeordnet sind weitere Verwaltungs-Apparate, etwa die Kassenärztlichen Vereinigungen, die – bei näherer Betrachtung – auch nur Selbstzweck sind. Unterm Strich sorgen sie für die „gewaltige Kostenexplosion", die sie nun alle gemeinschaftlich beklagen.

Stimmt es, daß man in der DDR früher geheiratet hat als heute?

Ja. Und es gab auch mehr jüngere Eltern als heute. Und übrigens auch eine höhere Scheidungsquote.

Und wer es einfach mag, der mag sich mit der Antwort zufriedengeben: Man heiratete, um einen Wohnungsantrag stellen zu können, denn der rare Wohnraum wurde nun einmal bevorzugt an junge Eheleute/Familien vergeben und nicht an den achtzehnjährigen Single, der einfach raus wollte aus der elterlichen Wohnung; man schaffte sich Kinder an, weil der Staat Familien mit Kindern finanziell förderte; und eben weil man „zu jung" geheiratet hatte oder den Lasten und der Lan-

geweile des „grauen DDR-Alltags" nicht gewachsen war, ging man auseinander.
Wer genauer hinguckt, wird auf eine andere Antwort kommen.
Die Gleichberechtigung der Frau war seit der Gründung der DDR offizielles Ziel der Politik und seit 1949 in der Verfassung der DDR festgeschrieben. Das wird heute als „Emanzipation von oben" gewertet. Aber es gilt wohl doch, was Elli Schmidt, Vorsitzende des DFD, formulierte: „Die Voraussetzung für jede wirkliche Gleichberechtigung der Frau ist ihre Berufsarbeit." Knapp die Hälfte aller Beschäftigten in der DDR waren Frauen. 1986 arbeiteten im Durchschnitt in der DDR 91,3 % aller Frauen im arbeitsfähigen Alter. Die ökonomische Unabhängigkeit der Frauen war von einer Vielzahl gesetzlicher Regelungen begleitet, die der Doppelbelastung der Frauen als Arbeitskraft und Mutter Rechnung trug (Familiengesetzbuch). Und nicht zuletzt war die Vereinbarkeit von Familie und Beruf durch Kindergärten und umfassende Schulbetreuung gesichert. Da man in der Regel mit achtzehn/neunzehn Jahren (siehe Kapitel „Schule und Ausbildung") sein eigenes Einkommen hatte und der Arbeitsplatz sicher war, mußte die Familienplanung nicht auf „bessere Zeiten" verschoben werden. Ehen wurden nicht unter ökonmisch-finanziellen Gesichtspunkten (der Mann das Geld, die Frau die Kinder und die Küche) geschlossen, und sie mußten auch nicht aus finanziellem Interesse halten.

Mußte jeder Pionier und FDJler werden?

Nein, die Mitgliedschaft war freiwillig. Aber es war üblich. Und die meisten Schulkinder waren gern Pioniere, fühlten sich aufgehoben und ernstgenommen und hatten Spaß an den Aktivitäten unterschiedlichster Art.
Beide Organisationen hatten ihre Grundsätze und Ziele veröffentlicht, die mußte man anerkennen. 99% aller Schüler waren Mitglied: von der ersten bis zur vierten „Jungpionier", dann „Thälmannpionier" und in der achten Klasse wurde man FDJler, also Mitglied der Freien Deutschen Jugend. In den einzelnen Pioniergruppen, die den Klassen enstprachen, wurden Funktionen gewählt und vergeben, Gruppenratsvorsitzender und Stellvertreter, Agitator, Kassierer (Monatsbei-

trag 10 Pfennig), Schriftführer, Wandzeitungsredakteur und anderes. Aus jeder Klasse wurde ein Vertreter in den Freundschaftsrat gewählt, die Pioniergruppen einer Schule waren die „Pionierfreundschaft". Die FDJ-Gruppe war an den Schulen ebenfalls identisch mit den Klassen; das setzte sich an den Lehreinrichtungen und Berufsschulen so fort, aber auch Jugendliche in den Betrieben schlossen sich zu FDJ-Gruppen zusammen, gestalteten gemeinsam ihr gesellschaftliches und politisches Leben, übernahmen besondere Verpflichtungen in der Planerfüllung. In manchen Betrieben gab es Jugendbrigaden, und auch im Rahmen großer Bauvorhaben (Talsperrenbau, RGW-Projekte, Berlin-Initiative) arbeiteten Jugendbrigaden von hochqualifizierten Facharbeitern.

Mit Berufseintritt und Familiengründung sank aber der prozentuale Anteil an FDJ-Mitgliedschaften.

Die Frage meint natürlich auch, ob ein Druck ausgeübt wurde, Mitglied der FDJ zu werden. Auch wenn das heute mancher behauptet und es das gelegentlich gegeben haben mag, ist das eigentliche Problem, daß die politische Reife eines jungen Menschen danach beurteilt wurde, ob er sich für die Ziele der Organisation, die auch die Ziele des Staates waren, einsetzte. Das betraf vor allem die Zeit, als nach der Verkündung des Aufbaus des Sozialismus (1952) auch die Jugendorganisation sich zum Sozialismus bekannte, denn anfangs, bei ihrer Gründung, konnte jeder Mitglied werden, wenn er sich zu einer antifaschistischen Überzeugung und zu Frieden und Demokratie bekannte. Wer sich aus weltanschaulichen Gründen nicht für den Sozialismus einsetzen wollte, vielleicht, weil er Christ war, wurde nunmehr gedrängt, sich für die FDJ oder das Christsein zu entscheiden. Dieser Druck wurde zwar später aufgehoben, aber die Narben blieben noch lange sichtbar.

Was machten die Pioniere am Nachmittag?

Wir wollen hoffen, erst einmal ihre Schularbeiten. Und wenn sie ihre familiären und häuslichen Pflichten erledigt hatten, sicher das, was alle Kinde machen, nämlich spielen und ihren Hobbys nachgehen. Es gab ein interessantes Freizeitangebot, das sich unterschied nach technisch-organisatorischen Gegebenheiten und dem Engagement der Pionierleiter und das der

Pioniergruppe. Eine Pflichtveranstaltung war der Pioniernachmittag mittwochs. Das konnte ein gemeinsamer Kinobesuch, ein Bastelnachmittag, eine Schriftstellerlesung, der Besuch eines Arbeiterveterans sein, aber auch eine Versammlung zu einem politischen Thema. Oder es wurden Flaschen und Altstoffe gesammelt, und der Erlös besserte die Gruppenkasse auf oder wurde für die Solidarität gespendet. Spaß, Bildung und nützliche soziale Beschäftigungen standen nebeneinander, und möglichst so, daß das eine das andere mit einschloß. In den Kreisstädten gab es Pionierhäuser, in denen von Verkehrserziehung bis zum Pionierchor zahlreiche Arbeitsgemeinschaften mit künstlerischer, naturwissenschaftlicher oder technischer Ausrichtung existierten. Sportliche Betätigung war sowohl in Schulsportgemeinschaften als auch in den von Betrieben getragenen Vereinen möglich. An den Wochenenden wurden Wettkämpfe im Sport oder Auftritte bei Festen organisiert. Auch die Betriebskulturhäuser boten Arbeitsgmeinschaften für Kinder- und Jugendgruppen an. Alle dies Hobbys kosteten natürlich auch Geld, das aber wurde nicht von den Eltern oder Kindern bezahlt, sondern von den Betrieben oder dem Staat.

Waren die Kinder glücklich?

Die Frage läßt sich nicht einfach mit ja oder mit nein beantworten. In jedem Kinderleben gibt es Momente, wo es tieftraurig und betrübt ist. Reibereien, Zoff und Auseinandersetzungen in der Familie oder in der Schule gab es auch in diesem Land. Allerdings läßt sich behaupten, daß die Mehrheit der in der DDR Geborenen eine sorglose, gesicherte und also glückliche Kindheit hatten. Das heißt, es existierten gesellschaftliche Rahmenbedingungen, die dies ermöglichten.
Das Land war durchaus kinderfreundlich. Das begann mit der gesundheitlichen Betreuung der werdenden Mütter. Bei der Geburt gab es finanzielle Unterstützung (sofern ein Ehekredit aufgenommen worden war, wurde eine Teilsumme getilgt). Es folgte ein bezahltes Baby-Jahr, danach erhielten Mütter monatlich einen bezahlten Haushaltstag. Die Kinder wurden in Tages- oder Wochenkrippen betreut, damit die Mutter wieder arbeiten gehen oder ihr Studium fortsetzen konnte. Vom dritten bis zum sechsten Lebensjahr besuchte

Familie und Jugend

das Kind den Kindergarten, danach begann die Schule. Dort sorgten sich nicht nur die Lehrer, sondern, wenn gewünscht, nach dem Unterricht auch Hortnerinnen um die Kinder. Daneben gab es die Pionierorganisation, die Freizeitangebote machte.

Ein Verlag („Junge Welt") bot für jedes Alter Publikationen an: für Vorschulkinder „Bummi", für die Erstklässler „Die ABC-Zeitung", für die Pioniere von der 4. bis zur 7. Klasse die Wochenzeitung „Trommel". Für diese Altersgruppe gab es zudem das Pioniermagazin „Fröhlich sein und singen", kurz „Frösi", und „Atze", die etwas geliftete Ausgabe mit Comics, die damals aber noch nicht so hießen. Nicht zu vergessen das „Mosaik", das seit Mitte der 50er Jahre erschien – die populärste Comiczeitschrift der DDR, die es übrigens noch immer gibt.

Das Fernsehen strahlte Kinderprogramme aus und kreierte Figuren, die noch immer leben, im Rundfunk nahmen Kindersendungen breiten Raum ein, Kinderbuchverlage brachten unzählige Bücher heraus, die Plattenfirmen waren nicht minder produktiv. Es gab Kinderfilme und Kindertheater, Puppenbühnen nicht minder. Kinder waren, im Unterschied zu heute, keine Zielgruppe, kein Marktsegment, sondern Teil der Gesellschaft. Der schwächste, aber auch der wichtigste. Kinder galten als „die Hausherren von morgen". So wurden sie von staatswegen auch behandelt.

Rivalitäten an den Schulen, wie man sie heute im Gerangel um Markenartikel beobachtet, existierten mangels Marken nicht. Es ging vergleichsweise streng zu, doch nach allen Erfahrungen, die man in den letzten fünfzig Jahren an Schulen und im Erziehungsprozeß gesammelt hat, glaubt man inzwischen, daß dies nicht unbedingt von Nachteil ist. Und nicht zuletzt die PISA-Studie offenbarte die Vorzüge des Bildungssystems der DDR. Finnland, Spitzenreiter bei dieser internationalen Untersuchung, hatte vor seiner Schulreform zu Beginn der 70er Jahre das Bildungssystem der DDR genau studiert und die hier gemachten guten Erfahrungen übernommen.

Warum feierte man Jugendweihe?

Mit vierzehn Jahren wurde man früher konfirmiert, also in die Christengemeinde der Erwachsenen aufgenommen. Aus der christlichen Kirche kommt auch die Jugendweihe. 1852 erteilte der Lehrer Eduard Balzer in Nordhausen die erste Jugendweihe – er trat für eine freies Denken ein und richtete sich gegen einen dogmatischen Religionsunterricht, der die Jugendlichen vorbereitete, das Leben ausschließlich nach den Regeln der Kirche zu führen. Balzer wurde angegriffen, aber der Gedanke setzt sich mehr und mehr durch. Der Sozialdemokrat Fritz Kunert unterrichtete Jugendliche in der Berliner freireligiösen Gemeinde; 1889 fand im Konzerthaus in der Leipziger Straße eine Jugendweihe mit 1.500 Teilnehmern statt. Seit dieser Zeit sprachen Persönlichkeiten der Arbeiterbewegung über Sozialismus, Gerechtigkeit und Gleichheit, Demokratie und Wahlrecht vor Jugendlichen. Die Nazis verboten die Jugendweihe. Nach 1945 wurden die Feiern im Westen wieder belebt, aber der Osten wollte keine Konfrontation mit der Kirche, versuchte Schulentlassungsfeiern zu installieren. Mit dem Aufbau des Sozialismus wurde auch der Wunsch nach Wiederbelebung der Jugendweihe stärker, 1954 fanden die ersten Feiern statt. Teilnehmen konnte, wer wollte, unabhängig von jedem konfessionellen Bekenntnis. Daß paßte manchen kirchlichen Würdenträgern nicht, so daß christliche Jugendweihlinge von der Konfirmation ausgeschlossen wurden. Die Jugendweihe etablierte sich als feierlicher Tag der „Aufnahme in den Kreis der Erwachsenen". Von oben wurde durchgesetzt, daß man dem sozialistischen Staat die Treue gelobte. Alle Einrichtungen in der DDR waren dazu aufgerufen, die Feiern zu unterstützen. Die Kulturhäuser stellten ihre Säle zur Verfügung, die Stadtverwaltungen ihre Orchester, Lehrer und Eltern organisierten. Mit der Wende 1989 wurde die Jugendweihe stark angegriffen als Mittel zur politischen Erziehung, als antikirchlich usw. Doch nach wie vor wählen alljährlich Tausende junger Menschen und ihre Familien die Jugendweihe. Das Staatsgelöbnis ist verschwunden, aber die Frage nach dem Sinn des Lebens stellt jede Generation neu.

In alten Filmen sah ich jubelnde FDJler. Waren das alles Heuchler, oder wurden sie dafür bezahlt?

Wenn die Bilder aus den frühen Jahren der DDR stammten, kann das eine wie das andere definitiv ausgeschlossen werden. Die DDR hielt sich zugute, daß sie die Jugend aus ihrem gesellschaftlichen Schattendasein, das sie bis dahin geführt hatte, befreite. Wer die Jugend hat, hat die Zukunft, hieß es. Deshalb zielte die Politik der SED darauf, jedem Jugendlichen eine Perspektive zu geben. Und die Jugend als Ganzes sollte nicht mehr Objekt sein („Kanonenfutter"), sondern selbstbestimmtes, gesellschaftliches Subjekt

Die 1946 aus den antifaschistischen Jugendausschüssen hervorgegangene „Freie Deutsche Jugend" (FDJ) hatte auf ihrem I. Parlament in Brandenburg/Havel vier Grundrechte formuliert: das Recht auf Bildung und Ausbildung, auf Arbeit, auf politische Mitwirkung und auf Freizeit und Erholung. Die Intentionen des Verbandes fanden in der Folgezeit Ausdruck in diversen Regelungen und Gesetzen.

Dies war von den meisten Mitgliedern der zunächst als plural und überparteilich gestarteten Jugendorganisation dankbar angenommen worden und zeigte sich auch in eben solchen demonstrativen Gesten, wie sie auf Kundgebungen oder Festivals zu beobachten waren.

Allerdings übersah die SED-Führung, daß es auch im Sozialismus einen Generationskonflikt zwischen Alt und Jung gab. Selbst wenn in den wesentlichen politischen Fragen die postulierte „Einheit der Generationen" existierte – in Modefragen oder beim Lebensgefühl, bei der Frage, wie man seinen Platz im Leben findet und vor allem: wo, gehen naturgemäß die Ansichten in verschiedenen Lebensaltern auseinander. Und nicht nur die Vorstellungen von den Lebensentwürfen differierten. Es war kaum noch zu vermitteln, weshalb sich ein junger engagierter Mensch, der die Welt verändern wollte, mit der Antwort zufrieden geben sollte, daß seine Werkbank seine Revolutionsbarrikade sei. Und das wurde ihm auch noch gesagt von einem, der vielleicht in Spanien in den Internationalen Brigaden gegen die Faschisten gekämpft oder im Exil durch die halbe Welt gezogen war.

Die Jugendtreffen und Demonstrationen, auf denen die junge Generation „ihre Dankbarkeit" gegenüber der politischen Führung der DDR bekundete, gerieten dadurch zunehmend zum leeren Ritual. Die Mehrheit derer, die im Blauhemd fähnchenschwenkend und jubelnd an den Tribünen der 80er Jahre vorbeizogen, taten dies kaum noch mit innerer Anteilnahme. Typisch der Vorbeimarsch am 40. Jahrestag der DDR. Am 7. Oktober 1989 zogen, wie seinerzeit am 11. Oktober 1949, als die Jugend der DDR den Arbeiterpräsidenten Wilhelm Pieck grüßte, die Abgesandten der FDJ über die Berliner Allee Unter den Linden. Voran, bezeichnend genug, das Transparent von 1949. Doch die Sprechchöre galten nicht dem ersten Mann der DDR, sondern Gorbatschow, der damals noch als Hoffnungsträger für den Sozialismus galt. Nach dem Umzug kanzelte Honecker den FDJ-Chef Aurich ab: „Das macht ihr mit mir nicht noch einmal!" Er nahm an, daß die „Gorbi, Gorbi"-Rufe organisiert waren, wie er sich eben auch nicht vorstellen konnte, daß die Dankbarkeit der jungen Generation sich erschöpft hatte. Die jungen Leute wollten sich von der Vormundschaft „der alten Männer" befreien, sich emanzipieren und ihr Leben in die eigenen Hände nehmen. Das haben sie damals sehr deutlich gezeigt und eben nicht geheuchelt.

Gab es viele Neonazis unter den Jugendlichen?

Als die Häftlinge des KZ-Lagers Buchenwald nach der Befreiung sich zum letzten Appell versammelten, schworen sie: „Nie wieder Krieg – nie wieder Faschismus!" Dieses Wort wurde zum ersten Gebot des Aufbaus in der DDR. Nach ihm richtete sich alle Politik. In diesem Sinne wurden auch die Jugendlichen in der DDR erzogen. Hätten sich in der DDR Neonazis gezeigt, wäre gegen sie in jeder Beziehung und in aller Schärfe vorgegangen worden. Mit dem Schlagwort vom „verordneten Antifaschismus" wird heute in Zweifel gezogen, daß die Erziehung wirksam war, wird suggeriert, daß es keine individuelle Auseinandersetzung mit dem Faschismus, keine Verinnerlichung antifaschistischer Positionen gab. Und schließlich sei in den 80er Jahren auch in der DDR eine Skinhead-Szene entstanden. Mit dem Argument, das waren ganz, ganz wenige und „kann vorkommen, Erziehung fruchtet eben nicht immer", kann man diese Erscheinung vielleicht entschuldigen, aber nicht ausreichend erklären. Ohne Zweifel gab es weder einen politischen noch einen sozialen, noch einen ideellen Nährboden für Neonazismus und faschistisches Gedankengut in der DDR. Aber immer mehr Jugendliche wollten einerseits andere Formen von Engagement (kirchliche Friedensbewegung) und andererseits auch ihren Protest ausdrücken. So paradox es klingen mag: Weil es nichts gab, was Aussteigertum und Abkehr von Staat und Gemeinwesen härter deutlich gemacht hätte als die Bekundung von Naziideologie, griffen einige Jugendliche zu diesem Mittel.

Warum durfte keine Westmusik im Radio oder in den Diskotheken gespielt werden?

Das stimmt nicht. Der Umgang mit der „Westmusik" war in verschiedenen DDR-Phasen sehr unterschiedlicher Natur. In den 50er Jahren gab es eine erkennbare Aversion gegenüber der von den USA bestimmten westlichen Jugendkultur. Wir müssen nicht jeden Dreck, der von drüben kommt, nachmachen, hatte Ulbricht erklärt. Rock'n'Roll, Schmalzlocken und Ringelsocken fuhren der älteren Generation im Osten mindestens genauso in die Nase wie in der Bundesrepublik. Man versuchte dem mit eigenen Kreationen („Lipsi") Widerstand entgegenzusetzen. Erfolglos.

Als 1962/63 die Beatles aktuell wurden, akzeptierte man die „Arbeiterjungs aus Liverpool" – die staatliche Plattenfirma Amiga preßte sogar Beatles-Platten. Doch als sich John Lennon, Paul McCartney, George Harrison und Ringo Starr wenig später einmal in amerikanischer Uniform zeigten, wurde das als Votum für den Vietnam-Krieg der USA gewertet. Die Beatles wurden in der DDR indiziert. (Zehn Jahre später wurde an den Musikschulen der DDR die Musik der Beatles gelehrt.) Zunächst aber nahm man den Kampf mit den „Gammlern" auf. Zu Beginn der 70er Jahre erklärte die Parteiführung mit Blick auf die Haarlänge der Jugendlichen, daß es nicht darauf ankäme, was einer *auf* dem Kopf, sondern was er *im* Kopf habe. Da hatte sich längst eine eigenständige DDR-Rockszene entwickelt, die natürlich von der westlichen beeinflußt war, und irgendwie hatte auch die DDR-Kulturpolitik die Schlußfolgerung gezogen, daß man das Eigene in der Jugendkultur nicht jenseits der internationalen Trends und nach vorbestimmten Traditionslinien entwickeln konnte.

Es blieb übrigens auch Platz für „Westmusik". Damit aber alles korrekt zuging, achtete man auf die Proportionen. Die hießen 60 zu 40. Auf vier gespielte Titel „von drüben" kamen sechs aus dem Osten. Allerdings achtete darauf nur die DDR-Gema wegen der Tantiemen, die an die Künstler bzw. die Plattenfirmen jenseits der Grenze in Devisen gezahlt werden mußten.

Gab es in der DDR Drogen?

Die DDR-Mark war als nicht konvertierbare Währung für den Drogenhandel uninteressant, demzufolge war auch das Land kein Absatzmarkt für Drogen, allerdings war es zeitweise für Drogendealer von Interesse: Denn die reisten meistens aus östlichen Ländern über die Flugplätze und Autobahnen ein und versuchten, nach Westberlin zu kommen. Die Senatsverwaltung bat den Zoll der DDR, gegen diese Kuriere streng vorzugehen. Darüber gab es eine Vereinbarung; in diesem Punkt arbeiteten Ost und West zusammen.

Aber eine Drogenszene gab es definitiv nicht. Dem Problem des Konsums *legaler* Drogen bei Jugendlichen – Zigaretten, Alkohol – versuchte man mit gesetzlichen Bestimmungen (ähnlich den heutigen) zu begegnen, aber auch praktischen Schritten wie der Abschaffung von Zigarettenautomaten.

Warum haben die jungen Leute in der DDR nichts gegen die Eintönigkeit unternommen?

Zunächst sollte man sich verständigen, was Eintönigkeit bedeutet. Wenn damit, vermutlich, das Gleichmaß des Alltags gemeint ist, dann war das Dasein in der DDR so eintönig wie das der meisten Menschen überall auf der Welt: morgens aufstehen, dem Tagwerk nachgehen, abends fernsehen, schlafen, von Montag bis Freitag. Am Wochenende geht's ins Grüne, ein- oder zweimal fährt man jährlich irgendwohin in den Urlaub. Jahr um Jahr. Dazwischen gibt es Hochzeit, Kindtaufe und Tod, Krankheiten und andere Unglücke. Mal bricht in die kleine Geschichte die Große Geschichte ein. Es finden nationale Katastrophen oder internationale Kriege statt. Dazwischen geht die Jagd nach Sicherung der eigenen Existenz. (In der DDR weniger: Diese Dinge waren vom Staat gesichert.) So also wächst und altert jeder Mensch. Das ist das Leben.

Zwischendurch gibt es mal einige Ausreißer: Sportverein und Disko, Kino und Theater, das erste Moped, das erste Auto, die erste Liebe ... Aber sonst?

Das war in der DDR so. Das ist in der Bundesrepublik so. Das Leben anno 1978 war in Anklam (Ost) vermutlich so aufregend (oder eben eintönig) wie das Leben anno 2003 in Wipperfürth (West). Frage also: Warum unternehmen die Wipperfürther nichts gegen ihre Eintönigkeit? Warum geben sie sich mit MacDonalds am Stadtrand und dem Supermarkt in der Innenstadt zufrieden? Warum regen sie sich nicht auf, daß sie, wenn sie ins Theater oder ins Kino wollen, 50 Kilometer nach Köln müssen, denn das lokale Theater öffnet nur bei gelegentlichen Gastspielen, und das Kino ist schon lange zu.

Eintönigkeit war und ist immer die Folge einer gewissen Bequemlichkeit. Daß man sich mit dem zufrieden gibt, was man vorfindet.

Im übrigen muß man, wo doch heute alles um so viel bunter ist, nur über Land fahren. An den Tankstellen sammelt sich mangels anderer Treffpunkte die Dorfjugend und trinkt Alkohol. So aufregend scheint die Gegenwart also auch nicht zu sein. Zu DDR-Zeiten gab es am Ort mindestens einen FDJ-Jugendklub oder eine vergleichbare Einrichtung, in der man zusammen „abhängen" konnte. Oder eben mehr draus machen konnte, viel mehr – aber das ist an anderer Stelle schon beschrieben. 1990 gab es 15.000 Jugendklubs in der DDR, die von ca. 750.000 Jugendlichen im Jahr besucht wurden. Darunter 250 zentrale große Klubhäuser, ausgestattet mit Sälen, Musikräumen, Ateliers, Bibliotheken. Außerdem 2.300 Schulklubs. Diese Einrichtungen sind in der Marktwirtschaft weitgehend abhanden gekommen. Denn: Es rechnet sich ja nicht. Besser rechnet sich da, die Jugendlichen als Adressaten von Werbung zu begreifen, ihnen Produkte anzupreisen, die zu besitzen Ankunft in der Fun-Welt der Schönen und Reichen bedeutet. Fazit: Junge Menschen sind auch heute gefragt – in erster Linie als Konsumenten.

Sport

Warum war die DDR so erfolgreich im Sport?

Weil die DDR ein Supersystem entwickelt hatte, das auch viele andere Länder für „super" hielten. Dafür spricht, daß sie deshalb nach der Wende zahllose DDR-Trainer engagierten und damit dieses System bei sich zu kopieren versuchen. Noch heute arbeiten viele DDR-Trainer in verschiedenen Ländern und in verschiedenen Sportarten.

Das System ist ein Netz von Systemen, die aufeinander abgestimmt sind. Deshalb läßt es sich auch nicht durch ein paar Anweisungen übertragen. Ein Grund dafür ist: In der heutigen Gesellschaft kann es nur funktionieren, wenn ein Sponsor pünktlich eine fest vereinbarte Summe zahlt.

Um das System bis ins Detail zu beschreiben, brauchte man ein halbes Buch, wenn man sich auf Stichworte beschränkt, und ein ganzes, wenn man ausführlich erklären will. 40 Jahre lang hat man immer wieder behauptet, die Erfolge seien kommandiert worden, was absurd ist, weil jeder, der auch nur ein wenig Ahnung vom Sport hat, weiß, daß man ohne Begeisterung und Eifer nie zu Erfolgen kommen kann. Weder Begeisterung noch Eifer lassen sich kommandieren, wie sich inzwischen herumgesprochen hat.

Deshalb also ein Versuch, die Frage zu beantworten: Was braucht man als erstes, um im Sport erfolgreich zu sein? Begeisterung, Eifer und Talente! Begeisterung bringen viele auf, Eifer auch, aber wie findet man die Talente? Der erste Schritt ist: Möglichst viele junge Menschen für den Sport begeistern. Das ist in einer Zeit, die jungen Menschen unendlich viel Reize bietet, sehr schwierig. Die Sporttreibenden leben zwar garantiert gesünder als die anderen, deshalb gilt es als erstes, den Wert der Gesundheit zu erkennen. Daß dies die DDR geschafft hatte, leugnet heute kaum noch jemand, es sei denn, er wird dafür bezahlt, daß er das Gegenteil verbreitet.

Wie gewinnt man junge Menschen für den Sport und damit für gesundes Leben? Indem man ihnen die Werte des Sports vermittelt, sie lernen läßt, wie nützlich es ist, zu lernen, wie man sich selbst überwindet. Das klingt vielleicht alles hochtrabend, aber auf einen Nenner gebracht: Selbst wer im Sport nur Zweiter oder Dritter wird, fühlt sich besser als einer nach einem „Trip". Hat man jemanden für den Sport gewonnen, braucht es ein System, in dem die für den Sport Geworbenen auch wirklich Sport treiben können, ohne daß jemand ihnen als erstes eröffnet, was es eigentlich kostet, Sport zu treiben. Der nächste Schritt war ein Wettkampfsystem, das nicht nur den Stars Starts bot, sondern auch den „Stippis" oder wie immer man die nennen will, die ihre ersten Erfahrungen sammelten. Erfahrungen sind nämlich das A und O. Das fordert viele Starts und kostet demzufolge auch wieder Geld, denn wer sponsert beispielsweise schon ein Radrennen, bei dem keine Zuschauer sind, und welcher Radrennfan will ein Radrennen erleben, bei dem nur Jugendliche fahren? Und auch dafür brachte die DDR Geld auf. Nur wenige fuhren die modernsten Räder, aber die braucht man auch nicht, um Erfahrungen zu sammeln.

Als nächstes wurde eine Stufe des Wettkampfsystems benötigt, die den jungen Athleten das Gefühl vermittelte, sie nehmen an einem enorm wichtigen Wettkampf teil. Das waren die Spartakiaden. Der Name war abgeleitet von dem des römischen Sklaven Spartakus, der in einer Gladiatorenarena nicht nur um den Sieg, sondern um sein Leben kämpfte. Spartakus floh eines Tages und formierte mit anderen Geflohenen eine Armee und brachte das römische Reich in die größten Schwierigkeiten. Er fiel 71 v.d.Z. in offener Feldschlacht. Seitdem galt er als Symbol für den Mut der Aussichtslosen, und der Name wurde Anfang der zwanziger Jahre des vorigen Jahrhunderts für sportliche Wettkämpfe im Arbeitersport verwendet. Das war die Geburtsstunde der Spartakiaden. In der DDR fanden sie alljährlich in allen Kreisen und in vielen Sportarten statt. Es waren Olympische Mini-Spiele mit einem stimmungsvollen Einmarsch der Schulmannschaften, der Entzündung des Feuers im Stadion und einem Mädchen oder einem Jungen, das den Eid sprach.

Bei den Spartakiaden waren auch Trainer, die nach Talenten Ausschau hielten. Da diese Trainer oft im Hauptberuf Schulsportlehrer waren, die – wieder ein anderes System – fast alle an der gleichen Hochschule in Leipzig studiert hatten, an der auch die Trainer ausgebildet worden waren, wußten sie ziemlich genau, woran man ein Talent erkennt. Es war nicht ungewöhnlich, daß man einem nicht sonderlich talentierten Schwimmer riet, sich als Radrennfahrer zu betätigen, weil dort seine Chancen vielleicht größer waren. Für diesen Fall gibt es ein konkretes Beispiel: Der mäßige Schwimmer Uwe Ampler wurde Radweltmeister.

Hatte man mit all diesen Systemen Talente gefunden, mußte man mit einem „Auffang-System" dafür sorgen, daß die bei dieser Suche „Aussortierten" nicht vor den Trainingsmühen, dem strengen Zeitreglement und der Einschränkung anderer Entwicklungsmöglichkeiten kapitulierten und dem Sport den Rücken kehrten, sondern weitermachten. Das war schwieriger, als die Talente zu trainieren, und funktionierte durchaus nicht immer.

Die echten Talente wurden in Kinder- und Jugendsportschulen und Sportklubs konzentriert, wo zum Beispiel schon die von Medizinern empfohlene Athleten-Ernährung serviert wurde und nicht etwa BigMacs. Klassenlehrer und Trainer setzten sich zusammen und legten die Zeiten für Training, Schulunterricht und Pausen fest. Was die so Trainierten dann brauchten, waren härtere Wettkämpfe. Gemeinsam mit den anderen Oststaaten hatte man zum Beispiel in allen Sportarten „Jugendwettkämpfe der Freundschaft" arrangiert, bei denen jedes Jahr in einem anderen Land die erfolgreichsten Talente aufeinandertrafen und neue Wettkampferfahrungen sammeln konnten.

Heute erinnern sich noch immer viele dieser Systeme, und mit Jan Ullrich schicken sie zum Beispiel noch heute seinen ersten Talentetrainer aus Rostock mit. Wenn jemand wie Ullrich allerdings einige Millionen Euro auf dem Konto hat, läßt die Lust am Sport zuweilen nach, und niemand kennt heutzutage ein System, wie man dann die Lust wieder zurückholt Aber das kann man der DDR nicht vorwerfen.

Da taucht nämlich eine weitere Systemfrage auf: Wie geht man mit dem Geld im Sport um? Zahlt man wenigen Stars Millionen – was die verständlicherweise ganz okay finden und sich auch raten lassen, in ein anderes Land zu ziehen, um dort Steuern zu sparen –, oder geht man nach dem Prinzip vor, die sportliche Leistung zu honorieren. Wer zum Beispiel könnte halbwegs logisch erklären, warum der Sieger eines Kanurennens 500 Euro bekommt und ein Fußballspieler für ein gewonnenes Spiel plus Gehalt mindestens 50.000 Euro? Der Kanut kann unterwegs keine Sekunde verschnaufen, und ein Radrennfahrer ist nicht selten länger unterwegs, als drei Fußballspiele dauern, und würde er nach einem Sturz liegen bleiben, bis jemand mit einer Trage erscheint, käme er eine Stunde nach dem Sieger ans Ziel. Die heutigen Gagen der Athleten richten sich danach, wieviel das Fernsehen für die Übertragung zahlt, und nicht nach der Leistung. Dafür ist niemand verantwortlich zu machen, aber die Frage lautete ja, warum die DDR so erfolgreich im Sport war, und nicht, warum die Medien heute darüber entscheiden, welcher Athlet wieviel Geld kassiert.

Waren alle Leistungssportler gedopt?

Das ist eine Lieblingsfrage seit 1990. Von einem großen Teil der Medien wird sie gern mit „Ja" beantwortet. Rückfragen sind nicht „zugelassen", schon weil sie offenbaren würden, daß die Antworter nicht so genau wissen, wo Doping beginnt und wo es endet. Und weil sich zu viele „Ja"-Antworter diese Situation zunutze machen, kommt man nicht umhin, erst einmal darauf zu antworten. Beckmanns Sportlexikon aus dem Jahre 1933 bezeichnet „Doping": den „Gebrauch aufpeitschender Mittel, die den Sportler über seine normale Leistungsgrenze hinaus antreiben sollen". Noch knapper: Die natürliche Ermüdungsschwelle des Sporttreibenden wurde durch diese Mittel hinausgeschoben. Dem kam man auf die Schliche, indem man am Ziel Urinproben nahm und sie untersuchte, also Dopingkontrollen vornahm. Daraufhin wurde das Dopingunwesen von Managern und Trainern „verfeinert", um die Kontrollen zu erschweren. Man wechselte die Medikamente, verwendete Amphetamin, Ephedrin, Strychnin, Heroin, Morphin. Da die Kontrollen oft zeitraubend waren und bereits ausgezeichnete Sieger erst zwei oder drei Wochen später durch die gerichtsmedizinischen Befunde des Dopings überführt werden konnten, verbesserte man die Dopingkontrollen. Die von Polen, der ČSSR und der DDR organisierte Friedensfahrt war das erste und einzige Radrennen der Welt, das ein fahrbares Dopinglabor einsetzte und die Siegerehrung abends erst nach dem Vorliegen des ärztlichen Befundes durchführte.

Das Doping wurde vor allem von Pharmakonzernen zunehmend qualifiziert. Eine zulässsige Methode der Leistungssteigerung war zum Beispiel Höhentraining. Durch Training in extremen Höhenlagen – zum Beispiel Mexiko (3.200 m ü. N.) – erhöhte sich automatisch die Zahl der roten Blutkörperchen im Blut. Diese Blutkörperchen fungieren als Sauerstoffbeförderer, und eine Zunahme führt zur Steigerung der Laufleistungen. Höhentraining zu verbieten, war aber unmöglich, denn dann hätten zum Beispiel Athleten aus Ländern wie Kenia automatisch vom Sport ausgeschlossen werden müssen. Eines Tages lieferte ein Pharmaunternehmen Pillen (Epo), die die Zahl der roten Blutkörperchen erhöhte, ohne daß man sich in Höhenlagen begeben mußte. Daraufhin wurden die Dopingkontrollen auf die Einnahme solcher Pillen erweitert.

Wegen Doping kann also faktisch nur belangt werden, wem nach einem Wettkampf die Benutzung von Dopingmitteln nachgewiesen wird.

Festzustellen ist: Mit einer einzigen Ausnahme wurde kein DDR-Athlet bei einer solchen Kontrolle des Dopingmißbrauchs bezichtigt.

Zutreffend ist, daß sich die DDR-Sportmedizin des Problems annahm, nachdem feststand, daß im gesamten Weltsport konsequent gedopt wurde. Man untersuchte vor allem die Trainingsphase der Athleten, in der unterstützende Mittel vonnöten waren, um eine zusätzliche Trainingsbelastung zu ermöglichen. Diese Mittel beeinflußten das Training, aber nicht den Wettkampf. Sie verstießen gegen keine Regel, weil Verletzungen der Dopingregeln nur durch die Ergebnisse der Dopingkontrollen ermittelt wurden. Später dehnte man die Dopingkontrollen auch auf die Trainingsphase aus.

Die Vorwürfe, die gegen DDR-Athleten erhoben wurden, basierten auf Aufzeichnungen des Ministeriums für Staatssicherheit, also weder medizinischen Unterlagen noch den Ergebnissen von offiziellen Dopingkontrollen. Nach jahrelangen Bemühungen der BRD-Sonderstaatsanwaltschaft „Regierungskriminalität" scheiterte der Prozeß gegen die „Dopingsünder" der DDR, weil die medizinischen Gutachter, deren Aussagen allein maßgeblich waren, aussagten, daß in keinem Fall nachzuweisen wäre, ob Erkrankungen oder Beschwerden die Folge jener trainingsunterstützenden Mittel waren. Die Staatsanwaltschaften entschieden sich für einen

Seriendeal, indem sie den Angeklagten eine Geldstrafe „anboten", die sie als nicht vorbestraft gelten ließen, und als Gegenleistung auf einen kostspieligen Prozeß verzichteten. Da die Stasiunterlagen vor keinem Gericht der Welt als medizinisches Belastungsmaterial akzeptiert worden wären, galten die in Deutschland angestrengten Verfahren als höchst umstritten. Diejenigen, die die Behauptung verbreiteten, alle DDR-Sportler wären gedopt gewesen, erklärten auch, daß rund 10.000 DDR-Athleten gezwungen worden waren, Dopingpillen einzunehmen. Daraufhin erließ die Bundesregierung ein Entschädigungsgesetz für dadurch Geschädigte. Bis kurz vor Ablauf der Anmeldepflicht für solche Schäden hatten sich 50 Betroffene gemeldet, also 0,5 Prozent. Diese Zahl stützt nicht gerade die Behauptung, alle DDR-Sportler seien gedopt gewesen.

Warum haben sich Sportler für den Unrechtsstaat funktionalisieren lassen?

Diese Frage gehört eher zu den rhetorischen, schon weil sie von zahlreichen Behauptungen ausgeht. Was ist ein Unrechtsstaat? Zum Beispiel: 1964 wurde ein Langstreckenläufer in einem deutschen Staat vor Gericht gestellt, weil er in dem anderen deutschen Staat an einem Rennen teilgenommen hatte. Die Staatsanwaltschaft warf ihm „Landesverrat" vor. So geschehen 1964 in Düsseldorf, weil ein bundesdeutscher Athlet in einem Lauf in Altenburg (DDR) gestartet war. Die Anklageschrift warf ihm sogar vor, damit Bemühungen unterstützt zu haben, in der BRD die „Diktatur des Proletariats" errichten zu wollen. Der Läufer wurde rechtskräftig verurteilt. Könnten da nicht schon Zweifel aufkommen, wo man einen „Unrechtsstaat" zu suchen hätte.

Reduzieren wir die Frage also zumindest dahingehend: Warum haben sich Sportler für den Staat funktionalisieren lassen?

Und stellen die Gegenfrage: Wo werden Sportler mit ihren Leistungen nicht für den Staat funktionalisiert? Eine Antwort darauf gab der damalige Bundesinnenminister Manfred Kanther (CDU) nach den Olympischen Spielen 1996 dem Deutschlandfunk auf die Frage: „Sind Sportmedaillen ein wichtiges, ein sehr wichtiges nationales Anliegen?" als er erklärte: „Ja, sie sind ein nationales Anliegen. Sie sind in einem Teilaspekt Ausweis des Leistungsvermögens eines Volkes. Und daß Siege dann das Volk begeistern, finde ich ganz natürlich ..."

So müßte man die Frage „sezieren", ehe man sie seriös zu beantworten versucht. Sportler der DDR hatten das Sportsystem dieses Landes kennengelernt. Dazu gehörte zum Beispiel, daß ein Athlet, der einen Teil seiner Jugend dem Sport gewidmet hatte, dies getrost tun konnte, weil er sicher sein durfte, daß seine Berufs- oder Studienausbildung garantiert war. Der erste „nichtnordländische" – da Finnland nicht zu Skandinavien gehört, muß man diese ungewöhnliche Formulierung wählen – Olympiasieger im Skispringen der Geschichte, Helmut Recknagel, hatte nur eine Achtklassenschule besucht. Dennoch bot man ihm die Möglichkeit, nach speziellen Aufbaulehrgängen Veterinärmedizin zu studieren und bis 1990 als Tierarzt tätig zu sein. Warum sollte ein Athlet mit diesen persönlichen Möglichkeiten nicht darauf hinweisen, daß ihm der Staat diese Möglichkeiten geschaffen hatte. Wohlgemerkt: Diese Möglichkeiten wurden ihm eingeräumt, als längst keine Medaillen mehr von ihm zu erwarten waren.

Wie konnte die kleine DDR soviel Geld für den Leistungssport aufbringen?

Die Frage zeigt eine Schieflage: Leistungssport und Breitensport waren keine Gegensätze in der DDR, auch wenn die Sicht heute dominiert ist von der Meinung, es habe Breitensport überhaupt nur gegeben, um Leistungssportler zu rekrutieren, mit deren Erfolgen wiederum die Überlegenheit des sozialistischen Systems bewiesen werden sollte. Daß zum einen der Sport ein Feld politischer Auseinandersetzungen der Systeme war – man denke an den Alleinvertretungsanspruch der Bundesrepublik, den sie auch im Sport, etwa für die Olympiateilnahme geltend machte –, daß zum anderen die DDR sich auch mittels ihrer sportlichen Leistungen als souveräner und erfolgreicher Staat darstellen wollte, ist unbestritten, es ist aber auch jedem Staat unbenommen, dieses zu tun. Und ist Praxis mehr oder weniger in aller Welt, selbst wenn gegenwärtig der hochbezahlte Profisport mit seinen

Superstars und dem Medienrummel um diese den nationalen sowie auch den völkerverbindenden Charakter des Sports zurückzudrängen scheint. Doch noch immer starten Sportler unter der Flagge ihrer Nationen und für ihre Nationen. Daß die DDR, in der die Sportförderung Teil der Staatspolitik war, sportliche Erfolge auch als Ergebnis dieser Politik ansah und darstellte – ob in immer angemessenem, geschmackvollem Maß, steht auf einem anderen Blatt –, kann schwerlich als verwerflich angesehen werden.

Aber zurück zur Frage, die komplexer gestellt wäre, wenn sie nach der Finanzierung des Sports überhaupt fragte.

Alle Welt weiß, daß die DDR nicht gerade reich war, aber sie hatte eben ein Gesetz, wonach vom Gewinn eines Unternehmens 15 Prozent in einen Kultur- und Sozialfonds flossen und aus diesem Fonds wiederum in den Sport. Bliebe die Frage, was geschah, wenn die Betriebe nicht Gewinn, sondern Verlust machten? Dann half im konkreten Fall schon mal die Gewerkschaft aus. Das kam nicht jeden Tag überall vor, denn auch die Behauptung, die DDR-Betriebe hätten nur in den roten Zahlen gerudert, hat bislang noch niemand bewiesen.

Sport und Körperkultur wurde eine hohe soziale Bedeutung eingeräumt. Das Grundrecht des Bürgers auf Körperkultur, Sport und Erholung wurde in der DDR-Verfassung von 1968 – und damit erstmals in einer deutschen Verfassung – verankert und sollte der „allseitigen körperlichen und geistigen Entwicklung der Bürger" dienen, mithin auch der Reproduktion der Arbeitskraft. Unvorstellbar scheint denen, die heute mit dem Vorwurf der „zentralistischen Sportpolitik" der SED die Vereinnahmung aller sporttreibenden Bürger für „Propaganda- und Selbstdarstellungszwecke des Staates" bewiesen sehen, daß hier ein verfassungsmäßiges Recht mit hohem staatlichen Aufwand in der gesellschaftlichen Praxis umgesetzt wurde. Sportförderung wie die sportliche Betätigung überhaupt war nicht Privatangelegenheit von Leuten mit Geld, nicht Geschäftsfeld von gewinnorientierten Vermarktungsunternehmen, nicht Hobby ambitionierter, gutbetuchter Eltern, nicht Betätigungsfeld finanzkräftiger Vereinsmitglieder oder in welchen immer geldabhängigen Verhältnissen sie sich heute auch abspielen.

Warum hat man das Gute, z. B. im Sport, nach dem Mauerfall nicht übernommen?

Diese Frage stellen viele – aber erst jetzt. Also zehn Jahre, nachdem man zum Beispiel begann, die Kinder- und Jugendsportschulen als politisierte „Dressuranstalten" in Mißkredit zu bringen. Renommierte Erzieher oder Trainer dieser Schulen mochten unter solchen Bedingungen nicht arbeiten oder wurden sogar entlassen. Sie jetzt als „Sport-Gymnasien" wieder einzuführen, kann kaum Erfolg versprechen, weil – um nur ein Beispiel zu erwähnen – zu DDR-Zeiten die sportliche Qualifikation des Schülers den Ausschlag für seine Aufnahme in die Schule gab, während heute nicht selten die Möglichkeit der Eltern den Ausschlag gibt, den Besuch zu finanzieren. So mancher Trainer kann ein Lied davon singen, was es bedeutet, Untalentierte zu trainieren. Und noch einmal soll der Ex-Bundesinnenminister Kanther bemüht werden, der in einem Deutschlandfunk-Interview seine Abneigung gegenüber den Sportschulen mit den Worten bekundete: „Ich kann nicht erkennen, daß die Dressurakte gegenüber Kindern, mit denen sich zehn Jahre später der Staat im Systemvergleich schmücken will, ein humaner Ansatz für den Sport ist ... Wir haben ja mit dem Aufdecken der Karten nach 1989, was die östlichen Sportsysteme angeht, viele höchst unerfreuliche Einblicke erfahren. Die Dressur von Kindern zu sportlichen Höchstleistungen, die dann zurückbleiben im Grunde genommen in menschlich und körperlich betrüblicher Verfassung. Das alles ist ja nie unsere Sportwelt gewesen, darf es auch nicht werden."
Hier möchte man Unwissenheit bemängeln, und die ist für Auskünfte eines Ministers nicht zu empfehlen.
Aber die Frage ist einfach zu beantworten: Hätten die effektiven Strukturen – sei es im Breiten-, sei es im Leistungssport – in der BRD übernommen werden sollen, wären sowohl staatliche als auch betriebliche Finanzierungen zu leisten gewesen, die weder der Staat noch die Konzerne aufzubringen willens und teils auch fähig wären. Das öffentlich kundzutun ist natürlich weniger opportun, als das „zentralistische Sportsystem" der DDR in schwärzesten Farben zu malen.

Kirche

Wurden in der DDR die Gläubigen verfolgt und unterdrückt?

In der DDR gab es – entgegen anderslautenden Darstellungen – keine Verfolgung religiös gebundener Bürger. Schon die Verfassung von 1949 garantierte Gewissens- und Glaubensfreiheit, und so hielt es auch die Verfassung von 1968 fest.

Unter anderem sorgte die CDU dafür, daß dies kein abstrakter Lehr- und Leitsatz blieb. Als Partei im Demokratischen Block ermöglichte sie Bürgern christlichen Glaubens, politisch in der Gesellschaft mitzuwirken. In der Nationalen Front oder durch ihre Abgeordneten achtete sie darauf, daß niemand seines Glaubens wegen benachteiligt wurde.

Gleichwohl war das Verhältnis zwischen Kirche und Staat, zwischen Gläubigen und Vertretern der Staatsmacht nicht frei von Spannungen. Die evangelische Kirche verstand sich als Kirche im Sozialismus, d. h. sie war keine sozialistische Staatskirche und auch keine, die für den Sozialismus stritt. Sie hatte den Platz angenommen, der ihr nach eigenem Verständnis zugewiesen worden war.

Die Spannungen wurzelten in der grundsätzlichen Auffassung, nach der sich die Kirche im christlichen Selbstverständnis für jeden Menschen verantwortlich fühlte, was der Staat zuweilen als Einmischung in seine inneren Angelegenheiten betrachtete. So öffnete beispielsweise die Kirche ihre Häuser, wenn Künstler keine Auftrittsmöglichkeiten bekamen. Das ist vergleichbar mit der heutigen Praxis, wenn Kirchen von Abschiebung bedrohten Ausländern Asyl gewähren.

Tatsache ist, daß Führungspositionen in Wirtschaft und Staat nicht oder nicht ohne weiteres für bekennende Christen zugänglich waren; eine Offenlegungspflicht oder kodifizierte Unvereinbarkeitsregelungen in Glaubensdingen gab es jedoch nicht. Im übrigen rekrutiert jede herrschende Klasse ihre Eliten entsprechend ihrem ideologischen Anspruch. Mit dem in der marxistischen Weltanschauung fest integrierten Atheismus sind grundlegende Auffassungen wie die von der Erkenn- und Veränderbarkeit der Welt verbunden – Auffassungen also, die mit christlichen Positionen prinzipiell kollidieren, so wie andererseits bestimmte Ansichten sich bei Christen wie Sozialisten gleichermaßen finden und sie auch in der DDR verbunden haben. Damalige oder heutige Kritiker der DDR führen als Beleg für die angeblich systematische Benachteiligung konfessionell gebundener Bürger Beispiele für die Zulassung zum Besuch der EOS, die Vergabe von Studienplätzen oder die Besetzung von Führungsstellen in der Wirtschaft eben nicht nur nach fachlicher Kompetenz, sondern auch nach weltanschaulicher Übereinstimmung an. Doch diesbezüglich war es in der DDR kaum anders als anderswo: Haltungen, die nicht der herrschenden Meinung entsprechen, sind hinderlich für die Karriere.

Wie standen Kirche und Regierung zueinander?

Zum besseren Verständnis muß man zwischen den beiden Großkirchen (evangelische und katholische) und anderen Glaubensgemeinschaften sowie zwischen Kirchenleitungen, Geistlichen und „einfachen" Gemeindegliedern unterscheiden.

Der Kirchenpolitik der DDR lag das marxistisch-leninistische Religionsverständnis zugrunde, das – auf eine griffige Formel gebracht – Religion als „Opium fürs Volk" (Marx) definierte und eine Abkehr von den Religionen als individuellen wie gesellschaftlichen Erkenntnis- und Entwicklungsschritt begriff. Die Einbeziehung der Gläubigen in die Gestaltung der Gesellschaft war nichtsdestotrotz erklärte Politik, und nach anfänglichen Reibungen (Diskriminierung der „Jungen Gemeinden" Anfang der fünfziger Jahre) galt in der staatlichen Praxis statt Marx meist Friedrich II. und sein Wort, jeder solle nach seiner Façon selig werden. Religion und Religionsausübung wurden später freilich in dem Maße weniger als Privatsache angesehen, in dem sich in ihrem Schatten Kritik an DDR-Verhältnissen politisch gruppierte und organisierte.

Ganz allgemein läßt sich feststellen: Die Religionsgemeinschaften suchten sich früher oder später in der DDR einzurichten. Manche zunächst widerwillig wegen der neuen politischen Verhältnisse, andere mit größerer Aufgeschlossenheit. Letzteres galt vor allem für kleinere Glaubensgemeinschaften. Diese empfanden den Grundsatz des Staates, alle Religionsgemeinschaften gleich zu behandeln, als hilfreich, nachdem sie bis dato immer im Schatten der beiden Großkirchen hatten leben müssen. Sie verhielten sich meist loyal zur DDR und ihrer Regierung.

Die beiden Großkirchen waren jahrhundertelang staatlich privilegiert gewesen. Das Bündnis von „Thron und Altar" (oder auch von „Klerus, Kapital und Generälen") wurde nunmehr aufgekündigt. Den Verlust von Einfluß und Macht nahm man zunächst nicht hin. Zudem waren sie (bis in die 70er Jahre hinein) strukturell mit den Kirchen in der Bundesrepublik verbunden. Von dort kam nicht nur materielle Hilfe; die Beziehungen wurden von den staatlichen Stellen der DDR mithin stets auch mißtrauisch betrachtet.

Die evangelischen Landeskirchen in der DDR trafen wiederholt substantielle Vereinbarungen mit dem Staat. Viele Amtsträger und Gemeindeglieder waren, ausgehend von der Friedensbotschaft des Evangeliums und vom Ruf der Heiligen Schrift nach sozialer Gerechtigkeit, zunehmend bereit, die Friedens- und Sozialpolitik der DDR zu unterstützen. Dabei knüpften sie an Überlieferungen aus der Geschichte der Christenheit an, die von der altchristlichen Kirche bis zu den religiösen Sozialisten in der Weimarer Republik und bis zum antifaschistischen Widerstand reichten.

Unter dem Dach der Kirche fanden sich etwa ab Mitte der 60er Jahre Gruppen, die sich außerhalb der gesellschaftlichen Massenorganisationen sozial und politisch betätigen wollten und zunehmend als oppositionelle Kreise verstanden. Sie hingen zumeist diffusen Reformvorstellungen an, wollten einen „anderen, besseren Sozialismus". So sah sich die Staatsführung in ihrer Friedenspolitik, die mit der Einschätzung vom notwendigen militärischen Gleichgewicht der Systeme den Realitäten Rechnung trug, mit einer sich auf prinzipielle Gewaltlosigkeit berufenden Friedensbewegung konfrontiert, die insbesondere im „Berliner Appell – Frieden schaffen ohne Waffen" 1982 Ausdruck und breiten Widerhall fand. In der Kirchenführung selbst wurde die Politisierung der Kirche, genauer: die Benutzung der Kirche für politische Zwecke kontrovers gewertet. Eingeprägt haben sich die Bilder von 1989 mit den von der Nikolaikirche ausgehenden Leipziger Demonstrationen, mit Friedensgebeten an vielen Orten, die zu Massenprotesten wurden. Honecker sprach rückblickend davon, daß damals aus „Gotteshäusern Parteihäuser" wurden.

Kirche

Mußte man in der DDR Kirchensteuer zahlen?

Ja, aber nur, wenn man aktives Gemeindemitglied war, und gezahlt wurde ans Kirchensteueramt. In der DDR war nämlich die alte Forderung nach Trennung von Kirche und Staat vollzogen worden, beide regelten ihre Angelegenheiten selbständig. Bereits in den 50er Jahren wurde nicht mehr, wie bis dahin (und in der Bundesrepublik unverändert) üblich, die Kirchensteuer automatisch vom Einkommen einbehalten und vom Finanzamt an die Kirche weitergereicht. Kirchen und Glaubensgemeinschaften mußten diesen Beitrag bei ihren Mitgliedern direkt abfordern.

Zur Trennung von Kirche und Staat gehörte auch die Verbannung des Religionsunterrichts aus den Schulen. Dieser wurde von den Kirchen („Christenlehre") nach eigenen Vorstellungen gestaltet. In den Streitkräften wurde die Militärseelsorge abgeschafft.

Keine Regel ohne Ausnahme: Der Staat DDR bezuschußte die Pfarrerbesoldung und unterstützte die diakonische und karitative Arbeit der Kirchen. Er förderte ihre denkmalpflegerische und ihre Bautätigkeit. An staatlichen Universitäten wurden theologische Fakultäten (ab 1968: Sektionen) betrieben, an denen der Pfarrernachwuchs für die evangelischen Kirche ausgebildet wurde.

Im Gründungsjahr der DDR waren über 90 Prozent der Bevölkerung Mitglied einer Kirche. Es gab über 30 Religionsgemeinschaften. Die Mehrheit der Christen in der DDR war protestantisch und gehörte einer der acht evangelischen Landeskirchen an. Das Territorium der DDR war das Kern- und Mutterland der Reformation. Die katholische Kirche befand sich in der Diaspora und stellte nur in einigen Gebieten (Eichsfeld, Oberlausitz) die Mehrheit unter der christlichen Bevölkerung.

Die Kirchenmitgliedschaft sank bis zum Ende der DDR auf unter dreißig Prozent der Bevölkerung, nach der Vereinigung erfolgte eine Austrittswelle, nachdem das bundesdeutsche Kirchensteuersystem in Ostdeutschland eingeführt wurde. Die Hoffnungen einiger, in Ostdeutschland werde es zu einer Renaissance des Christentums kommen, erwiesen sich als Illusion.

Kirche

Konnten die Kirchen unbehindert arbeiten?

Sofern es um ihre unmittelbare Tätigkeit ging, gab es keine Einschränkungen. Es konnten Gottesdienste und Messen, Taufen und andere Amtshandlungen abgehalten und Wohlfahrts- und Fürsorgearbeit geleistet werden. Alles, was die Kirchen als ihre eigentlichen Lebensäußerungen bezeichnen, blieb unbeschnitten.

Gleichwohl gab es umstrittene Handlungen. So wurden beispielsweise in den Jahren 1952/53 und 1957/58 Junge Gemeinden und Studentengemeinden behindert, bisweilen unterdrückt. In ihnen sah die Staatsmacht Zentren einer sich entwickelnden Opposition gegen die DDR. Gesetzliche Bestimmungen über die Versammlungstätigkeit wurden zuweilen gegen kirchliche Rüstzeiten und Zusammenkünfte repressiv angewandt. Zeitungen wurde es untersagt, Anzeigen mit kirchlichem Hintergrund – etwa Danksagungen bei Konfirmationen – zu publizieren. Eine Zeitlang wurde es Mitgliedern staatlicher Orchester nicht gestattet, bei Kirchenkonzerten mitzuwirken.

Viele solcher eher kleinlichen Vorgänge, die vornehmlich in den 50er, 60er Jahren, während der Hochzeit des Kalten Krieges, erfolgten, gingen auf den Übereifer von Funktionären der unteren und mittleren Ebene zurück. Die Folgen waren oft verheerend und langwirkend und dienen zuweilen noch heute als Beweis für eine angeblich flächendeckende Unterdrückung und Bevormundung der Kirche durch die DDR.

Warum traten so viele aus der Kirche aus?

Die Zahl der Konfessionslosen erhöhte sich in der DDR von 1949 bis 1989 von sieben auf siebzig Prozent. Das, so heißt es, wäre Resultat der atheistischen Propaganda durch die SED. Daher ist Ostdeutschland seit 1990 „Missionsgebiet".

Die christlichen Kirchen in den Industrieländern leiden seit Beginn des 20. Jahrhunderts an Mitgliederschwund. Das liegt nicht an den Kommunisten, sondern an einer Verweltlichung: Es vollzieht sich seither ein Wechsel von einer religiös geprägten Denkweise und Gefühlswelt hin zu einer materialistischen Sicht. Man legt seine Konfession ab.

Die „Kirchenaustrittsbewegung" ist weder eine sozialistische

Erfindung, noch vollzog sie sich in der DDR gar „staatlich verordnet". Richtig ist aber, daß sie durchaus in einem Kontext mit der Gesellschaftspolitik erfolgte, die wesentlich von einer Partei bestimmt wurde, die als einen unveräußerlichen Teil ihrer Weltanschauung den Atheismus vertrat und keinen Hehl daraus machte, diesen auch zu propagieren, sei es in entsprechenden Publikationen oder etwa in der Bildungspolitik.

Im übrigen sahen viele Gläubige dies auch als Herausforderung und Chance: Die Kirche konnte sich dadurch auf ihren eigentlich Zweck konzentrieren, die Gemeinde wurde dadurch fester und stabiler.

Konnte man sich in der DDR konfirmieren lassen?

Man konnte. Neben der Jugendweihe, die es seit 1852 in Deutschland als weltliche Feier gibt und in der DDR ab Mitte der 50er Jahre eingeführt wurde, fanden Konfirmation und Kommunion statt. Die Zahl der Konfirmanden in der DDR war rückläufig, was aber mit der allgemeinen Säkularisierung zusammenhing. Zudem waren die Jugendstunden, die der Vorbereitung auf die Jugendweihe dienten, oft interessanter als die Christenlehre, mit der die Heranwachsenden aufs Abendmahl vorbereitetet wurden. Zutreffend allerdings war auch, daß die Teilnahme an der Jugendweihe den Zugang zur Erweiterten Oberschule (EOS) erleichterte. Zuweilen wurde die Aufnahme Jugendlicher, die nur konfirmiert worden waren, verhindert oder erfolgte erst nach Intervention. Die Konfirmation war ein Bekenntnis zum christlichen Glauben. Das Gelöbnis, welches bei der Jugendweihe gesprochen wurde, war eine Verpflichtung auf die sozialistische Gesellschaft. Insofern hatten beide Bekenntnischarakter. Wer unüberbrückbare Gegensätze darin sah, entschied sich für das eine oder das andere. Viele sahen diese nicht und machten beides.

Warum standen Christen vor Gericht?

Wenn Christen vor Gericht standen, dann, weil sie gegen geltendes Recht verstoßen hatten. Anders gesagt: sie standen nicht als Christen und wegen ihres Glaubens vor Gericht, sondern als vermutliche Straftäter. Als Beleg für die „Verfolgung von Christen" werden heute beispielsweise Prozesse genannt, in denen Personen aus der Glaubensgemeinschaft der „Zeugen Jehovas" – die 1950 von der Liste der zugelassenen Religionsgemeinschaften gestrichen wurde – angeklagt waren. Nach 1990 kamen Richter und Staatsanwälte, die an diesen Prozessen mitwirkten, wegen Rechtsbeugung vor bundesdeutsche Gerichte. Wer an die freundlich-hilflos-aufdringlichen Prospektverteiler dieser Glaubensgemeinschaft denkt, die gelegentlich an unseren Türen klingeln, sollte nicht vorschnell meinen, es sei doch Privatsache, ob jemand etwa glaubt, das jüngste Gericht stehe bevor. Mit ihrer Weltuntergangslehre nämlich verbanden die Zeugen Jehovas die Befürwortung eines nächsten Krieges, der die Menschheit reinigen würde, und traten insbesondere gegen die Ächtung der Atombombe auf. Sie verbreiteten diese Ansicht bei ihren Haus-zu-Haus-Besuchen. Das erfüllte nach DDR-Recht den Tatbestand staats- und völkerfeindlicher Hetze. Es geht also nicht mehr um die Frage der verbürgten Gewissens- und Glaubensfreiheit, wenn aus religiös motivierten Haltungen und Handlungen gegen geltendes Recht eines Staates verstoßen wird, sondern schlicht um die Prüfung eines Straftatbestands.

Anfang der 60er Jahre entwickelte man in der DDR andere Strategien im Umgang mit den „Zeugen Jehovas". Die Aufklärung über diese Sekte und oppositionelle Gruppen einstiger Sektenanhänger wurde gefördert. Die letzten Verhaftungen von „Zeugen Jehovas" wegen ihrer Tätigkeit für die Sekte erfolgten Mitte der 60er Jahre. Anschließend wurden ausschließlich ordnungsrechtliche Maßnahmen angewandt (Auflösung von Versammlungen, Einschränkung der Einschleusung und Verbreitung der Sekten-Literatur, Behinderung besonders aufdringlicher Werbe-Aktivitäten). Eine Ausnahme bildeten Inhaftierungen solcher „Zeugen Jehovas", die jeglichen Wehrdienst, auch den Dienst als Bausoldat, verweigerten. Sie wurden nach § 256 des StGB der DDR (Wehrdienstentziehung und Wehrdienstverweigerung) verurteilt. Wegen Totalverweigerung wurden auch in der BRD zahlreiche „Zeugen Jehovas" inhaftiert. Während alle einst in der DDR inhaftierten Wehrdienstverweigerer inzwischen rehabilitiert wurden, ist von analogen Maßnahmen in den alten Bundesländern nichts bekannt.

Wer heute von „Leid und Trauer", die das MfS über die Zeugen Jehovas gebracht habe, spricht, sollte nicht vergessen, daß diese Sekte auch heute noch das Leben vieler zerstört. Oft schon als Kinder und Jugendliche werden Menschen durch massive Indoktrination zur Aufgabe beruflicher Qualifizierungen, zum Verzicht auf gesellschaftlichen Aufstieg sowie zur absoluten Unterordnung jeglicher persönlicher Interessen unter die Gebote der Sekte verleitet.

Warum spricht man von Gleichschaltung der Kirche im Sozialismus?

Der Begriff „Gleichschaltung", auf das Verhältnis von Staat und Kirchen in der DDR bezogen, ist absolut unangebracht. Von einer „Gleichschaltung" sprechen jene, die der DDR vorwerfen, sie habe die Kirchen politisch mißbraucht, oder jene, die den Kirchen vorhalten wollen, sie hätten sich politisch mißbrauchen lassen.

Auf staatlicher Seite verlangte niemand, daß die Kirchen sich „verstaatlichen" ließen – und das steckt ja wohl in dem Wort „Gleichschaltung". Anders ausgedrückt: Der Staat betrachtete die Kirchen weder als verlängerten Arm seines eigenen Wirkens, noch betrachteten die Kirchen sich selbst als Teil der staatlichen Macht.

Justiz

Wer hat in der DDR die Gesetze gemacht?

Wie in fast allen Staaten wurden auch in der DDR die Gesetze vom Parlament gemacht, das Volkskammer hieß. In ihm waren alle Parteien sowie gesellschaftliche Organisationen wie die Gewerkschaft, der Frauenbund und die Jugendorganisation vertreten. Vor der Beratung und Beschlußfassung in der Volkskammer wurden die Gesetze in diesen Parteien und Organisationen beraten. Die Meinung, die sich in der SED gebildet hatte, war dabei von größtem Gewicht. Die SED hatte nach der Verfassung der DDR die führende Rolle im Staat. Das wurde von den anderen Parteien anerkannt, deren begründete Vorschläge jedoch keinesfalls übergangen wurden. Wichtige Gesetzentwürfe, wie die zum Familien- und Arbeitsgesetzbuch, wurden vorher in Betrieben und Wohngebieten mit der Bevölkerung diskutiert. Vorschläge und Kritiken aus diesen Diskussionen wurden aufgenommen und in neue Entwürfe eingearbeitet, die der Volkskammer zur Beschlußfassung vorgelegt wurden.

Gab es in der DDR überhaupt Möglichkeiten, sein Recht einzuklagen?

Jedem Bürger war es möglich, sein Recht einzuklagen. Die Möglichkeiten zu klagen waren in vieler Hinsicht leichter und einfacher als in der BRD. Man brauchte z. B. nicht unbedingt einen Rechtsanwalt, es gab keinen Anwaltszwang. Die Kosten der Gerichtsverfahren waren wesentlich niedriger, die Gesetze einfacher, leichter verständlich, Rechtsstreitigkeiten waren wesentlich seltener, da es zwischen den volkseigenen Betrieben und den Bürgern nicht derartige Interessengegensätze gab wie zwischen Privatunternehmern und ihren Kunden. Auch die Zahl der Straftaten war um ein vielfaches geringer. Ein wesentlicher Grund dafür war, daß alle Arbeit hatten. Niemand mußte aus Not stehlen, kaum jemand kam aus Langeweile auf den Gedanken, sich mit kriminellen Handlungen Abwechslung zu verschaffen.

Was es nicht gab, waren Verwaltungs- und Verfassungsgerichte. Die DDR hatte wegen des volksfeindlichen Charakters, den speziell diese Justizorgane in der Weimarer Republik gehabt hatten, solche Gerichte nicht gebildet. Der Wille der gewählten Abgeordneten der Volkskammer sollte nicht durch eine kleine Zahl von Richtern eines Verfassungsgerichts zunichte gemacht werden können. Gegen Verwaltungsakte konnte man bis 1988 ausschließlich mit Beschwerden, die Eingaben genannt wurden, an die jeweils höheren Instanzen oder an den Staatsrat vorgehen. Ab 1989 konnten DDR-Bürger bestimmte Verwaltungsentscheidungen durch die Gerichte überprüfen lassen.

War die Justiz unabhängig?

Die Richter waren nach Art. 96 der Verfassung in ihrer Rechtsprechung unabhängig und nur an die Verfassung, die Gesetze und anderen Rechtsvorschriften gebunden. Art. 94 der DDR-Verfassung sagte: „Richter kann nur sein, wer dem Volk und seinem sozialistischen Staat treu ergeben ist und über ein hohes Maß an Wissen und Lebenserfahrung, an menschlicher Reife und Charakterfestigkeit verfügt." In der BRD schwört der Richter, „das Richteramt getreu dem Grundgesetz für die Bundesrepublik Deutschland und getreu dem Gesetz auszuüben".

Die tatsächlichen Verhältnisse wirken jedoch auf vielfältige Weise auf Richter ein und veranlassen sie, sich so zu verhalten, wie Staat und Gesellschaft es von ihnen erwarten. Das war in der DDR so, und das ist in anderen Staaten und auch in der BRD genauso.

Dr. Rolf Lamprecht, der jahrelang für das Nachrichtenmagazin „Der Spiegel" aus Karlsruhe von den höchsten deutschen Gerichten berichtete, sprach vom „Mythos der Unabhängigkeit" und widmete dem ein ganzes Buch. In diesem Buch ist auch die Feststellung enthalten, „daß sich Unabhängigkeit und Beförderungsehrgeiz ausschließen". Lamprecht zitiert auch einen der höchsten deutschen Richter mit den Worten: „Je mehr Richter wir haben, desto geringer wird wahrscheinlich der Anteil wirklich unabhängiger Richter."

Ein drastisches Beispiel dafür lieferte die BRD-Justiz bei der Bewältigung der DDR-Vergangenheit. Während fast alle Rechtsprofessoren die Bestrafung von Grenzsoldaten, Richtern und anderen DDR-Funktionären für unmöglich hielten, hielten ausnahmslos alle Gerichte das Verhalten dieses Personenkreises grundsätzlich für strafwürdig und sprachen nur im Einzelfall frei, weil dem Täter das vorgeworfene Verhalten nicht nachgewiesen werden konnte. Sie folgten damit dem Justizminister, der 1991 vor dem Deutschen Richtertag erklärt hatte: „Ich baue auf die deutsche Justiz. Es muß gelingen das SED-System zu delegitimieren."

Wie funktionierte die Rechtsprechung?

Wie in jedem anderen zivilisierten Staat. Gerichte urteilten über Gesetzesverstöße, über familienrechtliche und arbeitsrechtliche Streitigkeiten und über Streit zwischen Mietern und Vermietern oder sonstige zivilrechtliche Streitfragen. Die Gerichte waren mit Berufsrichtern und Schöffen, d. h. Laienrichtern, besetzt. Alle Richter wurden für vier Jahre gewählt, die Schöffen in ihren Betrieben oder Wohngebieten.

Die Gerichte urteilten schneller als in der BRD, und das Recht war weniger formal, leichter verständlich und auch moderner. Als in der BRD Homosexuelle noch bestraft wurden, war dies in der DDR schon längst nicht mehr der Fall, die Gleichberechtigung der Frau war im Recht der DDR seit 1949 anerkannt, in der BRD hatte bis 1957 noch der Mann das Sagen, und das Erbrecht entsprach besser den tatsächlichen Gegebenheiten, als es noch heute in der BRD der Fall ist. Die Menschen waren in der DDR sicherer vor kriminellen Handlungen. Während in der BRD auf 100.000 Einwohner 1987 exakt 7.269 bekanntgewordene Straftaten kamen, waren es in der DDR nur 651. Dies war zwar nicht das ausschließliche Verdienst der DDR-Justiz, aber sie hat dazu beigetragen.

Was waren die Konfliktkommissionen?

Konfliktkommissionen wurden in volkseigenen Betrieben der DDR gebildet. Sie waren sogenannte gesellschaftliche, d. h. nichtstaatliche Gerichte. Ihre Mitglieder wurden auf Gewerkschaftsversammlungen von den Angehörigen der Betriebe gewählt. Sie entschieden über Arbeitsrechtsstreitigkeiten, einfache Zivilrechtsstreitigkeiten wie Streit zwischen Grundstücksnachbarn und auch über Ordnungswidrigkeiten und geringfügige Straftaten wie Verleumdung oder Hausfriedensbruch. Gegen ihre Entscheidungen konnte Einspruch bei einem ordentlichen Gericht eingelegt werden. In Wohngebieten bestanden gesellschaftliche Gerichte mit ähnlichen Befugnissen. Konfliktkommissionen und gesellschaftliche

Gerichte entlasteten die ordentlichen Gerichte, beteiligten weite Kreise der Bürger an der Rechtsprechung und hatten einen hohen erzieherischen Wert, weil den Betroffenen an der Meinung und dem Werturteil ihrer Kollegen und Nachbarn gelegen war.

Gab es in der DDR politische Gefangene?

Ja, wie in jedem Staat gab es auch in der DDR politische Gefangene. Wie die Bundesrepublik leugnete auch die DDR diese Tatsache. Eine Ursache dafür ist, daß der Begriff des politischen Gefangenen und des politischen Verbrechens schwer zu bestimmen ist. Brandstiftung kann ein kriminelles oder, wie beim Reichstagsbrand 1933, ein politisches Verbrechen sein. Wenn man zu einem Polizisten „Bulle" sagt, kann das eine gewöhnliche Beleidigung sein oder als politisches Vergehen angesehen werden. Dadurch läßt sich die Zahl der politischen Gefangenen aus der Kriminalstatistik schwer oder gar nicht ablesen.

Einer der schärfsten Kritiker der DDR und ihrer Justiz, Karl Wilhelm Fricke, gab in seiner Schrift „Politik und Justiz in der DDR" für die Zeit von 1950 bis 1968 eine Zahl von 45.615 „in westlichen Archiven registrierte Verurteilungen" an. Sauer und Plumeyer berichteten in ihrem „Salzgitter-Report" für die Zeit von 1961 bis 1968, für die Fricke 16.435 Verurteilungen ermittelt hatte, nur über 2.808.

Auch in der Bundesrepublik gibt es keine aussagekräftigen Statistiken über politische Verurteilungen. Nach Alexander von Brünneck, „Politische Justiz gegen Kommunisten in der Bundesrepublik Deutschland", und Diether Posser, „Anwalt im Kalten Krieg", haben in der BRD von 1951 bis 1968 wenigstens 125.000 Ermittlungsverfahren nur gegen Kommunisten oder Menschen, die man dafür hielt, stattgefunden. Nach dem Beitritt der DDR zur BRD gab es – wie der dafür zuständige Generalstaatsanwalt Schaefgen berichtete – 100.000 Ermittlungsverfahren gegen Beschuldigte. Bei den Beschuldigten handelte es sich um Menschen, die nach DDR-Gesetzen gehandelt hatten (Richter, Staatsanwälte, Grenzsoldaten, Politiker und Angehörige des Nachrichtendienstes der DDR, die in der BRD tätig gewesen waren). Während die Spione des BND der BRD belohnt wurden, sind DDR-Bürger für gleiches Verhalten von der Justiz verfolgt worden. Die Mehrzahl der deutschen Rechtsprofessoren, die sich mit dieser Frage beschäftigten, hielten die Anklagen und Urteile in diesen Verfahren für ungesetzlich und für eine Menschenrechtsverletzung. Ihre Auffassung blieb jedoch von den Gerichten bis zum Bundesverfassungsgericht unbeachtet. Das war politische Justiz in großem Umfang. In der DDR gab es derartige Verfolgungen von ganzen Personengruppen nicht. Bestraft wurden Täter, die sich bewußt gegen die DDR gestellt und ihre Gesetze verletzt hatten.

Welches Strafmaß gab es für politisch Verurteilte?

Diese Frage kann man genauso wenig beantworten wie die Frage, welches Strafmaß gab es für kriminelle Verbrecher. Es gab leichte und schwere politische Straftaten und demzufolge leichte und schwere Strafen. Schwere Strafen erhielten z. B. Spione. Ihre Strafen betrugen selten weniger als sechs Jahre. Als es noch die Todesstrafe gab, konnten sie zum Tode verurteilt werden, später war lebenslänglich die Höchststrafe und Strafen zwischen acht und zwölf Jahren wohl die häufigsten. Die Verhältnismäßigkeit von Vergehen und Strafe hat sich mit der Konsolidierung der DDR stark gewandelt. In den Anfangsjahren wurde auch die Beleidigung von Symbolen oder Würdenträgern des Staats oder der sowjetischen Besatzungsmacht härter geahndet, so daß Personen auch für diese heute belanglos erscheinenden Vergehen (z.B. die Verbreitung sog. „politischer Witze") belangt werden konnten.

Bei der Beurteilung der Strafhöhe muß man berücksichtigen, daß politische Straftäter zwischen der DDR und der BRD ausgetauscht wurden. Außerdem fanden in der DDR häufig Amnestien statt. Schließlich konnte bei Verbüßung der Hälfte bis zwei Dritteln der Strafe mit einer Strafaussetzung auf Bewährung gerechnet werden. So standen die Strafen in dieser Höhe häufig nur auf dem Papier. Sie sollten andere Täter abschrecken.

Gab es die Todesstrafe?

Die Todesstrafe war in der DDR bis 1987 gesetzlich zulässig, tatsächlich ist das letzte Todesurteil wegen Spionage 1981 gesprochen und vollstreckt worden. Davor war lange Zeit kein anderes Todesurteil ausgesprochen worden. Karl Marx, von dessen Lehren sich die DDR sonst leiten ließ, war ein Gegner der Todesstrafe. In der Sowjetunion und in den anderen sozialistischen Ländern wurde jedoch die Todesstrafe für notwendig gehalten. Dieser Auffassung hatte sich die DDR angeschlossen.

Warum kam man ins Gefängnis, wenn man eine kritische Meinung äußerte?

Für Kritik kam niemand ins Gefängnis. Verboten war es allerdings, Propaganda für den Nationalsozialismus oder für Organisationen und Staaten zu machen, die der DDR feindlich gegenüberstanden und die in der DDR wieder kapitalistische Verhältnisse herstellen wollten. Gegen die DDR, wie gegen alle sozialistischen Länder, wurde ein kalter Krieg geführt. Dazu gehörte vor allem eine Propaganda, die die Menschen gegen die DDR beeinflussen sollte. Man nennt das auch psychologische Kriegführung oder ideologische Diversion. Durch solche Methoden sollten und sollen noch heute fremde Staaten destabilisiert und Regierungen gestürzt werden. Diese Methode wurde vor 1990 von der BRD gegen die DDR angewandt und wird noch heute besonders von den USA gegen verschiedene Länder praktiziert, deren Politik sich nicht den USA unterordnet.

Die DDR mußte sich gegen die Angriffe des Westen zur Wehr setzen. Dazu diente u.a. die Bestrafung von Personen, die diese Art von Kriegführung unterstützten. Die Bundesrepublik dagegen bestrafte die kritische Meinung von Kommunisten und Anhängern der Friedensbewegung, die die Existenz der BRD nicht gefährdeten.

Warum konnten Russen Deutsche einsperren?

Die sowjetische Besatzungsmacht konnte Deutsche in der Vergangenheit aus den gleichen Gründen einsperren wie Amerikaner, Engländer oder Franzosen es taten. Diese Besatzungsmächte übten nach der Niederlage der Nazis im 2. Weltkrieg gemeinsam im sogenannten Alliierten Kontrollrat die Regierungsgewalt über Deutschland aus. Alle Besatzungsmächte konnten Deutsche „einsperren" und haben das getan. Es war eine Notwendigkeit zur Bestrafung der Verbrecher, die Millionen Tote auf dem Gewissen hatten und zur Überwindung des Einflusses der Lehren Hitlers auf die deutsche Bevölkerung.

Innerhalb der vier Besatzungszonen hatte jeweils die betreffende Besatzungsmacht die Regierungsgewalt über ihre Zone. Alle Besatzungsmächte inhaftierten Nazis und Kriegsverbrecher und verurteilten sie auch und zwar für schwerste Verbrechen mit der Todesstrafe. Gemeinsam fand ein solcher Prozeß der vier Besatzungsmächte in Nürnberg statt. In ihm wurden die Hauptkriegsverbrecher in zwölf Fällen zum Tode verurteilt, andere zu lebenslangen Freiheitsstrafen. Drei der Angeklagten wurden freigesprochen.

In den drei Westzonen waren ca. 200.000 Personen in Internierungslagern in Haft, davon in der amerikanischen Zone 100.000. In der sowjetischen Besatzungszone waren insgesamt 122.672 Personen interniert.

Wieso gab es in der DDR Schauprozesse? Was sind die Waldheimer Prozesse?

In der DDR waren Gerichtsverhandlungen grundsätzlich öffentlich. Normalerweise gab es bei den Verhandlungen wenig Zuhörer, weniger als in der Vergangenheit, weil alle Menschen arbeiteten und keine Zeit hatten, Gerichtsverhandlungen zu besuchen. Wenn jedoch Personengruppen an bestimmten Verhandlungen interessiert waren, wurde ihnen die Teilnahme ermöglicht. Diese Verhandlungen hießen in der DDR Verhandlungen vor erweiterter Öffentlichkeit.

Der Begriff „Schauprozesse" soll in Verbindung mit der DDR Gerichtsverhandlungen in die Nähe von Theatervorstellungen rücken. In der DDR sollten jedoch die Menschen das Recht kennenlernen. In der Weimarer Republik hatte der berühmte Jurist Eugen Schiffer die Beziehung zwischen Volk und Justiz mit den Worten von der Rechtsfremdheit des Volkes und der Volksfremdheit des Rechts charakterisiert. Das sollte überwunden werden. So erhielten Schulklassen vor der Jugendweihe, Arbeitskollektive, wenn es sich um Fragen des Arbeitsschutzes handelte oder Mitarbeiter im Außenhandel, wenn es um Bestechungsversuche durch ausländische Handelspartner ging, die Möglichkeit, an Gerichtsverhandlungen teilzunehmen.

Die Prozesse, die 1950, also fünf Jahre nach Kriegsende und ein Jahr nach der Gründung der DDR, in Waldheim stattfanden, sind nicht typisch für Gerichtsverfahren in der DDR. Die DDR erhielt damals 3.442 von der sowjetischen Besatzungsmacht festgenommene Personen übergeben, die in den nach dem Ende des Dritten Reichs eingerichteten und 1950 aufgelösten sowjetischen Speziallagern einsaßen. Es waren Personen, die wegen Nazi- und Kriegsverbrechen angeklagt werden sollten. Die Prozesse fanden größtenteils nicht öffentlich statt, so daß Waldheim gerade kein Beispiel für „Schauprozesse" ist.

Damals sind Rechtsgarantien für die Angeklagten schwer verletzt worden sind. So hatten die sowjetischen Behörden keine Akten, sondern nur Haftbegründungen übergeben, für die Anklageschriften wurde eilends recherchiert, die Verhandlungen waren kurz und ohne Zeugenverhöre. In 32 Fällen ergingen Todesstrafen, es wurden zum Teil langjährige Haftstrafen verhängt. Die Verurteilten wurden nach 1990 rehabilitiert und erhielten Haftentschädigungen – ohne Rücksich darauf, ob sie Verbrechen begangen hatten.

Bei dem Urteil über diese Prozesse ist die damalige Zeit zu berücksichtigen. In vielen europäischen Ländern wurden Kriegs- und Naziverbrecher anfangs hart und manchmal auch willkürlich bestraft. Es fanden, wie Henke und Woller in ihrem 1991 erschienenen Buch „Politische Säuberung in Europa" schrieben, „wilde Säuberungen" statt, „die 100.000 Todesopfer gefordert haben dürften". Darüber hinaus kam es, wie sie weiter schrieben, „zu Hunderttausenden von Gerichtsverfahren. Dabei dürften wohl fast 15.000 Todesurteile verhängt worden sein."

Wie hat die DDR mit der RAF zusammengearbeitet?

Die DDR hat nicht mit der RAF zusammengearbeitet. Marxisten sind gegen den individuellen Terror, und die DDR lehnte deswegen die Handlungen der Roten Armee-Fraktion als schädlich für die Arbeiterbewegung ab. Erich Honecker wurde vorübergehend von Medien und auch von der BRD-Justiz beschuldigt, die RAF unterstützt zu haben. Diese Beschuldigung wurde aber fallengelassen, weil sie sich als haltlos erwies. Die DDR nahm allerdings RAF-Aussteiger auf und verhalf ihnen zu einem Neuanfang in der DDR. Das schadete niemandem, ermöglichte den Betreffenden die Trennung von der RAF und verhütete so weitere Verbrechen. In dieser Hinsicht leistete die DDR einen wirksamen Beitrag für die innere Sicherheit der Bundesrepublik.

Wurden Kinder ins Gefängnis gesteckt?

Nein. In der DDR begann die sogenannte Strafmündigkeit mit dem 18. Lebensjahr. Darunter (bis 14 Jahren) war man strafunmündig, zwischen 14 und 17 Jahren bestand eine bedingte Strafmündigkeit. Nach dem Selbstverständnis der DDR mußte man nicht nur Gestrauchelten die Chance zur Integration geben. Man nahm auch prophylaktisch Einfluß auf Heranwachsende, bei denen die Gefahr bestand, sie könnten auf „die schiefe Bahn" zu geraten.

Die Jugendhilfe, ein Arbeitsgebiet der Abteilung Volksbildung der örtlichen Staatsorgane, betreute elternlose, familiengelöste und entwicklungsgefährdete Kinder und Jugendliche. Sie veranlaßte die Einweisung in Normalheime, von erziehungsschwierigen oder straffälligen Minderjährigen in Spezialheime („Jugendwerkhof") oder die Betreuung von Vollwaisen in Kinder- und Jugendwohnheimen.

Ein längerer Aufenthalt im Jugendwerkhof war mit einer Berufsausbildung verbunden. Wichtig war vor allem, daß Heranwachsende aus dem für sie gefährlichen Milieu herauskamen und in einer anderen Umgebung sich ohne schlechten Einfluß entwickeln konnten. Auch wenn dort die Freizügigkeit zwangsläufig eingeschränkt war, handelte es sich nicht um eine Justizvollzugsanstalt. Die DDR definierte Jugendwerkhöfe als „staatliches Spezialheim zur Umerziehung schwererziehbarer und straffällig gewordener Jugendlicher zu vollwertigen Mitgliedern der Gesellschaft".

Konnte die Polizei Wohnungen durchsuchen?

Ja und nein. Die Privatsphäre der DDR-Bürger war qua Gesetz so geschützt wie die der Bundesbürger. Die Polizei durfte nicht einfach in Wohnungen eindringen oder sie gar in Abwesenheit durchsuchen. Wenn, was durchaus vorkam, Wohnungen im Zusammenhang mit einer Straftat oder ähnlichem von der VP in Abwesenheit des Inhabers geöffnet wurden, mußten mindestens zwei Hausbewohner als Zeugen dem Vorgang beiwohnen. Das heißt: Damit wurde er öffentlich. Das geschah auch zum Schutz der Polizisten, um zu verhindern, daß anschließend behauptet werden konnte, dieses oder jenes sei gestohlen worden.

Praxis war es jedoch auch, daß – wie hierzulande vom Verfassungsschutz – im Rahmen sogenannter Prävention, also Abwehr möglicher Straftaten, Wohnungen illegal vom MfS durchforscht und/oder „Wanzen" installiert wurden. Die Tatsache, daß dies heute gängige Übung ist, welche mit dem Kampf gegen den Terrorismus oder die organisierte Kriminalität begründet wird, macht den Vorgang nicht appetitlicher. Es war und es ist Einbruch.

Gab es weniger Straftaten und Gewalt?

Eindeutig ja. Kriminalität ist ja nicht angeboren, sondern hat – in aller Regel – soziale Ursachen. Deshalb meinte man in der DDR zunächst, daß mit dem Sozialismus die Kriminalität völlig aussterben werde. Diese Annahme erwies sich als Unsinn. Es gibt durchaus charakterliche Dispositionen (Neid, Mißgunst, Faulheit, Egoismus etc.), die auch unter sozialistischen Bedingungen zum Handlungsmotiv werden können. Statt mit Arbeit Geld zu verdienen, wird die Sache eben gestohlen. Das geht schneller.

Daß es dennoch einen kausalen Zusammenhang zwischen dem Charakter der Gesellschaft und der Verbrechensstatistik gibt, offenbart allein ein Blick in die USA, das Mutter- und Hauptland des Kapitalismus. Im Jahre 2000 saßen dort mehr als zwei Millionen Menschen hinter Gittern, das war jeder 140. Bürger. Damit habe die „Sträflingsquote" in der Vormacht der demokratischen Welt bereits die der Sowjetunion unter Stalin, also zu Zeiten des GuLag, überschritten, schrieb damals die „Wirtschaftswoche". Weitere 3,5 Millionen Amerikaner stünden „unter Strafaufsicht", das sind zur Bewährung ausgesetzte oder nicht vollzogene Strafen. Das bedeutet: Im „freiesten Land der freien Welt" käme jeder 50. Bürger mit dem Gesetz in Konflikt – eine weltweit sicher nirgends überbotene „Kriminalitätsrate". Sie setze sich überwiegend aus Mundraub, Ladendiebstahl und Widerstand gegen die Staatsgewalt zusammen.

Justiz

Daß die Zahl der Straftaten erheblich geringer war, hatte sowohl mit den politischen Verhältnissen, also den kollektiven Hilfs- und Kontrollmaßnahmen zu tun. Es lag aber auch an den wirtschaftlichen Bedingungen.

Es gab zum Beispiel keinen Drogenmarkt und folglich auch keine Beschaffungskriminalität. Für die Drogenhändler und -dealer war die DDR-Mark uninteressant (nicht konvertierbare Währung), ungeachtet dessen hätten sie angesichts der effektiven Tätigkeit der Schutz- und Sicherheitsorgane der DDR kaum eine Chance gehabt.

Das gleiche traf auf das Rotlichtmilieu zu: Das gab es nicht. Hilfreich war ferner: Es gab Waffen weder legal noch illegal zu kaufen, die Zahl der berufsmäßigen Waffenträger blieb jederzeit überschaubar.

Gewalt in der Öffentlichkeit, an Schulen oder auf der Straße, wie wir sie heute erleben, war unbekannt. Das hing auch mit dem Selbstverständnis der Gesellschaft zusammen. Gemeinsinn rangierte vor Eigensinn. Nicht der Stärkere setzte sich durch, sondern der Bessere. Ellenbogen zur Durchsetzung individueller Interessen einzusetzen war gesellschaftlich verpönt.

In der heutigen Gesellschaft gilt jedoch das Recht des Stärkeren. In der Wirtschaft schluckt der Große den Kleinen, der Clevere macht den Zauderer platt. Die Konkurrenz wird mit allen Mitteln ausgetragen und ausgelebt. Auch und vor allem mit den Mitteln der Gewalt.

Dieses Prinzip prägt die heutige Gesellschaft bis ins letzte Glied.

Worin unterschieden sich NVA und Bundeswehr?

Die Nationale Volksarmee der DDR war etwas Neues in der deutschen Militärgeschichte. Während die Bundeswehr erklärter Nachfolger des kaiserlichen Heeres, der Reichswehr und der Wehrmacht war, sollte die neue Armee zwar nationalen Anspruch repräsentieren, aber von den Interessen des Volkes dominiert sein. Eine sozialistische Armee hatte es bis dato in Deutschland noch nicht gegeben.

Der Unterschied zwischen beiden Armeen bestand aber nicht nur in der Tradition, sondern in ihrem Auftrag, dem sozialpolitischen Profil ihres Offizierskorps, in ihren Bündnisbeziehungen und der Effizienz ihrer Ausbildung.

Die NVA hatte die Aufgabe, den Frieden durch den bewaffneten Schutz der DDR und ihrer sozialen Errungenschaften zu sichern.

Die Bundeswehr war (und ist) beauftragt, die freiheitlich-demokratische Ordnung zu verteidigen und Frieden zu sichern. Das Friedensmotiv deckt sich formal mit dem der NVA. („Von deutschem Boden soll nie mehr Krieg, sondern nur Frieden ausgehen.")

Nach der Vereinigung bekam die bis dahin eher gemäßigte Außenpolitik der Bundesrepublik eine militärische Komponente. Inzwischen befinden sich mehr als 10.000 Bundeswehrsoldaten im Auslandseinsatz. Die Bundeswehr wird erkennbar zu einer Interventionsarmee umgebaut. Verteidigungsminister Struck erklärte im Februar 2003, daß die Freiheit der Bundesrepublik auch am Hindukusch verteidigt werde.

Die Mehrheit des Offizierskorps der NVA stammte aus der Arbeiterklasse und fühlte sich einer sozialistischen Politik verpflichtet. Das Offizierskorps der Bundeswehr rekrutierte sich zu großen Teilen aus der gesellschaftlichen Oberschicht und der Mittelklasse. Es fühlt sich mehrheitlich einer konservativen Staatspolitik verpflichtet.

Vorbild und wichtigster „Waffenbruder" der NVA war die Sowjetarmee, auf der anderen Seite war das die US-Army.

Die NVA war seit 1962, wie die Bundeswehr, eine Wehrpflichtarmee. Inzwischen geht die Entwicklung in Richtung Berufsarmee.

Unparteiische Beobachter bescheinigten der militärischen

Armee

Ausbildung der NVA ein wesentlich höheres Niveau. Der demokratische Grundtenor („Bürger in Uniform") in der Bundeswehr sei der militärischen Disziplin und ihrer Durchsetzung nicht in jedem Falle dienlich.

Warum hatte die DDR soviel Militär?

Hatte sie das? Welche Vergleichszahlen liegen zugrunde? Zunächst: Nicht jeder, der in der DDR Uniform trug, war auch ein Militär. Ziehen wir also ab: die Volkspolizei (die kasernierten Einheiten des Ministeriums des Innern [MdI] ausgenommen), das Ministerium für Staatssicherheit (mit Ausnahme des Berliner Wachregiments), die Einheiten der Zivilverteidigung und die Kampfgruppen der Arbeiterklasse. Um das Bedrohungspotential der DDR auch noch postum zu erhöhen, wird in manchen Darstellungen gern, aber fälschlich alles zum militärischen Verteidigungsapparat zugerechnet.

Die DDR hatte ein modernes System der Landesverteidigung, das seine Struktur in den 60er Jahren erhielt. Dazu gehörten die Armee (NVA), die Grenzsicherungskräfte und die Kräfte der territorialen Verteidigung. Alle anderen bewaffneten Organe hatten Aufgaben auf dem Gebiet der inneren Sicherheit oder waren zur Selbstverteidigung bewaffnet (z. B. der Zoll).

Anfang der 80er Jahre betrug die personelle Stärke der NVA 172.000 Mann, die der Grenztruppen etwa 40.000. Die kasernierten Einheiten des MdI (21 Polizeibereitschaften und 8 Einsatzkompanien der Transportpolizei) zählten etwa 20.000 Mann. Die Kampfgruppen hatten eine Gesamtstärke von etwa 200.000. Sie waren eine Miliz, also nicht kaserniert. Die Kampfkräfte (etwa 80.000 dieser 200.000 Mann) waren mobil und konnten aufgrund ihrer Bewaffnung als Streitkräfte gelten. Das Wachregiment des MfS stellte 11.000 Mann und sorgte für den bewaffneten Schutz des Nationalen Verteidigungsrates und anderer zentraler Staatsorgane.

Im Falle eines Krieges (zwischen den Paktsystemen) wäre die gesamte DDR Frontzone geworden. Die DDR lag in der strategischen Hauptrichtung der möglichen Kriegshandlungen der Streitkäfte beider Bündnisse.

Zwei Versionen wurden für möglich gehalten:

Die Vereinten Streitkräfte (in diesem Falle Kräfte der Sowjetarmee, der NVA und der polnischen Armee) verhindern das Vordringen von NATO-Streitkräften auf das Territorium der DDR und verwirklichen die bis 1987 gültige strategische Konzeption: Zerschlagung des Gegners auf seinem Territorium. Dann wäre die DDR Durchgangsraum für die aus Polen und Belorußland nachrückenden Kräfte gewesen.

Oder, Version 2, dem Gegner würde es gelingen, das Territorium der DDR zu besetzen. Dann müßte das Verteidigungssystem unter Heranführung von Kräften aus Polen und Belorußland neu organisiert werden.

Für beide Optionen waren starke Territorialkräfte erforderlich.

Angesichts der Kräfte des potentiellen Gegners waren Zahl und Stärke des DDR-Militärs angemessen. Im übrigen betrachtete es die Friedenssicherung als seinen Klassenauftrag.

Die Streitkräfte der DDR können für sich in Anspruch nehmen, die einzigen in der deutschen Geschichte gewesen zu sein, die nie in eine kriegerische Handlung verstrickt waren und schließlich friedlich untergingen.

Worauf gründete sich Bildung und Einsatz der NVA?

Die Wehrgesetzgebung hatte im umfangreichen Rechtssystem der DDR einen festen Platz. Der Auftrag der NVA (bewaffneter Schutz der DDR nach außen) war in der Verfassung (Art. 7, Abs. 2) verankert. Das Gesetz über die Bildung der NVA und des Ministeriums für Nationale Verteidigung (MfNV) wurde am 18. Januar 1956 von der Volkskammer beschlossen. Später folgten das Verteidigungsgesetz, das Wehrdienstgesetz und das Grenzgesetz, in dem die Befugnisse der DDR-Grenztruppen festgelegt waren.

Zu jedem Gesetz beschloß der Nationale Verteidigungsrat (NVR) bzw. der Staatsrat/Ministerrat Durchführungsbestimmungen und Anordnungen.

Es gab auch Anordnungen mit Rechtscharakter zur Anwendung der Schußwaffen. Sie entsprachen im wesentlichen den Schußwaffenbestimmungen der BRD. Die vorsätzliche Tötung von Gesetzesverletzern (das illegale Überwinden der DDR-Grenzen war ein Gesetzesverstoß) sahen diese nicht vor.

Armee

Was war der Warschauer Vertrag?

Der Warschauer Vertrag (oder Warschauer Pakt, wie er im Westen unter bewußter Ausnutzung der negativen Bedeutung des Wortes „Pakt" genannt wurde) war das politisch-militärische Bündnis von acht sozialistischen Staaten Europas. Unmittelbarer Anlaß seiner Bildung war der Beitritt der BRD zur NATO 1955. Damit erfuhr der Kalte Krieg eine weitere Verschärfung.

Der Warschauer Vertrag wurde am 14. Mai 1955 in der polnischen Hauptstadt unterzeichnet. Mitglieder waren Albanien (Mitarbeit 1962 eingestellt), Bulgarien, die Tschechoslowakei, die DDR, Polen, Rumänien, die Sowjetunion und Ungarn. Kern der Übereinkunft war, die politische, ökonomische und militärische Zusammenarbeit zu entwickeln und kollektive Verteidigungsmaßnahmen vorzubereiten.

Die DDR hatte in diesem Bündnis ein besonderes Gewicht. In der zweiten Hälfte der 50er Jahre wurde das Territorium der BRD zur Hauptaufmarschbasis der NATO. Es wurden vier Divisionen aus den USA, drei britische und zwei französische Divisionen sowie Fliegerkräfte aus den USA, Kanada und Großbritannien stationiert. Das war die stärkste strategische Gruppierung der NATO.

Bis Mitte der 80er Jahre wuchs der Bestand auf 23 Divisionen, 34 selbständige Brigaden bzw. Regimenter und 1.220 Kampfflugzeuge an. Das bedeutete: 925.900 Mann unter Waffen. Zudem waren auf dem Territorium der Bundesrepublik 4.000 Kernwaffen eingelagert (Raketengefechtsköpfe, Bomben und Granaten).

Dem standen auf dem DDR-Territorium gegenüber: 20 sowjetische Divisionen (gegliedert in fünf Armeen) und eine sowjetische Luftarmee. Die Sowjetarmee unterhielt in der DDR drei Kernwaffenlager. Die Gruppe der sowjetischen Streitkräfte in Deutschland (GSSD) zählte etwas mehr als 400.000 Mann. Mit der NVA waren das etwa 600.000 Soldaten. Hinzu kamen 45.000 von den Grenztruppen, 200.000 Angehörige der Kampfgruppen sowie die Bereitschaftspolizei.

Das war die stärkste strategische Gruppierung des Warschauer Vertrages.

Beide Gruppierungen standen sich 35 Jahre unmittelbar gegenüber. Beide Seiten verfügten über Kräfte der Ständigen

Bereitschaft. Raketen- und Fliegerkräfte konnten in Minutenfristen starten.

Zur militärischen Führungsstruktur des Warschauer Vertrages gehörten: das Komitee der Verteidigungsminister, das Oberkommando (unter sowjetischer Dominanz), der Stab der Vereinten Streitkräfte, der Militärrat der Vereinten Streitkräfte und das Technische Komitee.

Zur politischen Führungsstruktur gehörten: der Politisch Beratende Ausschuß (der Partei- und Staatschefs), das Komitee der Außenminister und das vereinte Sekretariat. Diese Organe dienten der Abstimmung der Außen- und Sicherheitspolitik der Teilnehmerstaaten.

Das funktionierte über viele Jahre nicht zuletzt aufgrund des ökonomischen und militärischen Übergewichts der Sowjetunion in der Koalition, wodurch Abhängigkeiten entstanden. Trotz Gemeinsamkeiten zeigten sich auch Gegensätze im außen- und sicherheitspolitischen Handeln. Als die UdSSR ab Mitte der 80er Jahre, stärker als in den Jahren zuvor erkennbar, im eigenen nationalen Interesse handelte, ergaben sich für den Bündnispartner DDR existentielle Probleme, die schließlich zum Untergang des Landes führten.

Der Warschauer Vertrag löste sich 1991 auf. Der sowjetische Präsident Gorbatschow hatte 1990 der Ausdehnung der NATO auf das Territorium der DDR und dem Abzug der sowjetischen Truppen aus Deutschland bis 1994 zugestimmt. US-Truppen und Fliegerkräfte der USA sowie deren Kernwaffen sind unverändert in der Bundesrepublik stationiert.

Gab es Unterschiede zwischen den beiden Bündnissystemen?

Die NATO entstand 1949, im Kalten Krieg, als Verteidigungsbündnis der USA, Kanadas und einiger europäischer Staaten. Es war gegen die UdSSR gerichtet, denn als diese der NATO beitreten wollte, wurde ihr das verwehrt. Die Nordatlantische Allianz war ein Instrument der Außenpolitik der USA, die den Ostblock zunächst eindämmen („containment"), dann zurückrollen wollte („roll back").

Als Reaktion auf die Bildung der NATO kam es 1955 zum Warschauer Vertrag.

Zur NATO gehörten die wirtschaftlich stärksten Staaten in

Europa. Das wirkte sich zwangsläufig auf das Militärpotential aus. Obgleich die UdSSR bei den strategischen Waffen mit den USA gleichzog, blieb der Warschauer Vertrag die militärisch schwächere Koalition, obwohl damals von der östlichen und heute von der westlichen Propaganda das Gegenteil behauptet wurde bzw. wird.

Auf dem Territorium der DDR wurden vier internationale Manöver durchgeführt, zwei davon mit Einheiten aus allen sieben Streitkräften.

Mit der Auflösung des Warschauer Vertrags verschwand das vermeintliche oder tatsächliche Bedrohungspotential im Osten. Die NATO ist nicht nur noch existent, sondern dehnt sich immer weiter nach Osten aus. Inzwischen steht die NATO vor den Toren Rußlands. Und daß sie unverändert Instrument der Außenpolitik der USA ist, zeigte der Einsatz im Kosovo-Krieg 1999 oder am Golf 2003.

Wie war das mit der „Waffenbrüderschaft"?

Das Wort steht in einer Reihe von Wortbildungen, die sich aus der Charakterisierung der Sowjetunion und aller anderen sozialistischen Länder als Bruder(land) ableiteten. Solche Begriffe mögen heute pathetisch anmuten, und sie werden als Ausdruck propagandistischer Sprachmanipulation durch die SED gewertet. Ja, sie waren Teil offizieller Sprachregelungen, aber nur, wer ignoriert, vor welchem historischen Hintergrund sie gebildet und verwendet wurden und sich – in allerdings unterschiedlichem Maß – in der Alltagssprache wiederfanden, kann darin Verwerfliches sehen. Denn nachdem die Nazis jahrelang das Bild des bolschewistischen Untermenschen in die Köpfe gehämmert hatten, sollten nun auch die Sprachregelungen der Tatsache Rechnung tragen, daß mit dem Ende der Nazi-Diktatur und dem Neuanfang in jenen Ländern, die einen antifaschistisch-demokratischen und sozialistischen Weg einschlugen, friedliche, eben brüderliche Beziehungen der Völker möglich waren. Daß es eben nicht die Völker waren, die sich feindlich gegenüberstanden und einander in den Krieg getrieben hatten. Wer Krieg mit „Völkermentalitäten" erklärt, ist nicht nur Rassist, sondern will oder kann die im gesellschaftlichen System wurzelnden Ursachen nicht erkennen. Vor genau diesem Hintergrund prägte

Stalin seinen Satz: „Die Hitler kommen und gehen, das deutsche Volk bleibt." Wenn also vom Brudervolk gesprochen wurde, waren sowohl jegliche Abkehr von Naziideologien gemeint als auch das politische Bekenntnis zum neuen Charakter der Beziehungen der Völker.

Daß das sowjetische Vorbild auch das militärische Denken in der NVA prägte, gründete auf zwei Komponenten. Zum einen die Erfahrung des Überfalls auf die Sowjetunion 1941. Daraus wurde der Schluß gezogen, daß sich solches nie wiederholen dürfe. Damit zog der präventive Charakter in die Verteidigungsdoktrin, die bis 1987 galt.

Zum anderen gab es kaum eine sowjetische Familie, die nicht während des Großen Vaterländischen Krieges (wie man in der Sowjetunion und auch heute noch auf ihrem ehemaligen Gebiet den Verteidigungskampf der Völker der Sowjetunion gegen die Hitler-Aggression bezeichnet) Angehörige verloren hatte. Daraus resultierte eine tiefe Friedenssehnsucht.

Beide Momente bestimmten den Umgang miteinander, sie waren die Grundlage für gemeinsames Handeln.

Die NVA wurde seit etwa Mitte der 60er Jahre als vollwertiger Partner anerkannt. Einige hundert NVA-Offiziere hatten inzwischen an sowjetischen Militärakademien studiert. (Bis Ende 1989 sollten 6.400 NVA-Offiziere an Militärakademien in der DDR und in der UdSSR studiert haben. Ende der 80er Jahre wurde auch begonnen, Offiziere der verbündeten Armee an DDR-Akademien auszubilden.)

Ein besonderes Kapitel der Zusammenarbeit war die Überwachung des Luftraums. In beiden Armeen gab es dazu Diensthabende Systeme der Luftverteidigung. Dazu war ein unmittelbarer Kontakt zwischen Kommandeuren und Stäben erforderlich.

Beziehungen gab es auch auf der Ebene der höheren Kommandos. Auch hier kam vor allem die gemeinsame Ausbildung zum Tragen.

Gleichwohl beschränkten sich die meisten Kontakte auf Ausbildung und „Freundschaftstreffen" mit dem „Regiment nebenan". Das Sicherheitsinteresse der Sowjetunion gestattete keine individuellen Beziehungen, sie sollten sich auf den öffentlichen und offiziellen Raum beschränken.

Gab es auch Wehrmachtoffiziere in der NVA?

Ja. Auch in der DDR stützte man sich beim Aufbau der Streitkräfte auf ehemalige Berufssoldaten der Wehrmacht. Allerdings stieß das in der DDR-Bevölkerung auf Ablehnung und Unverständnis. Zählte man 1953 noch 519 ehemalige Wehrmachtsoffiziere und -unteroffiziere, war im Jahr 1960 ihre Zahl auf 129 reduziert worden.

Diese Militärs hatten keinen Einfluß auf die Militärpolitik der DDR, prägten jedoch in den 50er Jahren das hohe Niveau der Stabsarbeit und der Ausbildung an den Lehreinrichtungen. Es war allerdings kein Zufall, daß dieser Personenkreis, der sich zum Antifaschismus bekannte, zum großen Teil in Stalingrad 1942/43 in sowjetische Kriegsgefangenschaft geraten war. Zu ihnen gehörte auch Generalfeldmarschall Paulus, der die 6. Armee befehligte. Dieser ging nach der Kriegsgefangenschaft auf eigenen Wunsch 1955 nach Dresden, wo er 1957 starb. Es gehört zu den Legenden, daß er die NVA aufgebaut habe.

Der Bundeswehr gehörten etwa 10.000 ehemalige Wehrmachtoffiziere an, darunter 44 Generale, die bereits Hitler gedient hatten. Erster Generalinspekteur der Bundeswehr war General Heusinger, von 1940 bis 1944 Chef der Operationsabteilung des deutschen Heeres und damit einer der Hauptverantwortlichen der deutschen Aggressionskriege.

Wer hatte in der NVA das Sagen?

Die SED beanspruchte wie in allen Bereichen des Staates auch in der NVA die Führung. 1953 waren 53 Prozent der Offiziere in der Kasernierten Volkspolizei (KVP), der Vorläuferin der NVA, Mitglieder der SED. 1966 gehörten 96 Prozent aller NVA-Offiziere dieser Partei an. Das änderte sich bis zum Ende der DDR nicht. Der Anteil bei den Unteroffizieren und Soldaten bewegte sich zwischen 30 und 50 Prozent.

Alle grundsätzlichen Entscheidungen zur NVA fällte das Politbüro des ZK der SED, später der Nationale Verteidigungsrat (NVR), dem ausschließlich Mitglieder des Politbüros und des Zentralkomitees angehörten. Solange die SED-Führung das Vertrauen ihrer Mitglieder hatte und die Friedens- und Sozialpolitik von der Mehrheit der Bevölkerung getragen wurde, hatte das positive Wirkungen. Die NVA galt als eine der zuverlässigsten Armeen im Warschauer Pakt mit hoher Akzeptanz. Ende der 80er Jahre kam es zu einem rasanten Vertrauensverlust.

Gleichwohl erfüllte die NVA selbst 1989/90 ihre Ausbildungsaufgaben. Sie übernahm die Waffen des aufgelösten Ministeriums für Staatssicherheit (MfS), der Kampfgruppen und der Bereitschaftspolizei und sicherte diese.

Gegen das Volk, gegen das deutsche ebensowenig wie gegen irgendein anderes, wurde die NVA nie eingesetzt.

Die unmittelbare militärische Führung der Streikräfte erfolgte durch den Minister und seine Stellvertreter. Das waren Willi Stoph (1956-60), Heinz Hoffmann (1960-85), Heinz Keßler (1985-89) und Theodor Hoffmann (1989/90). Der Pfarrer Rainer Eppelmann (CDU) war vom Mai bis zum 2. Oktober 1990 „Minister für Abrüstung und Verteidigung".

Bis auf Theo Hoffmann, der 1956 der SED beitrat, gehörten die anderen bereits vor 1933 der KPD bzw. dem kommunistischen Jugendverband an.

Von den 28 NVA-Offizieren, die zwischen 1956 und 1990 als Stellvertretende Verteidigungsminister der DDR arbeiteten, war nur einer – Vincenz Müller – General in der Wehrmacht gewesen. Als Kommandierender General hatte Müller im Sommer 1944 die Kapitulation der 4. Armee erklärt und damit das Leben Zehntausender gerettet. Er war von 1953 bis 1956 Chef des Hauptstabes der KVP/NVA.

Oberster Befehlshaber aller Streitkräfte der DDR war der Generalsekretär des ZK der SED in seiner Eigenschaft als Vorsitzender des Nationalen Verteidigungsrates. Das waren nacheinander Walter Ulbricht, Erich Honecker und Egon Krenz.

Im Falle eines Krieges wären die Kampfverbände der NVA – und nur diese – dem Vereinten Oberkommando des Warschauer Vertrages unterstellt worden. Dieses Gremium wurde von der Sowjetunion dominiert.

Die operative Planung im Kriegsfalle wäre im Stab des Oberkommandos der sowjetischen Streitkräfte in der DDR gemeinsam mit dem Hauptstab der NVA erfolgt.

Armee

Wie stark war die NVA?

Die Frage läßt sich nur hypothetisch beantworten, da ja die Kampfkraft gottlob nie unter Kriegsbedingungen getestet werden mußte.

Die Landstreitkräfte der NVA bestanden aus sechs Divisionen. Im Vereidigungsfall wären noch weitere fünf mobilisiert worden. Unter Einbeziehung von je einer Raketenbrigade, einer Artilleriebrigade, einer Fliegerabwehr (Fla-)Raketenbrigade und eines Kampfhubschraubergeschwaders wären daraus zwei Feldarmeen gebildet worden.

Es gab ferner zwei Luftverteidigungsdivisionen mit insgesamt fünf Jagdfliegergeschwadern, drei Fla-Raketenbrigaden und drei Fla-Rakentenregimentern. Zu den Kampffliegerkräften gehörten außerdem zwei Jagdbomben- und ein Marinefliegergeschwader. (1989 wurden ein Jagdfliegergeschwader und vier Panzerregimenter der NVA aufgelöst.)

Die Kampfverbände der Volksmarine bestanden aus einer Stoßflottille (Raketenschnellboote, Kleine Raketenschiffe), zwei Sicherungsflottillen (Küstenschutzschiffe, U-Abwehrschiffe u. ä.) und einem Küstenraketenregiment.

Mit diesen Kräften allein hätte die DDR nicht ausreichend verteidigt werden können.

Dem standen in der Bundesrepublik gegenüber: zwölf Divisionen des Bundesheeres, die – unter Einbeziehung von Artillerie- und operativ-taktischen Rakentenkräften in drei Armeekorps gegliedert waren. (Ein Armeekorps entsprach etwa einer Feldarmee der NVA.) Außerdem gab es zwölf Heimatschutzbrigaden und 15 -regimenter. Die Luftwaffe verfügte über vier Divisionen mit insgesamt zwei Flugkörpergeschwadern (operativ-strategische Raketen für Bodenziele), neun Jagdbombenfliegergeschwader, zwei Jagdfliegergeschwader und sechs Fla-Raketenregimenter. Die Bundesmarine zählte drei Flottillen (Zerstörer, U-Boote, Minenkräfte), eine Marinefliegerdivision und eine Amphibische Gruppe (Landungskräfte).

Personell gesehen war die NVA eine kleine Armee. Die UdSSR-Streitkräfte zählte drei Millionen Soldaten, die polnischen 350.000, die ČSSR und Rumänien hatten 200.000 Mann unter Waffen. Die NVA belegte mit 172.000 Soldaten Rang 4. (Die Bundeswehr kam 1989 auf 495.000 Mann.)

Gab es in der DDR eine Rüstungsindustrie?

Im Prinzip nein. Panzer, Raketen, Artillerie, Flugzeuge und Kampfschiffe wurden in der Sowjetunion, in Polen und in der ČSSR gekauft. Die DDR produzierte selbst – und das mehrheitlich in sowjetischer Lizenz – lediglich Handfeuerwaffen (MPi Kalaschnikow), Munition, Pionier- und Nachrichtentechnik, Landungsschiffe, Minensuch- und -räumschiffe und LKW.

In der DDR konzentrierte man sich in den 50er Jahren auf den Aufbau einer Schwerindustrie, die vorrangig Maschinen und Anlagen produzierte für die Chemische Industrie, die Braunkohlenförderung, den Kraftwerksbau, für Handelsschiffe und Fischereifahrzeuge sowie den Werkzeugmaschinenbau. Sie war weder finanziell noch personell in der Lage, eine umfangreiche Rüstungsindustrie wie etwa in der Bundesrepublik aufzubauen. Vorschläge Moskaus etwa zum Aufbau einer eigenen U-Boot-Flotte wurden abgelehnt. Diese wurde nicht benötigt. Die DDR brauchte allenfalls eine Küstenrandmarine.

Was kostete die Armee?

Der Staatshaushalt der DDR sah für das Ministerium für Nationale Verteidigung folgende Ausgaben vor:
1956 rund 1,5 Milliarden Mark, 1966 etwas mehr als 3,5 Milliarden, 1976 knapp über 8 Milliarden und 1986 etwa 13,3 Milliarden Mark.
Wie sind diese Steigerungen zu erklären?
Anfang der 60er Jahre begann der Prozeß der Modernisierung der NVA. Eingeführt wurden Raketenwaffen für die Landstreitkräfte, für die Luftverteidigung (ab Anfang der 70er Jahre auch für die Truppenluftabwehr) und für die Volksmarine. Die Ausrüstung eines Fla-Raketenregiments der Luftverteidigung kostete etwa eine halbe Milliarde Mark.
Auch neue Typen von Panzern, Schützenpanzern, Kampfflugzeugen und Kampfschiffen ließen die Kosten steigen. Nicht minder teuer die Betriebskosten und Instandhaltung. Eine zehnjährige Nutzung und Wartung eines modernen Kampfflugzeuges kostet soviel wie sein Neupreis.
Steigende Ausgaben verursachten auch die Unterstellung der Grenzpolizeistreitkräfte im September 1961 unter das Kom-

mando des Verteidigungsminister sowie zahlreiche Neubauten (Kasernen, Schutzanlagen für Kampfflugzeuge, wiederholte Änderungen der Sperrelemente an der Staatsgrenze usw.)

1988 betrug der DDR-Staatshaushalt 269,465 Milliarden Mark. Die Verteidigungsausgaben erreichten den Spitzenwert von 13,728 Milliarden, also etwa 5 Prozent.

Weder im internationalen noch im Vergleich mit der Bundesrepublik waren das Spitzenwerte.

Was bedeutet der Begriff „Grenzregime"?

Heute begegnet uns der Begriff zumeist als abschreckendes Synonym für die DDR: das SED-Regime kann die Menschen nur im Land und sich an der Macht halten, wenn es das Volk einsperrt, also die Grenzen undurchlässig macht.

Es ist an anderen Stellen des Buches ausreichend erklärt worden, wie Gründung und Existenz der DDR zu sehen ist. Die ursprüngliche Bedeutung des Begriffes ist eine andere. Er bezeichnete das gesamte Gefüge der Rechtsnormen und Regelungen betreffs der Staatsgrenze nach der Errichtung der Mauer 1961.

An der Staatsgrenze West gab es ein Sperrgebiet bis zu fünf Kilometer Tiefe, in Berlin war dies natürlich weniger. Dieses Gebiet durfte nur von Bewohnern betreten werden, die einen Personalausweis mit Erlaubnisvermerk hatten. Besucher und dort Tätige, etwa Bauern oder Forstarbeiter, benötigten einen Passierschein der zuständigen Volkspolizeibehörde. An den Zugangsstraßen gab es einen Kontrollpunkt der Volkspolizei mit Schlagbaum. 500 Meter vor der eigentlichen Grenze befand sich ein Schutzstreifen, der durch Mauern oder/und Metallzäune abgegrenzt war. Im Schutzstreifen, der nur von Grenzposten betreten werden durfte, gab es weitere Sperrelemente, beispielsweise Gräben.

Das Sperrgebiet wurde von Grenzaufklärern (Angehörige der Grenztruppen), Volkspolizisten und Freiwilligen Helfern der Grenztruppen überwacht. Die Freiwilligen Helfer waren Einwohner des Grenzgebietes und informierten über Veränderungen und Auffälligkeiten in ihrem Gebiet. Dadurch wurden prophylaktisch Grenzverletzungen verhindert.

Zum Grenzregime gehörten auch die Grenzübergangsstellen

(GÜST). Laut Gesetz durfte die Staatsgrenze nur an diesen Punkten passiert werden. An der Grenze zur BRD gab es in den 80er Jahren zehn Straßen-, acht Eisenbahn- und zwei Binnenwasserstraßenübergangsstellen. Ihre Sicherung erfolgte durch die Grenztruppen und die Paßkontrolle durch sogenannte Paßkontrolleinheiten (das waren Angehörige des MfS in Uniformen der Grenztruppen). Außerdem erfolgte an diesen Stellen die Zollkontrolle und gegebenenfalls die Kontrolle von Tier- und Pflanzentransporten.

Die größte GÜST war in Marienborn. Dort verlief die Autobahn Berlin-Hannover (A 2). In den 80er Jahren wurden dort täglich Zehntausende PKW, Busse und LKW abgefertigt.

Grenzübergangsstellen gab es auch nach Westberlin sowie in Rostock (Hafen) und auf den Flugplätzen.

Die erste GÜST, die unkontrolliert passiert werden konnte, war jene in der Berliner Bornholmer Straße. Der Kommandant, ein Oberstleutnant der Grenztruppen der DDR, öffnete sie am späten Abend des 9. November 1989.

War die DDR-Grenze ein Todesstreifen?

Jeder Staat überwacht und sichert seine Grenzen mit Polizei oder Militär, mit Technik und mit Waffen. Die Entscheidung darüber treffen souveräne Staaten selbst. Die USA beispielsweise sichern ihre Grenze zu Mexiko mit Streckmetallzaun, Betonmauern und Infrarotanlagen. Griechenland sichert seine Festlandgrenze zur Türkei mit Minen, Frankreich errichtete in den 30er Jahren seine Maginotlinie an der Grenze zu Deutschland, eine ganze Festungszone, die Tschechoslowakei etwas Ähnliches im Riesengebirge. Und Deutschland baute in den 20er Jahren in Ostpreußen Sperreinrichtungen gegen einen polnischen Angriff. An allen genannten Grenzen wurde (und wird) scharf geschossen beim ungesetzlichen Grenzübertritt.

Die Grenze zwischen der DDR und der BRD war eine Staatsgrenze, auch wenn die Bundesregierung die DDR und ihre Staatsbürger völkerrechtlich nicht anerkannte. Mit dem Grundlagenvertrag vom 21. Dezember 1972 erfolgte eine Regelung, die einer Anerkennung nahekam: Die Bundesregierung sprach nun von „zwei Staaten in Deutschland" und akzeptierte die wechselseitige diplomatische Präsenz durch „Ständige

Vertretungen". Eine Kommission klärte bis auf einige kleine Streitfragen, etwa den Verlauf an der Elbe, die Grenzfrage.
Bis zum 13. August 1961 stellte das illegale Verlassen der DDR kein Problem dar. Die grüne Grenze zur Bundesrepublik war durch die Deutsche Grenzpolizei (DGP) relativ schwach gesichert. Und in Berlin genügte ein S-Bahnticket für 20 Pfennig, um im Wortsinne auszureisen: Die Grenze war im Prinzip offen. Man meldete sich als Flüchtling im sogenannten Auffanglager in Marienfelde. Man erhielt Geld, neue Personaldokumente, wurde von den amerikanischen, britischen und französischen Geheimdiensten befragt und in die BRD ausgeflogen.

Die Grenze zwischen der DDR und der BRD war aber nicht nur eine deutsch-deutsche oder, wie es im Westen hieß, eine innerdeutsche Grenze. Hier stießen die beiden militärischen Paktsysteme NATO und Warschauer Vertrag aufeinander. Die offene Grenze war damit nicht nur ein Problem für die DDR. Es war ein internationaler Konfliktherd. Deshalb war die Schließung der Grenze am 13. August 1961 keine Entscheidung der DDR, sondern eine kollektive des östlichen Verteidigungsbündnisses. Die NATO hat sie akzeptiert.

Der nachfolgende Ausbau des Grenzregimes erfolgte im wesentlichen auf Weisung sowjetischer Militärs. Darin flossen deren Erfahrungen des 2. Weltkrieges mit ein. Es begann mit der Errichtung sogenannter Sperranlagen („Mauer"). In Berlin waren das bis zu vier Meter hohe Betonplatten (auf 162 Kilometer Länge), in zehn Meter Entfernung gab es einen Signalzaun aus Draht. Wurde dieser berührt, erhielt der Doppelposten auf einem Turm davon Kenntnis. Der Grenzer war nun verpflichtet, den Grenzverletzter zum Stehenbleiben aufzufordern. Folgte er dieser Weisung nicht, war der Grenzposten berechtigt, seine Schußwaffe einzusetzen.

Es gab keinen „Schießbefehl", wohl aber Schußwaffenbestimmungen, die denen in der Bundesrepublik ähneln. Das hieß: Warnschuß in die Luft, dann, wenn die Flucht fortgesetzt wurde, Schuß auf die Beine. Allerdings ist bei einem bewegten Ziel eine solche Vorgabe eher Theorie. So starben zwischen 1961 und 1989 an der Staatsgrenze zu Westberlin 138 Personen, an der Staatsgrenze West 178 durch Schußwaffen, 43 durch Minen.

Die in den einschlägigen Unterlagen verwandte Formulierung „Vernichtung des Grenzverletzers" meinte nicht, wie seit 1990 immer wieder behauptet, die vorsätzliche Tötung eines Flüchtenden, sondern dessen Dingfestmachung. Ein gestellter Grenzverletzer war keiner mehr, also war er „vernichtet". Auch Militärs haben eine eigene Fachsprache.

Zur „Bilanz" gehören aber auch 28 Grenzpolizisten bzw. Grenzsoldaten der DDR, die im Dienst ermordet wurden. Die Täter waren DDR-Bürger, Westberliner Studenten und Angehörige des Bundesgrenzschutzes.

Beim Versuch, die DDR illegal zu verlassen, wurden überdies Menschen durch Schußwaffen und Minen verletzt, sie ertranken in der Elbe, Spree oder Ostsee oder erstickten in PKW-Hohlräumen.

Zur Wahrheit gehört allerdings: Die Gegebenheiten der Grenzsicherung waren bekannt; wer einen illegalen Grenzübertritt plante, setzte sich keiner „unbekannten Gefahr" aus, sondern plante ein Straftat, der Folgen absehbar waren.

Trotzdem wird die Frage immer wieder gestellt werden: Wären diese Toten zu vermeiden gewesen? Wäre es besser gewesen, auf eine Grenzsicherung zu verzichten? Hätte eine großzügigere Handhabung von Ausreiseanträgen die Versuche illegaler Grenzübertritte von vornherein verhindert?

Die Frage nach der Vermeidbarkeit läßt sich nicht abstrakt und ohne Beachtung der Zeit und der konkreten politischen und internationalen Verhältnisse beantworten. Um das Problem deutlich zu machen, sollte man nur die aktuellen Anstrengungen betrachten, die die EU zur Sicherung ihrer Außengrenzen unternimmt und künftig noch unternehmen wird („Schengener Abkommen"/Gebiet Kaliningrad).

Bei aller Bitterkeit und trotz begründeten Unmuts kann man nicht unberücksichtigt lassen, daß zwischen den Systemen der Kalte Krieg tobte und die Staatsgrenze West der DDR nicht irgendeine Grenze war, sondern die „Front" zwischen den beiden Militärblöcken NATO und Warschauer Vertrag. Hier galten andere Regeln. Und die wurden vor allem in Moskau und in Washington bestimmt. Dort endete die Souveränität der DDR und der Bundesrepublik. Dort befand sich im wörtlichen wie im übertragenen Sinne „ihre Grenze".

Armee

Was geschah mit Wehrdienstverweigerern?

Das gleiche wie in der Bundesrepublik. Hier wie dort gab es eine gesetzlich vorgeschriebene Wehrpflicht – in der DDR seit 1962. Wer sich verweigerte, bekam es mit dem Staatsanwalt zu tun. Heute wie damals. Der Grundwehrdienst in der DDR betrug für alle jungen Männer, so sie gesund waren oder nicht anderweitig daran gehindert wurden, 18 Monate. Daneben gab es Soldaten auf Zeit (drei oder vier Jahre) und Berufssoldaten. Das waren Unteroffiziere (bis 10 Jahre) und Offiziere (bis 25 Jahre). Im Unterschied zur Bundesrepublik gab es keinen Zivildienst, allerdings einen Wehrersatzdienst: Wenn man etwa im MfS oder bei der Bereitschaftspolizei war, mußte man nicht noch zur NVA.

Für Christen gilt das 5. Gebot: Du sollst nicht töten. Die Geschichte und auch die Gegenwart zeigen, daß es Christenmenschen in Uniform damit nicht immer so ernst nehmen. Soldaten sind Mörder, wenn man sie in den Krieg schickt. Um sie von ihren seelischen Nöten zu befreien, ziehen Militärgeistliche ins Feld. Militärseelsorge gab es in der DDR übrigens nicht. Wohl auch, weil man das Heuchlerische dieses Vorgangs nicht mittragen wollte.

Gleichwohl räumte die DDR Christen, die es mit ihrem Glauben ernst meinten, ein, den Wehrdienst mit der Waffe zu verweigern. Und ihre Überzeugung wurde nicht einer Gewissensüberprüfung unterzogen, wie es heutzutage üblich ist. Ein entsprechendes Gesetz wurde 1964 erlassen. Sie leisteten dann ihren 18monatigen Wehrdienst als Bausoldaten in entsprechenden Einheiten ab. Auf dem Schulterstück trugen die Rekruten einen Spaten. In dieser Praxis unterschied sich die DDR vom Westen wie von allen übrigen Ostblockstaaten.

Wirtschaft

Warum gab es kein Privateigentum?

Natürlich gab es Privateigentum. Wer das Gegenteil annimmt, erliegt dem alten, nicht zuletzt von der Nazipropaganda verbreiteten Vorurteil, daß Bolschewisten jegliches Privateigentum abschaffen.

In der DDR (wie überhaupt in sozialistischen Ländern) ging es allein um das Eigentum *an den Produktionsmitteln*, nicht um persönliches Eigentum. Karl Marx hatte nachgewiesen, daß durch das Privateigentum an Produktionsmitteln die Ausbeutung entsteht. Dieser Nachweis war Ergebnis seiner Untersuchung des Kapitals und Kern seiner Theorie insgesamt. Für die DDR war die Beseitigung der Ausbeutung des Menschen durch den Menschen erklärtes Ziel.

Unmittelbar nach dem Krieg wurden Großindustrie, Großagrarier und Banken enteignet. Während die Industrie in Volkseigentum überging, wurde der Boden parzelliert und an landlose Bauern oder Landarbeiter gegeben. Es gab keine Verstaatlichung oder Nationalisierung des Bodens, stattdessen wurden in den fünfziger Jahren Landwirtschaftliche Produktionsgenossenschaften (LPG) gebildet, in die die Bauern ihr (fortbestehendes) Eigentum an Land als Anteil einbrachten. 1972 wurden die Eigentümer mittlerer Betriebe enteignet oder durch staatliche Beteiligung die Besitzverhältnisse an diesen Betrieben verändert. Jetzt gab es in der DDR drei Eigentumsformen: Volkseigentum (Industrie, teilweise Landwirtschaft), genossenschaftliches Eigentum (Landwirtschaft und Handwerk), Privateigentum (persönliches Eigentum, Kleineigentum an Produktionsmitteln bei Handwerkern und Gewerbetreibenden, vornehmlich im Einzelhandel).

Die Volkswirtschaft beruhte also auf dem sozialistischen Eigentum an Produktionsmitteln. Im Jahr 1977 waren in der Volkswirtschaft der DDR 8.058.300 Berufstätige (ohne Lehrlinge) beschäftigt, davon 7.604.000 in volkseigenen Betrieben und Einrichtungen, 48.500 in Betrieben mit staatlicher Beteiligung und 402.400 in Privatbetrieben (vorrangig des Handwerks).

In den achtziger Jahren wurden, um Versorgungsmängeln abzuhelfen, verstärkt Gewerbegenehmigungen im Einzelhandel erteilt.

Wirtschaft

Warum hat man sich nicht nach den Gesetzen des Marktes gerichtet?

Das Verhältnis von Angebot und Nachfrage, wie es den (kapitalistischen) Markt prägt, sollte in der DDR prinzipiell anders gestaltet werden. Während dieser Markt bei Strafe seines Zusammenbruchs immer neue und größere Nachfrage erzeugen muß, sollte unter sozialistischen Bedingungen nur im Umfang tatsächlich vorhandener (und erforschter) Bedürfnisse produziert und die Verteilung nach diesen Bedürfnissen vorgenommen werden.

In der DDR gab es daher eine Planwirtschaft. Das ist nichts Besonderes: Jeder Konzern plant. Die Planwirtschaft der DDR unterschied sich aber darin, daß sie zentral und administrativ war und den volkswirtschaftlichen Gesamtprozeß in Planungsgrößen und Planvorgaben erfaßte. Salopp gesagt, die Planung fand am „grünen Tisch" statt und gab über längere Zeiträume (Fünfjahrplan) die Eckdaten für die Jahresvolkswirtschaftspläne vor. Das ermöglichte eine weit vorausgreifende Disposition von Material, Personal, Ressourcen, Arbeit und Waren – vernünftiges Produzieren und Verteilen also, das nicht von den letztlich anarchischen Marktbedingungen beeinflußt wurde. Andererseits schränkte es die Möglichkeiten ein, auf plötzliche Bewegungen des Weltmarkts zu reagieren. Neben einer generellen Schwerfälligkeit bei Produktionsumstellungen oder überhaupt beim Erkennen von Marktveränderungen gab es auch Engpässe bei Zulieferungen, da alles sehr knapp kalkuliert wurde. Hinzu kam der chronische Mangel an Devisen, mit denen Rohstoffe oder Erzeugnisse aus dem Westen importiert wurden.

Angesichts der klassischen Überproduktion, die es unter den aktuellen Bedingungen der Marktwirtschaft in allen Bereichen gibt, stellt sich allerdings die Frage, ob die Vergeudung von Ressourcen, Arbeit und Energie nicht schädlicher für die Menschheit ist als ein gewisser Mangel. Denn machen wir uns nichts vor: Daß der Kapitalismus so bunt und vielfältig ist, liegt auch daran, daß viele Waren für die Tonne produziert werden. Der Markt ist endlich. Doch die Zeche bezahlen am Ende wir alle.

Wirtschaft

Warum hatte die DDR keine Devisen?

Die Mark der DDR war eine Binnenwährung. Sie galt nur hier und nirgends sonst. Und sie war nicht konvertierbar, d. h., man konnte nicht an einen Bankschalter gehen und damit eine andere Währung „kaufen". Damit schützte sich die DDR vorm Ausverkauf. Anderenfalls hätte man die Mark der DDR überall aufkaufen und damit am Ende das ganze Land übernehmen können. Die DDR und besonders ihre Wirtschaft wollte sich aber von eben solchen äußeren Einflüssen freimachen. (Zum anderen, das verrät ein intensiverer Blick auf die Entwicklung der internationalen Finanzmärkte, werden natürlich Wechselkurse auch gesteuert. Sogenannte Finanzkrisen werden durch Transaktionen und Manipulationen großen Stils ausgelöst oder überwunden. Wir dürfen in diesem Zusammenhang nicht vergessen, daß in der weltweiten Systemauseinandersetzung, dem Kalten Krieg, der ökonomisch weitaus stärkere Westen immer bestrebt war, den Osten in die Knie zu zwingen, was ihm am Ende ja auch gelungen ist. Dabei wäre er aber schon weitaus früher erfolgreich gewesen, hätte er Zugriff auf die nationalen Währungen des Ostblocks gehabt.)

Wenn die DDR auf dem Weltmarkt Waren oder Rohstoffe einkaufte, brauchte sie also konvertierbare Währungen, etwa Dollar oder D-Mark. Diese erwirtschaftete sie, indem sie selber Waren oder Dienstleistungen gegen Dollar oder D-Mark verkaufte oder Kredite aufnahm und diese mit Warenlieferungen bezahlte.

Daß auf diese Weise bezogene Devisen in der DDR immer knapp waren, hatte mehrere Ursachen. Zum einen waren Waren aus der DDR auf den internationalen Märkten nicht leicht zu verkaufen. Es gab Handelsboykotts, dann monierte man die schlechte Konkurrenzfähigkeit, schließlich drückte man auf die Preise. Versandhäuser der Bundesrepublik wie Quelle oder Otto bezogen einen Großteil ihres Angebots aus der DDR und verkauften, ohne daß jene die Herkunft kannten, die Waren billig an ihre Kunden. Insofern kann man sagen, daß die DDR als eine Art Dritte-Welt-Land den Massenwohlstand in der Bundesrepublik mitfinanziert hat. In den späten 80er Jahren mußte die DDR etwa 1 DDR-Mark einsetzen (Arbeitskraft, Rohstoffe, Produktionskosten), um dafür 0,20 DM zu bekommen. Das heißt: Die Aufwendungen der DDR wurden zunehmend größer und die Devisenerträge immer geringer.

Das Mißverhältnis wurde noch größer, weil die Rohstoffpreise seit den 70er Jahren stiegen, so benötigte man mehr Devisen für Einkäufe auf dem Weltmarkt. Und auch die nationalen Aufwendungen zur Rohstoffgewinnung wurden teurer: Das abgeräumte Deckgebirge in den Braunkohletagebauen nahm zu, die Investitionen im Kali- und im Uranbergbau stiegen usw. Hinzu kamen die wachsenden Zinsbelastungen für laufende Kredite ... Devisenknappheit war also auch für die Zukunft vorprogrammiert.

Welchen Lohnunterschied gab es zwischen den Arbeitern und der Intelligenz?

Zunächst: Die Löhne und Gehälter in der DDR waren generell niedrig und orientierten sich an den Lebenshaltungskosten. Ihre Struktur war auch nicht derart zerklüftet und weit gefächert, wie das in der kapitalistischen Gesellschaft der Fall ist. Die Bandbreite dort beginnt bei wenigen Hundert Euro und endet bei einigen Millionen. In der DDR hat vermutlich niemand, vielleicht einige Künstler, Ärzte und Handwerker ausgenommen, im Monat über 5.000 Mark bekommen. Die Durchschnittsgehälter bewegten sich zwischen 500 und 2.000 Mark.

Allerdings gab es ein eklatantes Mißverhältnis zwischen traditioneller Arbeit an der Werkbank und sogenannter Kopfarbeit: Ein Schlosser, der sich vielleicht im Abend- und Fernstudium zum Meister oder gar Ingenieur hochgearbeitet hatte, bekam am Ende unter Umständen weniger, als er zuvor als einfacher Arbeiter erhalten hatte. Das lag zum Teil am Selbstverständnis der DDR, in der ja die „Arbeiterklasse" die herrschende war. Und die sollte das auch in der Lohntüte merken. Zur Intelligenz gehörte zum Beispiel die Nomenklatura, also die Staats- und Parteiarbeiter. Auch diese verdienten nicht gerade üppig. Ein Staatssekretär in einem Industrieministerium, also eine Art Ministerstellvertreter, bezog monatlich 2.950 Mark netto. Es gab keine zusätzliche Dienstaufwandsentschädigung, keine Reisepauschale, kein Weihnachtsgeld und kein 13. oder 14. Monatsgehalt, wie es heutzutage in manchen Branchen üblich ist. Sein Einkommen betrug, statistisch gesehen, das 2,8fache des Durchschnittslohnes eines Arbeiters oder Angestellten in der DDR. Der DDR-Staatssekretär bekam im Jahr soviel wie ein Parlamentarischer Staatssekretär in der Bundesrepublik in einem Monat. (Nicht gerechnet dessen Vergünstigungen, Übergangsgelder und Pensionen.) Und Staats- und Parteichef Honecker erhielt soviel wie ein Berliner Senator heute.

Das Grundproblem bei den DDR-Gehältern bestand in der Tat darin, daß sich nicht in jedem Falle die höhere Qualifikation und die längere Ausbildung in einem besseren Gehalt niederschlug. Das nahm oft die Motivation, neuerlich oder länger als unbedingt nötig die Schulbank zu drücken. Die Bezüge waren zudem in der Regel an Planstellen gebunden, d. h. es wurde die Planstelle bezahlt und nicht die tatsächliche Leistung.

Das führte gelegentlich zu unzulässiger Gleichmacherei und förderte objektiv das Mittelmaß. Größeres Engagement machte sich nicht unbedingt bezahlt und blieb dann aus. Das Leistungsprinzip wurde zwar erklärt, aber nicht praktiziert. Auch das führte auf Dauer dazu, daß die DDR unter ihren Möglichkeiten blieb. Es gab qualifiziertes Fachpersonal, hervorragend ausgebildete Ingenieure und Wissenschaftler – doch dies schlug sich mangels Anreiz nicht in Spitzenleistungen nieder. Hier erwies sich die angestrebte soziale Gerechtigkeit eindeutig als Hemmnis für technischen und wissenschaftlichen Fortschritt. Das Potential der DDR wurde nicht ausreichend genutzt.

Hat die DDR auch Handel mit der BRD betrieben?

Der Waren- und Dienstleistungsverkehr zwischen beiden deutschen Staaten hat für die DDR-Wirtschaft eine wichtige Rolle gespielt. Westberlin und die Bundesrepublik zusammen waren – nach der Sowjetunion – der größte Handelspartner der DDR.

Demgegenüber lag die DDR erst an 15. Stelle der BRD-Außenhandelsstatistik.

Die Abwicklung des innerdeutschen Handels blieb einmalig und hatte für die am Warenaustausch Beteiligten Vorteile. Alle Versuche der DDR, mittels eines Handelsrahmenabkommens die Abwicklungsbedingungen des innerdeutschen Handels in die Richtung eines Außenhandels, wie zwischen anderen Staaten üblich, zu verschieben, wurden zumeist nur halbherzig verfolgt und scheiterten letztlich. Auch die Festlegung beider Seiten während des Honecker-Besuchs 1987 in Bonn, eine Gemeinsame Wirtschaftskommission DDR/BRD zu schaffen, hat faktisch kaum eine Rolle gespielt.

Die Praxis des innerdeutschen Handels wirkte wie ein Interessenparallelogramm. Im Wechselverhältnis von politischen und wirtschaftlichen Zielen und Absichten dominierten auf Seiten der DDR überwiegend die wirtschaftlichen Interessen, während für die BRD in stärkerem Maße ihre durch das Grundgesetz fixierten politischen Absichten ausschlaggebend waren. Dies läßt sich sowohl empirisch nachweisen als auch mittels der wirtschaftlichen Ausgangsbedingungen beider Staaten und ihrer Position im politischen und wirtschaftlichen Ost-West-Konflikt deutlich machen.

Die DDR nutzte den innerdeutschen Handel als zweite Basis für Rohstoffbezüge sowie Importe von Erzeugnissen der Eisen- und Stahlindustrie und der chemischen Industrie. Später wuchs die Bedeutung von Maschinen- und Ausrüstungslieferungen aus der Bundesrepublik, ohne jedoch jemals ein der wirtschaftlichen Leistungsfähigkeit beider Staaten adäquates Niveau zu erreichen.

Schwierigkeiten in der eigenen Wirtschaft sowie in der Versorgung der Bevölkerung versuchte man in der DDR kurzfristig häufig über den innerdeutschen Handel zu lösen, weil über kurze Transportwege die Wirtschaft der Bundesrepublik in zahlreichen Fällen schnell lieferfähig war.

Die Interessen der Bundesrepublik am Handel mit der DDR waren demgegenüber in stärkerem Maße politischer Natur. Sie führte die deutsch-deutschen Wirtschaftsbeziehungen demonstrativ und administrativ als innerdeutschen Handel, der weder in der offiziellen Statistik noch in der Verhandlungsführung in die Nähe des Außenhandels rücken durfte. Dies wäre nach Ansicht der Bundesregierung ein Verstoß gegen Grundprinzipien ihrer Deutschlandpolitik und das Wiedervereinigungsgebot aus der Präambel des Grundgesetzes. Während die DDR im Statistischen Jahrbuch den Handel mit der BRD unter Außenhandel führte und in der

Berichterstattung die Bundesrepublik und West-Berlin getrennt aufführte, ordnete das Statistische Jahrbuch für die Bundesrepublik Deutschland den Handel mit der Deutschen Demokratischen Republik und Berlin (Ost) unter der Rubrik Handel, Gastgewerbe, Reiseverkehr in die gewerbliche Wirtschaft ein. Auch bei der Zuordnung der Treuhandstelle für den Interzonenhandel sowie in der Gliederung des Bundeswirtschaftsministeriums wurde genau darauf geachtet, daß die mit dem innerdeutschen Handel befaßten Beamten nicht dem Außenhandel, sondern der Abteilung IV Gewerbliche Wirtschaft unterstellt waren. Dies war wiederum für die Rolle des innerdeutschen Handels gegenüber der Europäischen Gemeinschaft von Bedeutung.

Warum war die Umweltverschmutzung so hoch?

Weil es an Devisen fehlte! Die DDR sündigte schwer an der Natur. Dessen war sie sich bewußt. Und darum wurde sie zumindest dort aktiv, wo sie die ökonomische Kraft besaß, entschieden umzusteuern. Das betraf etwa die Verbesserung der Wasserqualität vieler Flüsse in den 8oer Jahren, die Reduzierung des Verbrauchs von Kunstdünger (der nicht nur den Boden, sondern auch das Grund- und Oberflächenwasser belastete) oder den wachsenden Einsatz von Vier- statt der dominierenden Zweitakt-Motoren (Trabant, Wartburg).
Die größten Umweltbelastungen gingen von der Braunkohle aus. Sie war der Hauptenergieträger. Beim Verbrennen entstanden nicht nur Kohlendioxid, sondern auch Schwefelverbindungen, die sich dann als saurer Regen übers Land (und darüber hinaus) ergossen. Die Verbrennungsanlagen, private Ofenheizung und Kraftwerke, verfügten über keine oder nur unzureichende Filteranlagen. Diese waren teuer und oft nur im Westen zu haben (Devisen!).
Erst im Laufe der Zeit wurde ein System von Kläranlagen (sowohl von Produktions- wie auch von Wohnanlagen) entwickelt. Bis dahin flossen Abwässer ungereinigt in Flüsse und Seen. Schiffe und Eisenbahnanlangen wurden erst in den 8oer Jahren mit Fäkaltanks ausgestattet, weil man bis dahin diese nicht für erforderlich hielt.
Beachtliche Umweltbelastungen gingen von den mehreren Millionen PKW aus. Die Zweitaktmotoren stanken und nebel-

ten nicht nur, weil sie Öl verbrannten. Sie produzierten auch reichlich Kohlendioxid. Chemiebetriebe in Bitterfeld-Wolfen oder die Uranbergwerke der Wismut erwiesen sich mit ihren Abprodukten als tickende Bomben ...

Allerdings gab es eine Reihe von Umweltbelastungen nicht, die man im Westen kannte und bis heute nicht überwunden hat. So setzte man auf Mehrwegverpackungen und sammelte systematisch Sekundärrohstoffe (geschlossene Kreisläufe halfen Energie und Rohstoffe sparen), was den Anfall von Müll gering hielt. Man verzichtete auf lange Transportwege und verbrauchte Lebensmittel in der Region aus der Region. Transporte wurden energiesparend auf Wasser- und Schienenwegen vorgenommen, die Straße waren nicht mit Brummis verstopft. Landschaft wurde nicht mit Werbetafeln verstellt, und mit Grafitti verschandelte Häuserwände kannte man auch nicht.

Tatsache ist, daß die Einrichtung vieler Nationalparks und Naturschutzgebiete durch die letzte DDR-Regierung und die Liquidierung der DDR-Industrie nach der Einheit erheblich zur Verbesserung der Umweltbedingungen beitrugen. Zur Wahrheit gehört aber auch, daß deutsche (und auswärtige) Industriekonzerne, denen die hiesigen Umweltschutzbestimmungen zu eng sind, gern in Länder der Dritten Welt ausweichen. Dort pfeifen sie auf Umwelt und deren Schutz, denn es zählt nur eines: Profit. Die Bemühungen der rotgrünen Regierungskoalition stoßen, wie wir seit Jahren beobachten können, stets auf Widerstände, wenn es um Vorschriften in dieser Richtung geht. Da wird bereits die Einführung eines Dosenpfandes zum Erfolg.

In der DDR gab es übrigens überhaupt keine Getränkedosen. Und trotzdem ist niemand verdurstet.

Warum gab es in der DDR keine Preisschwankungen oder eine Inflation?

Die Preise für die meisten Waren und Dienstleistungen in der DDR wurden von einem Staatlichen Komitee festgelegt, die Preisbildung erfolgte nicht, wie in der Marktwirtschaft üblich, aus verschiedenen Faktoren wie Arbeits- und Produktionskosten, Angebot und Nachfrage, sondern willkürlich.

Das hatte den Vorteil, daß man sie – teilweise über Subventionen – stabil halten konnte.

Dies aber war zugleich auch ihr Pferdefuß. Der Wert einer Ware nahm unablässig zu, weil bei der Herstellung die verarbeiteten Rohstoffe und die eingesetzten Maschinen (und damit die Arbeit) immer teurer wurden – aber der Verkaufspreis blieb trotzdem gleich. Das bedeutete: Es mußte immer mehr subventioniert, also aus dem Staatssäckel zugezahlt werden. Am Ende war das Wertgesetz in der DDR völlig ausgehebelt, es gab kaum noch eine Ware oder Dienstleistung, deren Preis stimmte. Lebensmittel waren extrem zu billig, Ölprodukte, etwa Benzin, zu teuer. (Hier machten sich langfristige Lieferverträge mit der Sowjetunion bezahlt: Die Preise für das gelieferte Rohöl folgten erst fünf Jahren später den Veränderungen auf dem Weltmarkt, zudem lagen sie durchschnittlich immer unter den Weltmarktpreisen.) Mieten und Bodenpreise behielten das Niveau von 1937, der Bahnkilometer kostete 8 Pfennig, egal, ob der Zug von einer Dampflok oder von einem elektrischen High-tech-Triebwagen gezogen wurde.

Die Partei- und Staatsführung nannte alles „politische Preise". Weil auf diese Weise eine Inflation nicht sichtbar wurde, glaubte man mit dieser vermeintlichen Stabilität die Überlegenheit des sozialistischen Systems über den Kapitalismus demonstrieren zu können. Dort gab es Inflation, Preistreiberei und unsichere Zukunft – hier Stabilität und Perspektive. Das hätte funktioniert, wenn die DDR wirtschaftlich autark gewesen wäre. Das aber war sie nicht. Sie war in die arbeitsteilige Weltwirtschaft eingebunden. Alle Entwicklungen auf dem Weltmarkt, natürliche wie künstliche, blieben nicht ohne Auswirkungen. Preisveränderungen bei den Rohstoffen, Zinsschwankungen am internationalen Finanzmarkt, Absatzkrisen für bestimmte Waren, Wirtschaftsflauten etc. hatten Folgen – trotz Sowjetunion und RGW, die der wichtigste Markt der DDR waren.

Nicht zuletzt dadurch geriet die DDR in den 80er Jahren in eine wirtschaftliche Schieflage, aus der sie sich aus eigener Kraft wohl nicht hätte befreien können.

Wirtschaft

Warum mußte man so lange auf ein Auto warten?

Zu den langlebigen Konsumgütern gehörten zweifellos auch PKW. Die DDR produzierte zwei Marken: in Zwickau den Trabant und in Eisenach den Wartburg. Beide waren Nachfolgemodelle traditioneller Automarken („Horch" und BMW). Beide wurden von einem Zweitaktmotor angetrieben. Der Produktionsausstoß der beiden Autowerke reichte nicht aus, um den Bedarf zu decken, und auch die importierten Fahrzeuge schlossen die Lücke zwischen Angebot und Nachfrage nicht. Dort setzte überdies der permanente Devisenmangel Grenzen. Daher wurden die Bestellisten immer länger. Am Ende „wartete" man fast anderthalb Jahrzehnte auf einen PKW. Natürlich nur theoretisch, denn in fast allen Familien meldete sich jedes Mitglied, sobald es 18 geworden war, auf ein Auto an. Deshalb war die Zahl der registrierten Bestellungen erheblich höher als der tatsächliche Bedarf, und in der Regel hatte man alle fünf Jahre ein neues Fahrzeug. Das alte wanderte auf den „grauen Markt" und wurde dort zu einem horrenden Preis veräußert, mit dem das neue Auto locker bezahlt werden konnte. Noch in den 70er Jahren kostete beispielsweise der „Trabant" um die 8.000 Mark neu – für einen gebrauchten zahlte man in den 80er Jahren gut und gern das Doppelte.

Das Autoproblem war ein allgemeines Ärgernis. Die SED-Führung hatte die gesellschaftliche Dimension der PKW-Frage unterschätzt. Man hielt Privatautos für unsozialistisch. Obgleich in Ostdeutschland vor dem Kriege die meisten deutschen Autos produziert wurden (etwa 100.000 Facharbeiter arbeiteten im DKW-Komplex, bei Horch und in der BMW-Produktion in Eisenach), unterließ man es, diesen Industriezweig auszubauen. Laufende Forschungen wurden beendet (in Eisenach wurde beispielsweise der Wartburg 355 entwickelt. Er wurde 1969 fünfmal gebaut, dann durch das ZK der SED „beerdigt". 1973 brachte VW den „Passat" auf den Markt, der diesem Modell bis ins Detail glich. Es gab keine Lizenzübernahme, hier war wohl einfach geklaut worden.)

Der reale Autobedarf lag in der DDR im Jahr bei etwa 600.000 PKW. In Eisenach war mit 60.000 die Produktionsobergrenze erreicht, ein geplantes neues Werk wurde nicht errichtet. Man setzte auf eine Kooperation mit Skoda in Mlada Boleslav (heute

VW-Konzern). Doch die Entwicklung und der Bau eines gemeinsamen PKW kam nicht zustande, das Dilemma blieb. 1989 waren in der DDR 3,6 Millionen PKW zugelassen, darunter zwei Millionen „Trabant" und etwa eine halbe Million „Wartburg".

Stimmt es, daß das Leben in der DDR billig war?

Ja und nein. Es war für den einzelnen Verbraucher insofern billig, als die existentiellen Dinge – von Miete über Lebensmittel, Kinderkleidung und Zeitungen, Theaterkarten und Restaurantpreise, Fahrkarten und Benzinpreise (1,50 Mark/Liter) usw. – nur wenig kosteten. Das lag daran, weil die meisten Waren in der DDR subventioniert wurden. Das heißt: Aus dem Staatshaushalt wurde zugeschossen, damit die Preise stabil und niedrig blieben. Da aber objektiv die Herstellungskosten stiegen (die Rohstoffpreise stiegen auf dem Weltmarkt, der Aufwand zur Gewinnung der Braunkohle nahm zu, die importierten Waren wurden teurer usw.), mußte zwangsläufig auch der Anteil der staatlichen Zuschüsse immer größer werden. Damit befand sich die DDR in einer Zwickmühle: entweder sie reduzierte die Subventionen (wodurch die Preise gestiegen wären), oder sie versuchte, mehr zu exportieren und weitere Kredite aufzunehmen, um unvermindert Subventionen zahlen zu können. Man entschied sich aus politischen Gründen für den zweiten Weg. Der erwies sich am Ende als sehr teurer Fehler.

Aber zum Vergleich: Die Fahrkarte bei Straßenbahn, S- und U-Bahn kostete 20 Pfennig (in manchen Städten sogar noch weniger), eine Kinokarte zwischen einer und drei Mark (plus „Kultursechser", also fünf Pfennig Zuschlag für die Kultur). Ein Monatsabonnement einer Tageszeitung kam zwischen 2,70 Mark („Junge Welt") und 3,50 Mark („Neues Deutschland"). Kaltmiete zahlte man pro Quadratmeter zwischen 0,80 und 1,25 Mark, bei sogenannten fernbeheizten Wohnungen kamen 40 Pfennig je Quadratmeter hinzu. In den 70er Jahren hatte die SED-Führung beschlossen, bis 1990 die Wohnungsfrage als soziales Problem zu lösen. Das zielte sowohl auf die ausreichende Bereitstellung von Wohnraum – in der DDR herrschte, nicht zuletzt als Folge des Krieges, Wohnraummangel – als auch auf die qualitative Verbesserung der

Ausstattungen. Viele Wohnungen wurden noch mit Öfen beheizt, hatten kein Bad, und die Toiletten befanden sich außerhalb der eigenen vier Wände. Da der Neubau auf der „grünen Wiese" zwar nicht unbedingt kostengünstiger war, wohl aber schneller vonstatten ging, entstanden in den 70er, 80er Jahren viele Trabantenstädte („Platte"). Zugleich verfielen manche Innenstädte. Diese Diskrepanz minderte oft die Freude an einer neuen, warmen, preiswerten Wohnung in einem Neubaugebiet.

Besonders Lebensmittel wurden bezuschußt. Ein Vierpfundbrot kostete 1,04 Mark, ein Brötchen fünf Pfennig. Das führte zu der aberwitzigen Situation, daß das Brot billiger war als Viehfutter und mancher Bauer beim Bäcker sein Schweinefutter aus dem Regal kaufte.

Ein Glas Bier in der Eckkneipe kostete 40 Pfennig, das Porto für einen Brief die Hälfte, eine Karte wurde bereits für 10 Pfennig befördert. Das Ortsgespräch von der Telefonzelle fraß zwei Groschen, und für den FDGB-Ferienplatz oder für zwei Wochen Urlaub im Betriebsferienheim zahlte man oft keine hundert Mark ...

Alles in allem kam man bei spartanischer Lebensweise mit 300 Mark gut über den Monat.

Auf der anderen Seite waren hochwertige und langlebige Konsumgüter nicht nur rar, sondern auch extrem teuer. Dafür gab es mehrere Gründe. Zum einen sollte damit Kaufkraft abgezogen werden: In der DDR gab es nur wenig Möglichkeiten, viel Geld anzulegen oder auszugeben. Angesichts der niedrigen Lebenshaltungskosten wuchsen die Guthaben auf den Sparkassenkonten. Also wurden in Exquisit- und Delikat-Läden Textilien und Lebensmittel, oft auch Importiertes, zu überdurchschnittlichen Preisen angeboten.

Zum anderen sollte damit auch einer gewachsenen Differenzierung der Bedürfnisse Rechnung getragen werden. Und schließlich sagte man nicht zu unrecht: Wurst braucht man täglich, einen Fernseher nur alle paar Jahre. Farbfernseher beispielsweise waren nicht unter sechstausend Mark zu haben.

Warum hat man in der DDR den Sozialismus nicht reformiert?

Unabhängig von der Frage, ob diese Form des Sozialismus überhaupt reformierbar gewesen sei, und unabhängig auch davon, was man unter Reform in diesem Zusammenhang überhaupt verstehen will, gab es Reformversuche in nahezu allen Ländern, denen die Sowjetunion nach 1945 ihr Sozialismusmodell oktroyiert hatte.

Sie alle scheiterten, weil die Sowjetunion ein Abweichen von ihrer Linie nicht gestattete. Notfalls, wenn das Bündnis der sozialistischen Staaten gefährdet war, wurde das mit Waffengewalt verhindert – etwa 1956 in Ungarn oder 1968 in der ČSSR. 1980 kam die polnische Führung einer Intervention zuvor, indem sie selbst das Kriegsrecht ausrief. Das Vorgehen Moskaus ist bekannt als sogenannte Breshnew-Doktrin. In der DDR gab es vor allem einen großen und durchaus ernsthaften Versuch, durch tiefgreifende Reformen den Sozialismus nicht nur lebensfähig zu erhalten, sondern ihn auch im Wettbewerb mit dem Kapitalismus bestehen zu lassen. Das wurde ermöglicht, nachdem durch den Bau der Mauer die äußeren Voraussetzungen für innere Veränderungen geschaffen worden waren. Es wurde ein Neues ökonomisches System der Planung und Leitung (NÖSPL) ausgearbeitet, für das es schon lange Vorarbeiten gegeben hatte, die aber bei offener Grenze nicht realisiert werden konnten. Diese Versuche, die mit dem VI. Parteitag der SED 1963 begannen, bröckelten allerdings bereits nach dem VII. Parteitag im Jahre 1967 und wurden 1971 mit dem Sturz Walter Ulbrichts begraben.

Die als NÖSPL bezeichnete Reform sollte mit Hilfe eines komplizierten Instrumentariums aus ökonomischen Hebeln und Planvorgaben marktwirtschaftliche Elemente nutzen, um über den Markt und die Kontrolle durch die Mark zu beweisen, daß mit einem notwendigen Minimum an Planwirtschaft der Weg zu einer sozialistischen Marktwirtschaft eingeschlagen werden kann, die der kapitalistischen Marktwirtschaft schon deshalb überlegen hätte sein können, weil sie die dort übliche Profitwirtschaft mit ihren chaotischen Auswüchsen beseitigt hätte. Die auch in anderen sozialistischen Ländern unternommenen ähnlichen Reformversuche endeten ebenfalls erfolglos. Der Hauptgrund für das Scheitern war wohl

Wirtschaft

die Existenz des RGW in der damals bestehenden Form, in dem alle Volkswirtschaften sozialistischer Länder nicht genügend koordiniert, sondern mehr den Interessen der sowjetischen Wirtschaft untergeordnet waren.

Da die rohstoffarme DDR aber auf Rohstoffimporte, vor allem aus der Sowjetunion angewiesen war (der Westen boykottierte die DDR und andere sozialistische Länder durch die Embargovorschriften COCOM), blieb die ökonomische Abhängigkeit von der UdSSR maßgebend für die wirtschaftliche Entwicklung der DDR. Hinzu kam, daß die Umstellung der Wirtschaft auf eine Reihe markwirtschaftlicher Bedingungen – zum Beispiel zunächst der Ausbau von schwerindustriellen Industriezweigen bei Zurückstellung der Konsumgüterindustrie – hätte erkennen lassen müssen, daß das die ohnehin angespannte Versorgungslage weiter belasten würde.

Ein zweites wesentliches Problem, das nicht gelöst werden konnte, war die Preispolitik. Durch die marktwirtschaftliche Notwendigkeit wäre eine Änderung der Preispolitik erforderlich gewesen. Da es aber die Auffassung gab, die wesentlichen Verbraucherpreise stabil zu halten, aber die Industriepreise gleichzeitig erhöht werden mußten, geriet man in die Quadratur des Kreises. Es wäre also zumindest notwendig gewesen, einen größeren Raum für die marktwirtschaftlichen Belange unter sozialistischen Bedingungen zu schaffen, was an der Haltung der Sowjetunion und der Struktur des RGW scheiterte.

So wurde ein durchaus vernünftiges Reformprojekt abgebrochen und auf dem VIII. Partei der SED 1972 durch ein fast illusionär zu nennendes Wirtschaftskonzept ersetzt, das vor allem den sozialen und Konsumgütersektor „auf Pump" ausbaute, notwendige Investitionen vernachlässigte und die DDR zwangsläufig in die Schuldenfalle führte. Dieses Konzept nannte sich „Einheit von Wirtschafts- und Sozialpolitik". Das hörte sich zwar gut an, war jedoch ausgesprochen populistisch und mußte schließlich in die ökonomische Katastrophe führen.

Politik und Geschichte

War die DDR ein Staat wie jeder andere?

Ja. Sie besaß alle Merkmale eines Staates – auch nach bürgerlichen Rechtsmaßstäben. Der Staat war auch in der DDR „die höchstorganisierte Ordnungseinheit des menschlichen Zusammenwirkens". Die Deutsche Demokratische Republik hatte ein Staatsvolk, ein Staatsgebiet, eine Staatsgewalt und eine Staatsverfassung.

Diese Tatsache wurde seit ihrer Gründung von der Bundesrepublik bestritten. Die DDR war zunächst nicht existent, dann hieß sie nur „die sogenannte DDR", woran etwa das Verlagshaus Springer bis in die 80er Jahre festhielt: Es setzte das Kürzel DDR grundsätzlich nur in Anführungszeichen.

Eine nach dem Staatssekretär Walter Hallstein benannte Doktrin war seit 1955 Regierungspolitik: Die Bundesregierung reklamierte für sich, ganz Deutschland völkerrechtlich allein zu vertreten. Zu Staaten, die die DDR anerkannten (ausgenommen die UdSSR), wurden die diplomatischen Beziehungen abgebrochen. Die erste von der SPD geführte Regierung (unter Kanzler Willy Brandt) gab die Hallstein-Doktrin auf. Die Aufnahme von DDR und BRD in die UNO 1973 bedeutete nach außen das Ende des Alleinvertretungsanspruches. Ungeachtet dessen wurde weiterhin jeder DDR-Bürger als Bundesbürger betrachtet und so behandelt. In jeder diplomatischen Vertretung und auf dem Bundesgebiet bzw. in Westberlin hätte man einen DDR-Ausweis gegen einen BRD-Paß tauschen können.

Die DDR war turnusmäßig Mitglied des UNO-Sicherheitsrates und stellte im Rahmen des regelmäßigen Wechsels einmal den Präsidenten der UNO-Vollversammlung. Mehr als 130 Staaten unterhielten mit der DDR diplomatische Beziehungen und schlossen rechtsgültige internationale Verträge.

1973 urteilte das Bundesverfassungsgericht in Karlsruhe nach einer Klage der Bayrischen Staatsregierung gegen den Grundlagenvertrag, daß „die DDR ein Staat im Sinne des Völkerrechts und somit Völkerrechtssubjekt" sei.

Innenpolitisch war die DDR natürlich kein Staat wie jeder andere.

Es gibt kaum ein Gemeinwesen auf der Welt, dessen innere Ordnung vollständig mit der eines anderen übereinstimmt. Auch zwischen jenen Staaten, die nach 1945 einen antifaschistisch-demokratischen Kurs beschritten und im Aufbau des Sozialismus dem sowjetischen Modell folgten, gab es Unterschiede in den Verfassungen, Rechtsordnungen und selbstredend in den Lebensbedingungen. Die Verfassung der DDR war anders als die der Sowjetunion oder Polens, aber natürlich unterschied sie sich auch von Verfassungen westlicher Länder.

Die Formel kann darum nur lauten: Solange ein Staat nicht gegen die in der UNO-Charta formulierten Rechte verstößt – und das hat die DDR nicht getan –, muß man ihn als einen ganz normalen Staat anerkennen.

In der Frage nach der „Normalität" der DDR schwingt zumeist eine andere mit: Die nach der Legitimität der Staatsgründung und somit der Legitimität der Existenz der DDR überhaupt, die nur bezweifeln kann, wer die historischen Voraussetzungen, die im Ergebnis des Zweiten Weltkrieges zu ihrer Gründung führten, ignoriert. Ignorieren muß derjenige am Ende auch die am 6. April 1968 per Volksentscheid angenommene neue Verfassung der DDR.

War die DDR ein Unrechtsstaat?

Der Begriff „Rechtsstaat" ist in der Auseinandersetzung zwischen BRD und DDR zu einem politischen Kampfbegriff gemacht worden, mit dessen Hilfe die DDR in den Augen der Deutschen herabgesetzt werden sollte. Aus der spezifischen Sicht der BRD war die DDR kein Rechtsstaat, sondern ein Unrechtsstaat, und ist die BRD ein Rechtsstaat. Es gibt aber keine für alle Staaten gültige Definition des Begriffs „Rechtsstaat". Das Wort läßt sich auch nicht in andere Sprachen übersetzen, weil es keinen entsprechenden Ausdruck in ihnen gibt. Rechtsstaat ist typisch deutsch. Im Laufe der Geschichte hatte der Begriff auch unterschiedliche Bedeutungen. In der BRD sagt man, „die Unterwerfung der gesamten Staatsgewalt unter das Recht" sei „der Kern des Rechtsstaatsprinzips". Zu der „gesamten Staatsgewalt" gehört auch die gesetzgebende Gewalt, also das Parlament. Was das Recht sagt, erkennt und bestimmt der Richter. Er steht daher in Gestalt des Bundesverfassungsgerichts noch über dem Parlament. Weil sich, wie Goethe im Faust sagte, Gesetz und Rechte wie eine ewige Krankheit forterben, wirkt sich der so verstandene Rechtsstaat praktisch fortschrittshemmend aus. Er sichert das Bestehende, insbesondere das Eigentum, gegen Veränderungen.

Das konnte ein Staat wie die DDR nicht zur Grundlage seiner Existenz machen, denn er wollte mit seiner Gründung im Gegensatz zur BRD die bestehende Ordnung schrittweise in eine sozialistische verwandeln.

Recht und Unrecht macht man vornehmlich am Privateigentum fest. Noch simpler: Kapitalismus ist rechtens, Sozialismus ist schlecht und unrecht.

Ein jedes Volk ist frei in der Wahl seiner Wirtschaftsform. Das Grundgesetz formuliert das in Artikel 20, Abs. 1: „Die Bundesrepublik Deutschland ist ein demokratischer und sozialer Bundesstaat.. Das ist kein Bekenntnis zum Kapitalismus.

In seinem Kommentar zur Ausgabe des Grundgesetzes vom 1. Juni 1996 kommt Prof. Dr. Günther Dürig zum Schluß, daß „das Grundgesetz in der Tat kein bestimmtes Wirtschaftsmodell festschreibt".

Die Gründungsgeneration der DDR vollzog bewußt einen Bruch mit dem politischen und dem Wirtschaftssystem, das zweimal (1914–18 und 1939–45) nachweisbar in die nationale Katastrophe geführt hatte. Für sie war das Streben nach Maximalprofit die Wurzel allen Übels. Deshalb gab es gleich nach dem Krieg Volksentscheide zur Enteignung von Großunternehmen, die am Völkermord verdient hatten. Ein Großteil der Betriebe wurde verstaatlicht oder in Volkseigentum überführt. Auf dem Lande wurden Genossenschaften gebildet. Bislang für utopisch gehaltene Vorstellungen einer sozial gerechten Gesellschaft sollten realisiert werden. Gemeinnutz vor Eigennutz hieß die Parole. Das ging auf Kosten vor allem jener, die besonders viel Eigentum besaßen, das ja nicht nur Resultat eigener Arbeit war.

Im Grundgesetz heißt es in Artikel 14, Abs. 2: „Eigentum verpflichtet. Sein Gebrauch soll zugleich dem Wohl der Allgemeinheit dienen." In Abs. 3 des gleichen Artikels wird ergänzt: „Eine Enteignung ist nur zum Wohl der Allgemeinheit zulässig." Die Einschränkung „nur" bedeutet hier aber die Möglichkeit des „auch". (Oder vgl. Artikel 15: „Grund und Boden, Naturschätze und Produktionsmittel können zum Zwecke

Politik und Geschichte 144

der Vergesellschaftung ... in Gemeineigentum ... überführt werden.") Die Frage des „Rechtsstaates" ist sehr auslegungsfähig, manchmal auch auslegungsbedürftig.

Es gibt im Rechtswesen eine Definition, die lautet etwa so: Der Rechtsstaat ist ein Staat, in dem die Einhaltung von Rechtsschranken bei der Ausübung der Staatsgewalt verfassungsrechtlich besonders garantiert ist, und in dem der Einzelne bei unabhängigen Gerichten Schutz gegen Übergriffe der Staatsgewalt findet.

Jedoch gibt es keine juristische Definition für einen Unrechtsstaat. Es sei denn, man nehme einfach den Umkehrschluß: Was im Sinne der oben angeführten Definition kein Rechtsstaat ist, ist ein Unrechtsstaat.

Das ist natürlich haltloser Unsinn. Und das kommt daher, weil der Begriff Unrechtsstaat lediglich einen ideologischen Kampfbegriff darstellt.

Etwas ganz anderes ist es, ob es in einem Staat gerecht zugeht oder nicht, ob es in ihm Unrecht gibt oder nicht.

Ja, es gab in der DDR Urteile, die legitime Anliegen unbescholtener Bürger ins Unrecht setzten. Es gab Fehlurteile, die politisch gewollt und juristisch durchgesetzt wurden, und keine Gerichte, die die Entscheidungen anderer Gerichte überprüften. Es wurden Paragraphen formuliert, die dehnbar wie Gummi waren.

Wenn dies jedoch die Kriterien sind, an denen man Rechtsstaatlichkeit mißt, dann sind auch die westlichen Demokratien in diesem Sinne Unrechtsstaaten. Auch dort wurden und werden Fehlurteile gefällt, Rechte willkürlich ausgelegt, gebeugt oder gebrochen. Nur etwa drei Prozent der Lauschangriffe des Verfassungsschutzes beispielsweise, so meldeten Anfang 2003 die Nachrichtenagenturen, seien durch richterliche Anweisung juristisch legitimiert. In 97 von 100 Fällen verstößt also der Staat gegen geltendes Recht.

Die falschen Vorstellungen oder Erwartungen, die etwa mancher DDR-Bürgerrechtler hatte, artikulierte Bärbel Bohley: „Wir wollten Gerechtigkeit, aber bekommen haben wir den Rechtsstaat." Offenkundig war auch ihr nicht geläufig, daß Recht und Gerechtigkeit nicht identisch sind. Und daß subjektiv wahrgenommene Ungerechtigkeit nicht gleichbedeutend sein muß mit Unrecht.

Der in Politik und Medien heute inflationäre Gebrauch des Wortes „Unrechtsstaat" will nicht nur die DDR delegitimieren, sondern die Schaffung neuer ökonomischer Verhältnisse als „Unrecht" oder Fehlorientierung an sich darstellen, mithin auch jegliche Bestrebungen, die bestehenden (Eigentums-) Verhältnisse zu verändern, als nicht statthaft werten. Und er transportiert – nicht nur unterschwellig – die Auffassung, daß die, die in dem „Unrechtsstaat" lebten (den Staat nicht „bekämpften", ihn nicht verließen usw.), unrecht taten. Das vereinnahmende Entgegenkommen so manchen Altbundesbürgers mit Sätzen wie „ich weiß ja nicht, wie ich mich in der DDR verhalten hätte", sollte man als das nehmen, was es ist: Zeugnis von Unkenntnis und demagogischer Herablassung sowie Ausdruck der Überzeugung von der eigenen moralischen Überlegenheit.

Warum haben die Russen Deutschland geteilt?

Wer das meint, ist einer Geschichtslüge aufgesessen. Geschichtslügen kommen nicht von ungefähr, sie haben ihren Ursprung im Bestreben, historische Ereignisse bestimmten Interessenlagen entsprechend umzuinterpretieren. Wer die Auschwitz-Lüge (die Leugnung des Holocaust, also der Ermordung von 6 Millionen jüdischer Menschen durch die Nazis) verbreitet, macht sich strafbar. Sie ist bestimmt die infamste, aber nicht die einzige Geschichtslüge, die der Vertuschung von Schuld und Unrecht dient. Und auf je fruchtbareren Boden von Vorurteilen, politischen Befangenheiten und mangelndem Wissen solche Lügen fallen, desto mehr kommen sie in Umlauf. Auch Halbwahrheiten dienen der interessengesteuerten Meinungsbildung: Die Amerikaner haben uns von den Nazis befreit, ist eine davon. Und die Russen haben dann Deutschland gespalten, schließt sich da nahtlos an.

Deutschland löste am 1. September 1939 mit dem Überfall auf Polen den Zweiten Weltkrieg aus. Am 8. Mai 1945 mußte es kapitulieren, und zwar bedingungslos. In Berlin-Karlshorst unterzeichneten drei deutsche Generäle die Kapitulationsurkunde. Damit hörte das Deutsche Reich als Staat auf zu existieren.

Die Siegermächte – Sowjetunion, USA, Großbritannien; Frankreich kam erst später hinzu – hatten in Vorverhandlungen in Teheran (1943) und Jalta (1945) alle Schritte nach der Zerschlagung des Hitlerreiches festgelegt: Entnazifizierung und Entmilitarisierung, Bestrafung der Nazi- und Kriegsverbrecher sowie Enteignung der Kriegsgewinnler. Hinzu kam die Festlegung von Reparationen, darunter die Abtretung von Territorien. Die neuen Grenzen sollten in einem Friedensvertrag von der künftigen deutschen Regierung anerkannt werden.

Bis dahin übernahmen die vier Mächte die Verwaltungshoheit, d. h. Regierungsgewalt über das verbliebene deutsche Territorium. Dieses war im Februar 1945 auf dem Gipfeltreffen in Jalta in vier Besatzungszonen geteilt worden. Das gemeinsame Organ – der Alliierte Kontrollrat – nahm seinen Sitz in Berlin. Der Vorsitz wechselte turnusmäßig.

In Jalta, vor allem aber auf der Konferenz in Potsdam im August 1945 („Potsdamer Abkommen") wurde festgelegt, wie das künftige Deutschland aussehen sollte. Die Siegermächte wollten ein einheitliches, demokratisches und friedliebendes Land. Eine Wiederholung der Geschichte – Deutschland hatte zweimal einen Weltkrieg initiiert und sich des Völkermordes schuldig gemacht – sollte verhindert werden.

Die gemeinsam getroffenen Vereinbarungen wurden in der Folgezeit von den Siegermächten sehr unterschiedlich, mitunter überhaupt nicht erfüllt. Beispielsweise war Frankreich bei der Umsetzung viel konsequenter als die USA. Am konsequentesten zeigte sich die Sowjetunion. Die Folge war eine sehr unterschiedliche politische und wirtschaftliche Entwicklung in den einzelnen Besatzungszonen.

Das unterschiedliche Vorgehen bei der Entnazifizierung, Entmilitarisierung und bei der Behandlung von Kriegsverbrechern in der Wirtschaft führte besonders nach 1946 in den drei Westzonen zu Verhältnissen, die den Beschlüssen der Antihitlerkoalition zuwiderliefen und wogegen die Sowjetunion wiederholt protestierte.

Die Ursache für diese Entwicklung lag in den unterschiedlichen Politikmodellen. In den parlamentarischen Demokratien des Westens gab es zudem einen latenten Antikommunismus (von Thomas Mann als die Grundtorheit der Epoche bezeichnet), gepaart mit Antisowjetismus. Sowjetrußland hatte nach der Oktoberrevolution 1917 ausländisches Kapital

enteignet, was die Ölkonzerne und Banken noch immer nicht verziehen hatten. Der Kampf in der Antihitlerkoalition gegen den gemeinsamen Feind hatte die Gegensätze zwar überlagert, aber nicht überwunden. Nun brachen sie wieder auf. Der britische Premier Churchill meinte nach dem Sieg über Nazideutschland, daß man das falsche Schwein geschlachtet habe, und gab das Signal für den Kalten Krieg. Besonders die USA unterstützten in ihrer Besatzungszone die alten übriggebliebenen deutschen restaurativen Kräfte, die unter dem Motto „Kampf gegen den Bolschewismus" (was unter Hitler auch schon galt und nun im Kalten Krieg wieder aktuell war) auf eine Wiederbewaffnung Deutschlands drängten. Die sowjetische Besatzungsmacht wandte sich gegen solche Pläne und erklärte, sie würden die Einheit Deutschlands gefährden, denn die UdSSR könne, nach den Erfahrungen, die sie im 2. Weltkrieg, mit einem Land verbrannter Erde und rund 40 Millionen Toten gemacht hatte, nicht zusehen, daß Deutschland an der Seite des einen Partners der Antihitlerkoalition (USA) gegen einen anderen Partner (UdSSR) militärisch aufrüste. Die alten Feinde (in den westlichen Besatzungszonen) wurden nunmehr zu neuen Freunden. Sie verfügten schließlich über ausreichend Erfahrungen im Kampf gegen den Kommunismus. Die westlichen Besatzungsmächte forcierten die Entwicklung in ihren Zonen in ihrem Sinne. Das korrespondierte mit den Interessen westdeutscher Separatisten, etwa des ehemaligen Kölner Oberbürgermeisters Konrad Adenauer, der schon vor 1933 der Idee einer rheinischen Republik anhing.
Im Juni 1948 ersetzten die Westmächte – ohne Rücksprache mit der Sowjetunion – in ihren Zonen (und in ihren Sektoren in Berlin) die bis dahin gültige Reichsmark durch die D-Mark. Mit dieser separaten Währungsreform wurde der erste wichtige Schritt zur Spaltung Deutschlands getan.
Die Sowjetunion reagierte daraufhin mit der Blockade der Westsektoren Berlins. Das führte zur „Luftbrücke". In dieser Propagandaschlacht des Westens („Wir verteidigen Berlin gegen die Russen") unterlag die UdSSR. Der Sympathiebonus, den die Hauptmacht der Antihitlerkoalition bis dahin weltweit genoß, nahm irreparablen Schaden.
Vor diesem Hintergrund konstituierte sich in den Westzonen

ein Parlamentarischer Rat, der den Auftrag erhielt, eine Verfassung auszuarbeiten. Der Text wurde von den westlichen Besatzungsmächten redigiert und genehmigt. Als Grundgesetz trat er am 23. Mai 1949 in Kraft. Am 14. August 1949 wurde ein Bundestag gewählt, der sich am 7. September konstituierte. Die Bundesrepublik Deutschland war gegründet. Konrad Adenauer (CDU) bildete eine Koalitionsregierung. Damit war die Spaltung Deutschlands vollzogen. Kanzler Adenauer begründete diesen Schritt mit dem Satz: „Lieber das halbe Deutschland ganz, als das ganze Deutschland halb."

Die Sowjetunion bestand zu dieser Zeit noch immer auf einem einheitlichen Deutschland und machte auch nach Gründung der DDR (7. Oktober 1949) noch den Vorschlag, gesamtdeutsche Wahlen abzuhalten. Die Besatzungsmächte sollten abziehen und Deutschland neutral werden.

Warum wurde die DDR gegründet?

Mit der Gründung der Bundesrepublik nahm der Westen den Preis der Teilung in Kauf. Die Gründung der DDR war die Antwort. Beide deutsche Staaten waren Kinder des Kalten Krieges und ihrer Besatzungsmächte.

In den Westzonen zeigten sich bald nach dem Krieg restaurative Tendenzen in Gesellschaft und Wirtschaft. Die Katastrophe des imperialistischen Deutschlands führte nur kurzzeitig zur Überlegung, radikal mit diesem Gesellschaftsmodell zu brechen. Die CDU beispielsweise forderte noch auf ihrem ersten Parteitag den Sozialismus für Deutschland. Die Erschütterung war jedoch nicht von nachhaltiger Wirkung.

Anders in der Ostzone. Dort sammelten sich Antifaschisten aus Konzentrationslagern und Zuchthäusern, sie kamen aus dem Exil oder der inneren Emigration. Sie wollten den Neuanfang – so wie er von den Siegermächten in Potsdam vorgegeben war. Viele Kommunisten, Sozialdemokraten, Liberale und Christdemokraten wollten ein neues Deutschland. Sie setzten den bald erkennbaren separatistischen Bestrebungen in Westdeutschland eine Massenbewegung entgegen. Am 6./7. Dezember 1947 trat in Berlin der 1. Deutsche Volkskongreß für Einheit und gerechten Frieden zusammen. Er war die erste gesamtdeutsche Vertretung nach dem Kriege. Ihm gehörten Abgesandte aller Parteien und Massenorganisationen an, ihre Vertreter kamen aus allen Teilen Deutschlands. Die Aktionen der Volkskongreßbewegung blieben jedoch im wesentlichen auf die sowjetische Besatzungszone beschränkt, da die westlichen Besatzungsmächte in ihrem Bereich die Tätigkeit untersagten.

Der 2. Kongreß (17./18. März 1948) wählte einen Deutschen Volksrat als gesamtdeutsche Vertretung und veranlaßte im Frühsommer ein Volksbegehren für einen Volksentscheid über die Einheit Deutschlands.

Der 3. Volkskongreß Ende Mai 1949 – er war durch allgemeine, direkte und geheime Wahlen zustande gekommen – wollte die erkennbar drohende Spaltung mit einer Reihe von Maßnahmen verhindern. (Am 23. Mai 1949 war in den Westzonen ein Grundgesetz in Kraft getreten.)

Dazu gehörte ein Manifest an das deutsche Volk, in dem zum Zusammenschluß „aller national gesinnten Kräfte im Kampf für ein einiges, unabhängiges Deutschland", für den baldigen Abschluß eines Friedensvertrages und den Abzug der Besatzungsmächte aufgerufen wurde. Ferner billigte man den Verfassungsentwurf für eine deutsche demokratische Republik – die ganz Deutschland umfassen sollte.

Die Konstituierung der separaten Bundesrepublik Anfang September machte diese Pläne zu Makulatur. Der demokratisch legitimierte Deutsche Volksrat sah sich zum Handeln veranlaßt. Auf seiner 9. Sitzung am 7. Oktober 1949 erklärte er sich als „Provisorische Volkskammer der Deutschen Demokratischen Republik". Es erfolgte die Wahl eines Präsidenten der Deutschen Demokratischen Republik. Am nächsten Tag berief dann der Präsident Wilhelm Pieck eine Provisorische Regierung unter Leitung des Volkskammerabgeordneten Otto Grotewohl, als Vertreter der stärksten Fraktion, der SED. Im Gegensatz zur neuen Bonner Separatregierung nannten sich die ostdeutsche Volksvertretung und Regierung bis zu den nächsten Wahlen „Provisorisch".

Und bis zum Ende der 60er Jahre betrachtete sich diese DDR als nichts Endgültiges. Es gab immer wieder Versuche, die Entwicklung umzukehren („Deutsche an einen Tisch"; Idee einer Konföderation), allerdings unter Beibehaltung eines alternativen Gesellschaftsmodells.

Die Westintegration der Bundesrepublik und die Einbindung

in die NATO aber führten auf der anderen Seite zur Ostintegration der DDR und zur Mitgliedschaft im Warschauer Vertrag. Das führte nicht nur zu irreversiblen Entwicklungen, sondern sicherte der jeweiligen Führungsmacht im Bündnis auch bedingungslose Gefolgschaft.

Wurde die DDR von den Russen regiert? Wieviel Politik wurde in Berlin, wieviel in Moskau gemacht?

Die DDR war ein souveräner Staat. Dieser Staat hatte – wie an anderer Stelle nachzulesen – eine gewählte Regierung und nahm seine innen- und außenpolitischen Pflichten wahr, getreu der Gesetzeslage und seiner Bündnispflichten.
Doch die Souveränität hatte Grenzen. Vergessen wir nicht: Deutschland hatte den Krieg verloren, das Land wurde von den Siegermächten UdSSR, USA, Großbritannien und Frankreich besetzt. Auf dem (reduzierten) Territorium waren 1949 zwei Staaten entstanden, die Mitte der 50er Jahre in zwei Verteidigungssysteme eingebunden wurden (NATO und Warschauer Vertrag). Die jeweiligen Führungsmächte (USA und UdSSR) betrachteten sich zwar nicht mehr als Besatzungsmacht, doch ihre Truppen blieben im Lande des Verbündeten. Für beide gehörte dies zu ihrem jeweiligen Einflußgebiet.
Die eingeschränkte Souveränität zeigte sich stets dann, wenn es um die Interessen der „Führungsmacht" ging. Moskau und Washington verständigten sich über die Köpfe der Regierenden in Berlin und Bonn. Direkte Vereinbarungen zwischen diesen bedurften hingegen der Zustimmung der Vier Mächte. So wurde beispielsweise Anfang der 70er Jahre die Berlin-Frage durch ein Vier-Mächte-Abkommen geregelt.
Erst 1990 fand dieser Zustand der eingeschränkten Souveränität durch die 2+4-Gespräche (beide deutsche Staaten sowie die Siegermächte) sein Ende. Die sowjetischen Besatzungstruppen zogen ab. Die noch immer in der Bundesrepublik stationierten auswärtigen NATO-Truppen firmieren als Militärverbündete.
Die östliche Führungsmacht regierte stärker in die DDR hinein, als es bei den westlichen auf ihrer Seite der Fall war. Vertreter der sowjetischen Militäradministration (SMAD), später der Hohen Kommission, nahmen an Sitzungen des

SED-Politbüros, dem höchsten Gremium der führenden Partei und damit des Staates, teil und nahmen Einfluß auf die Entscheidungen. Das endete zwar im Herbst 1955 durch den Abschluß eines Staatsvertrages zwischen der UdSSR und der DDR. Dennoch diktierte die Sowjetunion unverändert Entscheidungen, von denen sie annahm, daß davon ihre eigenen Interessen berührt seien. So bestimmten sowjetische Militärs maßgeblich das am 13. August 1961 („Mauerbau") eingeführte Grenzregime und den anschließenden Ausbau der Grenzsicherungsanlagen (z. B. das Anlegen von Minenfeldern). Der Staats- und Parteichef Walter Ulbricht mußte 1971 auf Druck Moskaus zurücktreten, weil er zu eigenständig agierte. UdSSR-Botschafter Abrassimow trug nicht grundlos den Beinamen „Regierender Botschafter". Zwar veranlaßte Honecker dessen Abberufung in den 80er Jahren. Doch auch Honecker konnte seine Entscheidungen nicht unabhängig von der Moskauer Interessenslage treffen; nur ein Beispiel war sein seit 1983 von Moskau wiederholt untersagter Besuch in der Bundesrepublik. Die Reise durfte erst 1987 erfolgen, nachdem der sowjetische Staats- und Parteichef Gorbatschow in Bonn gewesen war.

Egon Bahr bezeichnete die DDR nach ihrem Ende als einen Satelliten, der von der Sowjetunion in der Umlaufbahn gehalten worden war. Als dieser die Bahn verließ, nachdem Moskau seinen Dienst eingestellt hatte, stürzte er ab. Vielleicht beschreibt dieses Bild das Verhältnis zwischen Moskau und Berlin. Anders gesagt: Außerhalb des funktionierenden Bündnisses der sozialistischen Staaten – und innerhalb dieses Bündnisses war die Formulierung „unter Führung der Sowjetunion" nicht etwa Sprachfloskel, sondern kennzeichnete die tatsächlichen wirtschaftlichen und politischen Verhältnisse und Beziehungen, mithin auch die Stärke der einzelnen Partner – war die DDR nicht existenzfähig.

Warum wurde die Freundschaft zur Sowjetunion angeordnet? Wie befreundet war man wirklich?

Umgangssprachlich hießen in der DDR Sowjetbürger und -soldaten „die Freunde". Und das Land war „der große Bruder". Damit sollte das Familiäre, das hohe Maß der Vertraulichkeit zum Ausdruck gebracht werden. In Losungen und Liedern wurde die „unverbrüchliche Freundschaft" besungen.

Als Bundeskanzler Schröder 2001 der USA „uneingeschränkte Solidarität" erklärte, kam das den meisten Ostdeutschen sehr bekannt vor.

Die offizielle Freundschaft war verordnet und politisch begründet. Aber das ist nur eine Teilantwort auf die Frage und erfaßt zunächst nur die Tatsache, daß man dem in Deutschland tradierten Antibolschewismus und Antisowjetismus, bis 1945 eigentlich Staatsdoktrin, mit Sowjetpropaganda begegnete.

Wie sahen die Beziehungen der Menschen aus? Es war in der DDR für die meisten klar, daß gemeinsame Interessen die Basis einer Freundschaft sein können. Das gilt vielleicht gerade für die Haltung gegenüber der Sowjetunion und gegenüber ihren Menschen, die in einem schlimmen Maße unter der deutschen Okkupation zu leiden hatten. Die Goebbelspropaganda hatte mit ihren antibolschewistischen Greuelmärchen für genügend Angst vor den Russen gesorgt. Die Übergriffe, die es beim Vormarsch der Roten Armee gab, die es in jedem Krieg gibt, sind natürlich nicht entschuldbar, aber sie wurden und werden noch immer im Sinne antisowjetischer Meinungsmanipulation hochgespielt. Im Osten Deutschlands sahen die Menschen schließlich auch die andere dieser seit Goebbels so verunglimpften, weil wegen ihrer Erfolge verhaßten Armee. Sie sahen, wie Brot verteilt wurde, Suppenküchen für warme Mahlzeiten sorgten, sowjetische Künstler in zertrümmerten Städten ihre Bühnen errichteten, um etwas Freude ins triste Grau zu bringen. Es bildeten sich (natürlich gefördert) Zirkel zum Studium der Kultur der Sowjetunion, in denen versucht wurde, die Unwissenheit über dieses Land zu beseitigen oder doch wenigstens abzubauen. Dann kamen die Buttertransporte in den Hungerwintern aus einem Land, das selbst mit dem Hunger als Folge des Krieges zu kämpfen hatte.

Viele Menschen begannen das eingeimpfte Vorurteil zu überwinden, Sie begannen sich mit russischer und sowjetischer Literatur zu befassen, russische und sowjetische Theaterstücke wurden aufgeführt. Die Bürger der DDR haben dann später das Verhältnis vertieft, freilich aber auch relativiert, als sie als Urlauber die Sowjetunion besuchten. Studierende von hier in dem anderen Land und von dort bei uns brachten viele junge Leute einander näher, manchmal durch gegenseitige Hochzeiten sogar in Familiennähe. Das war alles normal und mußte nicht angeordnet werden. Und es entstand in dem Bewußtsein, daß Russen und Deutsche voneinander abhängig waren vor allem in der wichtigsten Frage: Wie kann man verhindern, daß sich das Schreckliche zwischen unseren Völkern wiederholt. Wer das nicht erlebt hat, hat viel versäumt. Es kommt eben darauf an, was man unter Freundschaft zwischen den Völkern versteht. Das gleiche gilt natürlich auch für die bei manchen heute in Vergessenheit geratene Freundschaft oder zumindest gute Nachbarschaft zu anderen ehemals sozialistischen Ländern. Gemeinsamkeit und Solidarität mit in- oder ausländischen Nachbarn, mit nahen Bekannten oder fernen Fremden, das waren keine Phrasen und Verordnungen. Die DDR-Bürger nahmen den sozialistischen Internationalismus sehr ernst. Rassenhaß und Fremdenfeindlichkeit hatten – entgegen anderen Behauptungen – keinen Boden in der DDR.

Und doch müssen zumindest zwei Mängel des richtigen politischen Ansatzes benannt sein: Das Loblied auf die Sowjetunion und ihre Errungenschaften war gelegentlich überzogen, und die Realität hielt einer Überprüfung nicht immer stand. Das zweite Problem war die angestrebte Institutionalisierung dieser Freundschaft, die sie oft auf Arbeitskontakte und Freundschaftstreffen reduzierte, beispielsweise aber private Kontakte mit den in der DDR stationierten Sowjetsoldaten – rund 400.000 Menschen – als nicht erwünscht ansah, weil sie dem hohen Sicherheitsbedürfnis sowjetischer Militärs widersprachen.

Bis heute aber ist bei den ehemaligen DDR-Bürgern – weitergegeben oft auch an die Nachgeborenen – das Wissen vorhanden und verinnerlicht, daß die Nazi-Aggression in der Sowjetunion ungeheuerliche Opfer forderte und die Sowjetunion in der Anti-Hitler-Koalition den entscheidenden Beitrag zur Befreiung der Deutschen vom Faschismus leistete. Und das schlug durchaus in Gefühle von Achtung, Dankbarkeit, Freundschaft um.

Warum war die DDR von der Sowjetunion abhängig?

Das ist eine vollkommen sachliche Frage, aber man kann sie auch mit unlauterer Absicht stellen: Dann nämlich, wenn man Abhängigkeit als Willkür des Stärkeren definiert, der den Schwächeren zwingt und unterdrückt, der selbstherrlich und nach purem Eigennutz bestimmt, was zu geschehen hat. Übertragen in die Politik: Wenn der wirtschaftlich stärkere Staat vorgibt und durchsetzt, was den Interessen und Zielen des schwächeren Staates zuwiderläuft. So sahen die Beziehungen der Sowjetunion zur DDR nicht aus, was nicht heißt, daß es nicht zu Interessenkollisionen kam, daß nicht nationale Interessen vor bilateralen standen, daß die Sowjetunion als Wohltäter und aus altruistischen Motiven handelte. So sieht Politik nicht aus, so sah sie auch zwischen den sozialistischen Bruderländern nicht aus. Entscheidend ist, daß durch vertragliche Regelungen Strukturen und Sicherheiten im Umgang miteinander geschaffen wurden.

Wenn man die „Abhängigkeit" der DDR von der Sowjetunion untersucht, müssen drei Gründe in Betracht kommen:

Der erste war ein moralischer. Die Sowjetunion hatte den entscheidenden Anteil an der Befreiung Deutschlands vom Hitlerfaschismus. Die Folge war, daß die DDR (zunächst auch für ganz Deutschland) sich dankbar zeigte, vor allem auch dann, als DDR-Bürger durch ihre Reisen wußten, daß es ihnen vor allem seit den 50er Jahren materiell besser ging als den Völkern der Sowjetunion. Besonders in den ersten Jahren hatte die Sowjetunion – so widersprüchlich es scheinen mag – nicht nur Reparationen gefordert (die die SBZ/DDR gemäß den Verpflichtungen von Potsdam auch zahlte, und als die westdeutschen Lieferungen an die UdSSR ausblieben, auch noch diesen Teil übernahm), sondern hatte den Ostdeutschen durch Lebensmittelhilfen über die erste Zeit des Hungers hinweggeholfen. Das muß nicht zur Abhängigkeit führen. Aber es spielte bei allen Diskussionen um das Verhältnis eine Rolle, und es blieb ein beachtliches Gefühl von Dankbarkeit.

Zweitens gab es politische Gründe. Die deutschen Kommunisten waren Teil der 1919 gegründeten Kommunistischen Internationale, die 1943 von Stalin liquidiert wurde. In der Vorstellung der deutschen Kommunisten, die in der SED das Sagen hatten, war die KPdSU und die von ihr geführte Sowjetunion der Pionier des Menschheitsfortschritts. Sie übernahmen deren Gesellschaftsmodell – erstens, weil es kein anderes erprobtes gab, zweitens war es schließlich ein erfolgreiches, hatte es sich doch als fähig und stark genug erwiesen, den Faschismus militärisch – wenn auch unter Riesenverlusten – zu schlagen. Daß eigene nationale Wege zu einer sozialistischen Entwicklung ignoriert oder sogar abgelehnt wurden, konnte auch durch spätere Ansätze nicht wettgemacht werden bzw. wurde unterbunden.

Drittens bestanden wirtschaftliche Zwänge. Die DDR war als rohstoffarmes Land auf die Lieferungen aus der Sowjetunion angewiesen, was diese auch als Druckmittel einsetzte: Zuweilen wurden die Öllieferungen gedrosselt, um bestimmten Forderungen Nachdruck zu verleihen. Positiv war, daß die Rohstoffpreise meist unter Weltmarktpreisen angeboten wurden. Zugleich war die Sowjetunion ein riesiger und sicherer Absatzmarkt für DDR-Waren (die diese mitunter in solchen Mengen exportieren mußten, daß sie auf dem Binnenmarkt fehlten). Zudem erfolgten die wechselseitigen Lieferungen auf der Basis des transferablen Rubels, der „Binnenwährung" des östlichen Wirtschaftsverbundes RGW. Davon profitierten alle unter ständigem Devisenmangel leidenden Ostblockstaaten.

Die enge Bindung der DDR-Volkswirtschaft an diesen Markt führte zu Abhängigkeiten und Strukturproblemen, die, wie sich 1989 zeigte, durchaus auf Gegenseitigkeit beruhten. Der Zusammenbruch des Ostblocks und die Währungsunion 1990 ließen die ostdeutsche Wirtschaft kollabieren.

Warum sind die Russen nach 1989 aus der DDR verschwunden?

Der Abzug der bis dahin auf dem Territorium der DDR stationierten sowjetischen Truppen erfolgte nach den Festlegungen des sogenannten 2+4-Vertrages, der am 12. September 1990 in Moskau unterzeichnet wurde. Mit diesem Vertrag traten die vier Siegermächte ihre bis dahin wahrgenommenen Rechte auf deutschem Boden ab. So auch die Sowjetunion. Nachdem der sowjetische Präsident Gorbatschow, Bundeskanzler Kohl bei Gesprächen in Moskau und im Kaukasus (14.-16. Juli 1990) sein Ja zur NATO-Mitgliedschaft

Gesamtdeutschlands gegeben hatte, verblieben die bisherigen westlichen Besatzungstruppen als „NATO-Truppen" in Deutschland, während die sowjetischen Truppen als „Besatzungstruppen" abziehen mußten.

Was war der „Eiserne Vorhang"?

Der Begriff kommt vom Theater. Er rasselt herunter, wenn es Feuer gibt, und trennt die Bühne vom Zuschauerraum.
Als politische Metapher verwandte sie erstmals der Nazipropagandaminister Goebbels. Nach dem Gipfeltreffen der Großen Drei in Jalta versuchte er mit einer Rede am 22. Februar 1945 einen Keil in die Antihitlerkoalition zu treiben. Er forderte die Westmächte auf, sich mit Deutschland im Kampf gegen den Bolschewismus zu verbünden und diesen gemeinsam in die „russischen Weiten" zurückzutreiben. Anderenfalls würde die Rote Armee weit nach Westen vorstoßen. Das würde „zur Errichtung eines eisernen Vorhangs quer durch Europa führen", hinter dem sich dann der „asiatische Bolschewismus mit seinem Terror ausbreiten" werde.
Winston Churchill nahm dieses Bild ein Jahr später auf. In seiner Rede in Fulton/USA, die als Beginn des Kalten Krieges gilt, sprach er von einem „iron curtain", der sich quer durch Europa herniedergesenkt habe. Damit meinte er die Trennlinie zwischen dem westlichen und dem östlichen Machtbereich. Dieser Eiserne Vorhang müsse verschwinden. Daraus entwickelten die USA und ihre Verbündeten die Politik des Rollback: „Die Kommunisten" und ihr Einfluß sollten zurückgerollt werden.
Der Begriff des Eisernen Vorhangs ging in die Terminologie des Kalten Krieges ein. Aus der Sicht des Westens war alles östlich von Harz, Thüringer und Böhmerwald „jenseits des Eisernen Vorhangs". Im Osten wurde diese Bezeichnung nicht verwandt.

Wie stand die DDR zu Adolf Hitler?

Als Exponent des Nazidiktatur konzentrierten sich in seiner Person alle barbarischen Entscheidungen, sein Name steht für das finsterste Kapitel der deutschen Geschichte.
Die Frage scheint jedoch etwas komplexer zu sein, und die

Antwort muß auch auf das unterschiedliche Vorgehen sogenannter bürgerlicher und marxistischer Historiker berücksichtigen. Marxistische Geschichtswissenschaftler gehen davon aus, daß Personen immer im Kontext zu gesellschaftlichen Vorgängen handeln. Natürlich gibt es individuelle Besonderheiten, aber es sind die Klassen, die Geschichte machen, und weniger einzelne Männer (oder Frauen). Die Arbeitsmethode heißt dialektischer und historischer Materialismus. So war denn der Faschismus (nach Dimitroff) die „offene terroristische Diktatur der reaktionärsten, am meisten chauvinistischen, am meisten imperialistischen Elemente des Finanzkapitals".

Die sogenannte bürgerliche Geschichtsschreibung ignoriert zwar den gesellschaftlichen Bezug meist nicht, legt aber größeres Augenmerk auf das Handeln und den Charakter einzelner Personen. Hitler war nach dieser Lesart ein Verbrecher, der es mit Rhetorik und Charisma zum Verführer eines ganzen Volkes gebracht hat. Daß er eine Kreatur bestimmter gesellschaftlicher Kreise war, die ihn deshalb zum Führer wollten und machten, weil sie unter seiner Ägide besser als zuvor verdienen konnten, wurde, wenn nicht verschwiegen, allenfalls beiläufig erwähnt. Denn dies zog zwangsläufig die Frage nach sich: Wer hat Hitler gemacht? Und: Hatten jene, die ihn auf den Schild hoben, auch noch in der Bundesrepublik etwas zu sagen? Und wo waren die Militärs, Juristen und Staatsdiener geblieben, die ihn (und sein System) trugen?

Solche Fragen nach den wahren Ursachen führen auch zu Schlüssen. Etwa jenem: Wenn Faschismus sich nicht wiederholen soll, müssen seine gesellschaftlichen und ökonomischen Wurzeln beseitigt werden.

Durch die gründliche Art und Weise der Faschismusforschung hat sich die DDR viele Feinde bei denen gemacht, die sich mit der Personalisierung des Faschismus auf einen Einzelnen selbst reinwaschen wollten. Denn die Öffentlichkeit innerhalb und außerhalb der alten Bundesrepublik stieß alsbald darauf, daß viele der ökonomischen und geistigen wie auch politischen und militärischen Hintermänner und Helfershelfer in der alten Bundesrepublik nicht nur das Jahr 1945 überlebt, sondern wieder alte Machtpositionen eingenommen hatten. Kriegsverbrecherkonzerne wie Flick, Krupp, IG

Farben (-Nachfolger) und viele andere wurden nicht enteignet, sondern konnten ihre Kriegsgewinne realisieren. Naziaktivisten wie Globke, Oberländer Seebohm, Filbinger und zahllose Ribbentrop-Diplomaten, Kriegsgerichtsräte und Blutrichter aus des Nazi-Chefankläger Freislers Umgebung kamen wieder in hohe Regierungs- und Verwaltungspositionen oder erhielten, wenn sie zu alt waren, hohe Pensionen, trotz ihrer „Staatsnähe" zu einem verbrecherischen Staat. Nazigeneräle übernahmen in den ersten Jahren, bis sie genug Nachwuchs herangezogen hatten, den Aufbau der Bundeswehr. Warum – so fragte man sich im alten Bonn scheinheilig – sollte es anders sein? Hitler war an allem schuld, und der ist tot. Basta.
Die Ursachenbeseitigung betrieb man in der Sowjetischen Besatzungszone/DDR sehr intensiv. Insofern war die DDR nicht nur deshalb ein antifaschistischer Staat, weil sein Führungspersonal mehrheitlich aus dem Widerstand kam und von staatswegen konsequent gegen alle Formen von Nazismus, Rassismus und Antisemitismus vorgegangen wurde. Sie war es auch deshalb, weil Konzerne enteignet und das Großkapital als Klasse liquidiert wurde. Der Schoß, aus dem das alles kam (Brecht), war hierzulande unfruchtbar gemacht worden.
Deshalb machte sich die DDR in eben jener Klasse viele Feinde. Und diese am Ende ihr den Garaus. Denn das hat man ihr nie verziehen.

War die DDR eine Diktatur wie das Dritte Reich?

Nein. Der oft gehörte, weil nach wie vor in kalter Kriegsmanier benutzte Vergleich von den zwei deutschen Diktaturen ist schlicht unhistorisch und falsch.
Es ist seit dem Ende der DDR üblich, diese mit ihrem Vorgängerstaat zu vergleichen. Auch die Bundesrepublik ist aus dem Nazireich hervorgegangen. Doch niemand käme heute auf die Idee, einen solchen Vergleich anzustellen. Abwehrend heißt es dann, die Bundesrepublik habe ihre demokratische Lektion gelernt.
Die DDR offenkundig nicht.
Statt dessen werden mit dem Vergleich immer wieder Stereotypen und Vorurteile des Zeitgeistes bedient.
Das Nazireich war eine furchtbare Diktatur, die von vorn-

herein geschaffen worden war, um einen neuen Krieg zur Eroberung von „Lebensraum" und Rohstoffgebieten (Goebbels u.a.: Es geht uns um den ukrainischen Weizen und das kaukasische Erdöl) vorzubereiten und zu führen. Sie sollte ein Europa unter deutscher Führung schaffen und im Inneren jede Opposition ersticken. Sie sollte, um Feindbilder für die breiten Massen zu schaffen, den Rassenwahn zu einer Rassentheorie hochstilisieren und damit die physische Vernichtung von Millionen „minderrassiger" Menschen begründen. Sie sollte die „nationalsozialistische Idee" durch die „Ausrottung des Marxismus" – was auch den Tod von Hunderttausenden Kommunisten und Sozialdemokraten bedeutete – europaweit durchsetzen. Das weiß man, und es bedarf keiner weiteren Beweise. Das Dritte Reich verkörperte Terror nach innen und außen. Es löschte systematisch und fabrikmäßig aus ideologischen Gründen ganze Völker aus. Ihrem Herrenmenschenwahn fielen sechs Millionen Juden zum Opfer. Sie ermordeten Sinti und Roma, Schwule und Lesben. Sie führten einen Vernichtungsfeldzug gegen die „slawischen Untermenschen". (Im 2. Weltkrieg starben fast 40 Millionen Sowjetbürger.)

Auch wenn sich die Feder sträubt, muß es offensichtlich gesagt werden: Kann man der DDR auch nur im entferntesten Ähnliches vorwerfen? Sie hat weder den Massenmord noch einen neuen Weltkrieg organisiert. Mit den Vergleichen von zwei deutschen Diktaturen wird der Faschismus mit seinen Verbrechen bagatellisiert und die DDR als Ganzes kriminalisiert.

Man bezieht sich bei dem gegen die DDR benutzten Begriff von der „zweiten deutschen Diktatur" auf die theoretische marxistische Definition von der „Diktatur des Proletariats" als der höchsten Form der Demokratie. Natürlich kann diese Formulierung als Vergleich zu anderen Diktaturen herangezogen werden – wenn man nämlich das Wort Diktatur einfach als Totschlagknüppel mißbraucht.

Nach der marxistischen Definition ist jede Herrschaftsform einer Klasse über die andere eine Diktatur. Es wird nämlich mit Gewalt, die man staatlicherseits in der Hand hat, die jeweils andere Klasse den Interessen der herrschenden Klasse untergeordnet. Die Besitzer der wichtigsten Produktionsmittel sind eine Klasse für sich, die in den kapitalistischen Staaten auch die staatliche Macht in ihren Händen halten. Sie werden jeden Versuch der anderen, der nichtbesitzenden Klasse, diese Besitzverhältnisse und damit die wirklichen Machtverhältnisse ändern zu wollen, mit Gewalt unterbinden. Die Herrschenden, im Kapitalismus zahlenmäßig eine Minderheit, üben also diktatorische Gewalt zur Erhaltung ihrer Macht- und Besitzverhältnisse aus. Das gilt im allgemeinen Verständnis aber als Demokratie, weil ein durchaus demokratisch und frei gewähltes Parlament den Eindruck erweckt, durch Mehrheitsbeschlüsse auch Mehrheitsinteressen zu vertreten. Dabei wird es in einer bürgerlichen, sprich kapitalistischen Gesellschaftsordnung nicht einen einzigen Parlamentsbeschluß geben, der den Interessen der wirklich Herrschenden, den Eigentümern an Produktionsmitteln, Banken und Konzernen, auf Dauer zuwiderläuft. (Weswegen der Dichter Peter Hacks Parlamente definierte als „jene Art von Kammer, wo an die Lobby aus Schmuckgründen auch noch ein Raum angebaut ist, worin man redet".)

Da der Marxismus davon ausgeht, daß mit der Veränderung der grundlegenden gesellschaftlichen, d.h. zunächst der Besitzverhältnisse, neue Eigentumsformen entstehen (Volkseigentum, Genossenschaftliches Eigentum usw.), entstehen neue Mehrheitsverhältnisse. Das hieß bei Marx, das Proletariat als die zahlenmäßig weitaus größere Klasse übt dann durch ihre Herrschaft über eine Minderheit auch eine Diktatur, allerdings die einer Mehrheit über eine Minderheit aus. Die Herrschaft einer Mehrheit der Bevölkerung über eine Minderheit ehemaliger oder noch tätiger Ausbeuter ist aber im Gegensatz zu umgekehrten Herrschaftsverhältnissen wiederum Demokratie in des Wortes eigentlicher Bedeutung. Dies waren Vorstellungen aus dem 19. Jahrhundert. Aber auch heute gelten grundsätzlich noch Regeln und Gesetzmäßigkeiten in diesem Sinne. Deshalb bemühen sich die Auguren des Kapitalismus auch, bestimmende klärende Begriffe zu verwischen. Sie meiden Begriffe wie Klassen oder Klassenkampf, Proletariat oder Ausbeutung und sprechen dafür von deren Überwindung in einer Demokratie, sprechen von Freiheit und Liberalismus, um damit die nach wie vor bestehenden Unterschiede zwischen Arm und Reich, zwischen den Klassen zu übertünchen und die Ursachen für diese Schere zu vertuschen. Man malt den Kommunismus als ein diktatorisches Terrorregime an die Wand.

Nach ihrem Selbstverständnis und gemäß der damals üblichen Terminologie war die DDR eine „Diktatur des Proletariats", ein Staat der Arbeiter und Bauern, in welchem eine Mehrheit über eine Minderheit „herrschte". Die Minderheit waren Ausbeuter und Beutelschneider, die Bourgeoisie eben. Von der gab es nicht mehr sehr viele; die meisten setzten sich bereits in den 40er Jahren in den Westen ab.

Mit Hilfe dieser Diktatur wollten die Ostdeutschen eine sozialistische Gesellschaft errichten: eine Gesellschaft der sozialen Gerechtigkeit, des Friedens und der Völkerfreundschaft. Niemals mehr sollte eine Mutter ihren Sohn beweinen, hieß es in der Nationalhymne. Womit die DDR recht behielt: Die Nationale Volksarmee war die einzige deutsche Armee, die keinen Krieg führte bzw. deren Soldaten nicht an kriegerischen Handlungen beteiligt waren.

Gab es in der DDR Demokratie?

Ja, die Demokratie in der DDR war allerdings von anderer Art als jene, die wir gemeinhin als die bürgerliche kennen. In deren Zentrum stehen die freien, gleichen und geheimen Wahlen. Auch in der DDR gab es Wahlen. Gewählt wurden die Abgeordneten der Volkskammer, der Bezirks- und der Stadtverordnetenversammlung von Berlin, der Kreis- und Stadtverordnetenversammlungen der Stadtkreise, der Gemeindevertretungen und der Stadtverordnetenversammlungen sowie der Stadtbezirksversammlungen. In der Volkskammer saßen 500 Abgeordnete, in den Örtlichen Volksvertretungen waren 208.506 Mandatsträger tätig.

Im Unterschied zu den Wahlen in der bürgerlichen Demokratie jedoch, bei denen die Parteien und Kandidaten um Mehrheiten und Mandate kämpfen (ohne daß die Wähler darüber entscheiden könnten, welche Personen auf die Liste kommen, denn das geschieht durch parteiinterne Selektion), waren in den DDR-Parlamenten die „Sitzverhältnisse" bereits vorher nach einem unverändert gültigen Schlüssel festgelegt. Die eigentliche Wahl fand vor dem Urnengang statt: Da mußten sich die Bewerber auf Wählerversammlungen dem

Urteil des Wahlvolks stellen. Das Votum am Wahltag für die so zugestandegekommene Liste der Nationalen Front war letztlich Zustimmung zur Gesamtpolitik des Staates und weniger für den einzelnen Kandidaten.

Das war ein Reflex auf die Erfahrungen der parlamentarischen Demokratie in der Weimarer Republik (1919-1932). Das dortige „Parteiengezänk" hatte mit zur nationalen Katastrophe im Jahre 1933 geführt. Das sollte sich nicht wiederholen. Deshalb wollte man in den Parlamenten geschlossen auftreten. Bereits lange vor Gründung der DDR verständigten sich die Parteien auf die Bildung eines Demokratischen Blocks. Dort regelte man untereinander und außerhalb der Öffentlichkeit die Probleme.

Und abweichend von der bürgerlichen Demokratie hatten in den DDR-Parlamenten auch sogenannte Massenorganisationen Sitz und Stimme, etwa der Kulturbund, die Gewerkschaft, der Jugendverband, der Frauenbund.

Der Pferdefuß jedoch war, daß die SED – nach ihrem Selbstverständnis die führende Kraft – nicht nur durch Doppelmitgliedschaften stets die Mehrheit hatte (Gewerkschafter, FDJler oder Kulturfunktionäre gehörten oft auch der SED an). Volkskammerentscheidungen wurden zuvor auf Sitzungen des Politbüros beschlossen, auf den nachgeordneten Ebenen erfolgte das analog. Dadurch entstand der nicht ganz unbegründete Eindruck, daß „die Macht" nicht mehr beim Souverän lag, dem Volk, sondern sich immer mehr ins SED-Politbüro verlagerte.

Dieser Vorwurf wurde mit dem Hinweis auf das Statut der 2,3 Millionen-Mitgliederpartei entkräftet. Dort galt das Prinzip des demokratischen Zentralismus – also demokratische Wahl (oder Abwahl) der jeweiligen Parteileitungen und deren Rechenschaftspflicht gegenüber der Parteibasis. Doch in der Realität funktionierte das nicht. Die Parteiführung entfernte sich immer mehr vom Volk, reagierte zunehmend autark und selbstherrlich. Und hinzu kam noch, namentlich unter Erich Honecker, der 1971 an die Spitze der SED getreten war und diese bis zu ihrem Ende 1989 leitete, daß sich die Führung auf die Person des Generalsekretärs reduzierte.

Gleichwohl gab es Bereiche in der DDR-Gesellschaft, in denen es weitaus demokratischer zuging als hierzulande und heutzutage. In der DDR begann die Demokratie hinter dem Betriebstor, in der Bundesrepublik hört sie am Betriebstor auf. In den volkseigenen Betrieben hatte die Arbeiterklasse tatsächlich die Macht. Das hatte Gründe: Entscheidungen, die für das öffentliche Leben wichtig sind, werden dort getroffen, wo produziert wird – und zwar von denjenigen, denen die Produktionsmittel gehören.

Die vielgeschmähte Planung war ein wesentliches Element der DDR-Demokratie, weil die Arbeiter beispielsweise in Plandiskussionen und über die sogenannten Betriebskollektivverträge mitbestimmen konnten über die Ökonomie des Betriebes. Daß freilich nicht immer alles so lief, wie es die Belegschaften beraten und beschlossen hatten, lag an Faktoren, die sie nicht beeinflussen konnten.

Die Rolle der Gewerkschaften in der DDR war Ausdruck der sozialistischen Demokratie. Deshalb hatte der Freie Deutsche Gewerkschaftsbund (FDGB) auch eine eigene Fraktion in der Volkskammer. Daß der Einfluß der Gewerkschaften seit den 70er Jahren sukzessive zurückging, trug nicht unwesentlich zum Untergang der DDR bei.

Ein anderes Feld der sozialistischen Demokratie lag in den Kommunen. Auch dort galt: Bei den Entscheidungen, die das unmittelbare Leben der Menschen betrafen, hatten diese unmittelbares Mitspracherecht. Die Bewegung „Schöner unsere Städte und Gemeinden" etwa wurde, solange es die DDR gab, im Westen belächelt. Heute erfindet man eine solche Bewegung in der ganzen Bundesrepublik als Wettbewerb „Unser schönes Dorf" oder „Unsere schöne Stadt" neu. Im Bildungswesen gab es durch die Elternbeiräte echte Einflußmöglichkeiten auf den Unterricht. Natürlich gibt es auch in der BRD Elternbeiräte, doch über ihren Einfluß läßt sich streiten. Das Bildungswesen war in der DDR zentral geregelt. Die Kulturhoheit der Länder, die heute als demokratische Errungenschaft gepriesen wird, ist nichts als ein Rückfall in die deutsche Kleinstaaterei, weil es große Unterschiede im Bildungswesen zwischen einzelnen Ländern gibt, was manches in den Ergebnissen der sogenannten PISA-Studie erklärt. Mit der gegen Ende der 80er Jahre in der DDR erhobenen Forderung nach mehr Demokratie war von den meisten Protestierenden nicht gemeint, die Volkskammer durch ein besseres Parlament zu ersetzen, wenngleich auch dies zu demokratischen Forderungen gehört haben könnte. Aber im Kern der Forderungen ging es um die immer häufiger vorkommenden Verletzungen sozialistischer Demokratie, die viele Bürger als Verlust einmal schon vorhandener demokratischer Rechte empfanden. Und dabei spielten die aus einem übersteigerten Sicherheitsempfinden der SED-Führung heraus betriebenen Stasi-Aktivitäten eine Rolle, obwohl die Tätigkeit der Sicherheitsorgane von der Mehrheit der Bevölkerung nicht in dem Maße wahrgenommen und empfunden wurde, wie das heute dargestellt wird.

Wenn es um die parlamentarische Demokratie ging, so gab es in der DDR sicherlich einige Unvollkommenheiten oder Fehlleistungen, zu denen allerdings der in der BRD übliche Lobbyismus nicht gehörte. Es wird manchmal gesagt, daß heute über Fehlleistungen und Skandale wenigstens öffentlich gesprochen wird. Die Gegenfrage sei erlaubt: Werden dadurch die in dieser Gesellschaft vorhandenen Ursachen berührt oder gar aufgedeckt?

Da man in der Auseinandersetzung um die Vergangenheit der DDR so viel mit Vergleichen arbeitet, könnte man auch Vergleiche zwischen entscheidenden Fragen der demokratischen Verfaßtheit der Ordnungen in beiden deutschen Staaten ziehen und würde auf manche Errungenschaft stoßen, auf die beim Anschluß der DDR bewußt verzichtet wurde.

Warum gab es in der DDR keine Länder, sondern Bezirke ?

Während der Zeit der Herrschaft von Militärregierungen der Besatzungsmächte wurde der staatliche Aufbau zunächst auf Grund des Verwaltungsaufbaus des alten Deutschen Reiches begonnen. D.h., es wurden in allen Besatzungszonen die alten Länder teilweise wieder hergestellt und dafür Verwaltungen eingesetzt. Im Jahre 1946 wurden für die einzelnen Länder in Ost und West Parlamentswahlen ausgeschrieben. In deren Ergebnis wurden statt der von den Besatzungsmächten eingesetzten nun vom Volk gewählte Landesregierungen gebildet.

In einigen Ländern hatten es die Besatzungsmächte für notwendig gehalten, neue Grenzen festzulegen, weil zahlreiche Gebiete in verschiedenen Besatzungszonen zum ehemaligen

Land Preußen gehörten. Das Land Preußen aber war durch Kontrollratsbeschluß der Aliierten aufgelöst worden. Daher machten sich tatsächlich mit Ausnahme vom Land Bayern überall neue Festlegungen der Ländergrenzen (z.B. Nordrhein-Westfalen, Rheinland-Pfalz und auch Thüringen, Sachsen-Anhalt, Mecklenburg und Brandenburg) erforderlich.
In der DDR, in der ursprünglich auch noch die alten Länder existierten, wurde es nach den Beschlüssen der 2. Parteikonferenz der SED 1952 als notwendig angesehen, eine bessere, nach damaligen Maßstäben demokratischere Verwaltungsstruktur zu schaffen. Im Zuge dieser Verwaltungsreform, die einerseits die Zentralgewalt der DDR-Regierung festigen, zugleich aber demokratischere Verhältnisse in den nachgeordneten Regionen herstellen sollte, wurden die fünf Länder aufgelöst und dafür 14 Bezirke geschaffen. Jedes ehemalige Land wurde dabei durchschnittlich in drei Bezirke aufgeteilt. Dazu kam das Stadtgebiet (Ost-)Berlin als quasi 15. Bezirk. Auch die Bezirke wurden in kleinere Einheiten, die aus den bisherigen größeren Kreisen gebildet wurden, aufgeteilt, unter anderem, um den Menschen kürzere Wege zu den Verwaltungen zu vermitteln. Aus bis dahin 132 bestehenden Kreise auf dem Gebiet der DDR wurden 217 geschaffen. In der entsprechenden Regierungsvorlage, die am 23. Juli 1952 von der Volkskammer beschlossen wurde, heißt es dazu, daß die Gliederung eine weitgehende Übereinstimmung der politischen Einheiten mit den wirtschaftlichen Schwerpunkten des jeweiligen Gebietes darstelle. Zugleich werde eine engere Verbindung der staatlichen Organe mit den Bürgern und eine verbesserte Anleitung und Hilfe durch die Zentralen Dienststellen der Staatsmacht (Regierung) angestrebt. Es sollte also demokratischer zugehen, als in einer Staatlichen Verwaltung mit langen Wegen. Um diese Verbesserungen wirksam werden zu lassen, wurden Ständige Kommissionen als Organe der örtlichen Volksvertretungen gebildet, die die Wahrung der staatlichen Interessen und der wirtschaftlichen, sozialen und kulturellen Belange der Bevölkerung sowie die Sicherung der Rechte aller Bürger und die Einhaltung der Gesetze im Territorium gewährleisten sollten.
Die DDR kopierte damit das zentralistisch geführte sowjetische Gesellschaftsmodell. Diese Verwaltungsreform war

natürlich auch eine politische Reform und diente einer effektiven staatlichen Führung.

Um 1990 einen Anschluß an die Bundesrepublik und deren Verfassung zu ermöglichen, wurden 1990 die Bezirke aufgelöst und die alten Länder wieder gebildet. Die kleineren bürgernahen Kreise wurden wieder zu Großkreisen zusammengefaßt, und durch die noch laufende Gemeindereform werden auch bisher bestehende selbständige Gemeinden zu Großgemeinden zusammengelegt.

Warum war die Wahlbeteiligung in der DDR höher als heute?

De jure gab es in der DDR keine Wahlpflicht, de facto schon. Das hing mit dem andersgearteten Wahlen zusammen. Beim Wahlakt selbst wurde, wie an anderer Stelle beschrieben, nicht über die Zusammensetzung des Parlaments entschieden, sondern ein Votum für die „Kandidaten der Nationalen Front" abgegeben. Und je höher die Wahlbeteiligung, desto größer die Zustimmung.

Daher wurden alle relevanten politischen Parteien und Gremien in der DDR am Wahltag motiviert, alle Wählerinnen und Wähler an die Urne zu bringen. Und nicht irgendwann, sondern so rasch wie möglich. Das Ehrgeiz der lokalen Wahlkommissionen zielte darauf, möglichst früh eine 100prozentige Wahlbeteiligung „nach oben" melden zu können. Denn das galt als Indiz für gute ideologische Arbeit im Vorfeld. Eine niedrige Beteiligung hingegen war Ausweis für ungenügende Arbeit und hatte anschließende Kontrollen zur Folge. Die wollte man natürlich vermeiden.

Selbst kranken Wählern, die nicht laufen konnten, ermöglichte man die Abgabe eines Stimmzettels mit einer „fliegenden Urne", d. h., das „Wahllokal" kam nach Hause ans Bett oder ins Krankenhaus.

Und wer nicht rechtzeitig am Wahlsonntag aus den Federn kam, der wurde durch Wahlhelfer aus dem Bett getrommelt und zur Stimmabgabe aufgefordert.

Jenen, die sich bewußt verweigerten und dafür Gründe nannten, wurden Versprechungen gemacht. So konnten Wahlen durchaus als Hebel genutzt werden, um auf individuelle soziale oder unbefriedigende Wohnungsprobleme hinzuweisen.

All diese Umstände führten am Ende dazu, daß die Wahlbeteiligung extrem hoch war. Sie wären es wahrscheinlich auch gewesen, wenn man nicht den gesellschaftlichen Druck aufgebaut hätte, der objektiv vorhanden war. Fachleute gingen davon aus, daß bis Mitte der 80er Jahre mindestens zwei Drittel bis drei Viertel der DDR-Bevölkerung freiwillig für das bestehende politische System votiert hätte. Aber selbst das war der damaligen Partei- und Staatsführung zu wenig – denn es wäre weniger gewesen als in den Wahlen zuvor. Ein solchen „Einbruch", der ja keiner war, wollte man nicht hinnehmen.

Warum gab es nur eine Partei ?

Das stimmt nicht. Es gab neben der SED weitere Parteien, die im sogenannten Demokratischen Block zusammengeschlossen waren. Bereits am 10. Juni 1945 erließ die sowjetische Militäradministration den Befehl Nr. 2, der die Bildung demokratischer Parteien vorsah und die Bedingungen dafür nannte. Am 11. Juni fand die Wiedergründung der KPD statt, am 15. Juni folgte die Wiedergründung der SPD. Bei den beiden Arbeiterparteien wurde bewußt von Wiedergründung gesprochen, weil sie die Parteien waren, die die Hitlerregierung ausdrücklich in Deutschland verboten hatte. Die anderen Parteien waren Neugründungen, weil ihre Vorgängerparteien sich 1933 selbst aufgelöst hatten.

Deshalb erfolgten die Neugründungen auch unter anderem Namen. So erhielt am 26. Juni 1945 die Christlich Demokratische Union CDU ihre Lizenz von der sowjetischen Militäradministration für Berlin und die Sowjetische Zone. In ihr sammelten sich frühere Anhänger der Zentrumspartei, der Deutschen Demokratischen Partei, der Deutschen Staatspartei, andere zum Teil konfessionell gebundene Politiker der Weimarer Republik sowie christliche Gewerkschafter. Der erste Vorsitzende der CDU der sowjetischen Zone war Andreas Hermes, Reichstagsabgeordneter der Zentrumspartei bis 1933. Am 5. Juli erfolgte die Gründung der Liberal-Demokratischen Partei (LDPD). Ihre Klientel waren Handwerker, kleine Unternehmer, Beamte und von früher her Anhänger der Liberalen oder auch nicht konfessionsgebundene Anhänger der Deutschen Demokratischen Partei. Ihr Vorsitzender wurde der ebenfalls aus der Weimarer Republik bekannte Politiker der Deutschen Demokratischen Partei und zeitweilige Minister in verschiedenen Regierungen der damaligen Zeit, Wilhelm Külz. Als in der Folgezeit der parteimäßigen Vertretung der Bauern eine größere Bedeutung zukam, gründete sich am 29. April 1948 die Demokratische Bauernpartei Deutschlands, und im Mai 1948 folgte die Gründung der Nationaldemokratischen Partei Deutschlands, in der sich auch ehemalige Angehörige der Nazipartei, denen ein Umdenken und Abrücken von ihrer Vergangenheit glaubwürdig gelungen war, sowie ehemalige Angehörige der Naziwehrmacht, die aus den Erfahrungen im Krieg ihre Schlußfolgerung gezogen hatten, zusammenfanden. Die Bildung dieser Partei hatte Stalin 1947 angeregt. (Gleichwohl ist es unsinnig, die NDPD als Sammelbecken der Nazis zu bezeichnen. Die Partei zählte in ihren besten Tagen etwa 120.000 Mitglieder. Allein in der Millionenpartei SED gaben etwa 170.000 Mitglieder in ihren Fragebögen an, vor 1945 der NSDAP oder einer ihrer Gliederungen angehört zu haben.) Während sich KPD und SPD 1946 vereinigten, bildeten die anderen Parteien mit ihren eigenständigen Programmen zusammen mit der vereinigten SED den Demokratischen Block. Hier sollte eine weitgehende Übereinstimmung in der Durchsetzung einer antifaschistisch-demokratischen Politik erreicht werden. Das erschien angesichts der Weimarer Erfahrungen besser als ein scheinoppositionelles Gegeneinander, vor allem weil ein antifaschistisch-demokratischer Grundkonsens bestand.

Solange Walter Ulbricht an der Spitze der DDR stand, blieb das Verhältnis zwischen den sogenannten Blockparteien trotz mancher Kontroversen auf der Basis einer Bündnistreue. Erst nach dem VIII. Parteitag der SED, vor allem, als nicht mehr Politiker wie Friedrich Ebert und Albert Norden die SED im Demokratischen Block vertraten, sondern Leute der „FDJ-Fraktion" Honeckers wie z.B. Joachim Herrmann, wurde das Bündnis im Demokratischen Block zur Farce. Am Ende der DDR gerieten dann die fünf Parteien auch in einen Widerstreit, was das Schicksal nicht nur der DDR insgesamt beeinflußte, sondern auch dasjenige aller Parteien. Die als „Blockflöten" gescholtenen, nichtsozialistischen Parteien schlossen sich – allerdings nicht immer mehrheitlich – den entsprechenden westdeutschen Parteien an. Zahlreiche Mitglieder traten aus Protest gegen diese Zwangsvereinigung aus ihren Parteien aus. Das zum Teil erhebliche Parteivermögen wurde jedoch stillschweigend und unkontrolliert von den westdeutschen „Bruderparteien" übernommen, während das SED-Vermögen eingezogen wurde.

Warum wurden die KPD und die SPD nach dem Kriege zwangsvereinigt?

Am 21.April 1946 vereinigten sich auf einem Parteitag in Berlin KPD und SPD zur Sozialistischen Einheitspartei Deutschlands (SED). Diesem Beschluß waren lange Diskussionen vorausgegangen. Der Vorgang selbst fand begeisterte Anhänger und stieß bei anderen auf massive Ablehnung und blieb unverändert Gegenstand politischer Auseinandersetzungen. Die einen sprechen von einer demokratisch legitimierten und politisch notwendigen Überwindung der Teilung der Arbeiterbewegung, die aus der Zeit des 1. Weltkrieges rührte. Die anderen sprechen von einer Zwangsvereinigung, die auf Druck Moskaus zustande kam, um die Sozialdemokratie auszuschalten.

Das Verhältnis zur Frage von Krieg und Frieden hatte die beiden Flügel der SPD so auseinandergebracht, daß es zur organisatorischen Trennung kam. Während der radikalere Teil der Arbeiterbewegung sich in den 20er Jahren in der KPD versammelte, blieben die anderen in der SPD.

Hinzu kamen eklatante politische Fehleinschätzungen der Kommunistischen Internationale (Komintern). Als stünde die Errichtung einer sozialistischen Republik in Deutschland auf der Tagesordnung, orientierte der VI. Weltkongreß der Komintern 1928 auf den Kampf gegen die SPD, die die Hauptstütze der Weimarer Republik darstellte. Im Windschatten dieses Bruderkampfes wurden die Nazis immer stärker. Diese verhängnisvolle Politik wurde auf dem VII. Weltkongreß (1935) scharf verurteilt und korrigiert. Doch da war es bereits zu spät, die Faschisten hatten 1933 ihre Diktatur errichtet.

Auch die SPD hatte bis dato versucht, die Gräben zur KPD zu vertiefen. Vornehmlich in den KZ und Zuchthäusern, im illegalen Widerstand und zum Teil auch im Exil fand man aber zu selbstkritischer Umkehr und neuer Solidarität. Während in den jeweiligen Parteivorständen im Exil zum Teil auch akademisch darüber debattiert wurde, gab es an der Basis des illegalen antifaschistischen Widerstandes praktische Schritte zur Herstellung einer Einheit der Mitglieder beider Arbeiterparteien. Vor allem in den Konzentrationslagern Himmlers, in denen die SS-Schergen keinen Unterschied machten, ob sie Kommunisten oder Sozialdemokraten quälten und totschlugen, gab es gegenseitige Versprechen, man würde, falls man diese Hölle überstehen sollte, alles tun, um die Einheit der Arbeiterparteien herzustellen.

Diese Erfahrungen führten sowohl bei vielen Kommunisten als auch bei nicht wenigen Sozialdemokraten zu dem Wunsch, nach dem Krieg diese organisatorische und politische Spaltung zu überwinden.

Auf der anderen Seite kann natürlich nicht übersehen werden, daß bei der kommunistischen Führung der begründete Wunsch vorhanden war, eine breite organisatorische Basis zur Durchsetzung politischer Veränderungen in Deutschland zu gewinnen. Dafür brauchte man auch die Sozialdemokraten. Und da die Zeit drängte, forcierte man den Vereinigungsprozeß. Deshalb wurde in Berlin kurz nach der Wiedergründung der KPD und SPD bereits am 19. Juni ein Arbeitsausschuß gebildet, der über alle Fragen klärend beraten sollte, die zu einer Zusammenarbeit, wenn möglich zu einer Vereinigung der beiden Parteien führen könnte. Solche Arbeitsausschüsse bildeten sich dann auf vielen örtlichen Ebenen in Ost- und Westdeutschland.

Dies führte zu Irritationen in beiden Parteien. Gleichwohl ließen sich im Schutz der Sowjetischen Besatzungsmacht Differenzen leichter ausschalten als in den anderen Zonen, wo es Vorbehalte gegenüber einer starken Linkspartei gab und die Vereinigung unterbunden, besser „zwangsverhindert" wurde. In der Agitation gegen die Vereinigung drehte man nun einfach den Spieß um und sprach von einer Zwangsvereinigung in der Ostzone, obwohl der Vereinigungsparteitag vom 20./21.April 1946 demokratisch gewählt war.

Aufgrund des Viermächtestatus von Berlin gab es in der Stadt sowohl eine SED wie auch weiterhin eine gesamtberliner SPD. Die SPD war bis in die 60er Jahre hinein sogar im Ostberliner Stadtparlament vertreten.

Daß nach 1948 aus der gemeinsamen Partei SED mit gemeinsamen demokratischen Traditionen dann die „Partei Neuen Typus" wurde und noch später in den siebziger und achtziger Jahren in der SED sozialdemokratische Traditionen völlig in Vergessenheit gerieten und nur noch von Kommunisten die Rede war, wenn man über die Partei sprach, ist eine andere Sache. Das berechtigt aber nicht, bei dieser Vereinigung 1946, einem im antifaschistischen Widerstand geborenen Versprechen und seiner Einlösung, von einer Zwangsvereinigung zu sprechen.

Wie begründete die SED ihren Machtanspruch ?

Die SED ging davon aus, daß die Arbeiterklasse eine historische Mission habe: weltweit den Kapitalismus zu überwinden und eine gerechte Gesellschaft zu errichten, in der Ausbeutung und Unterdrückung abgeschafft seien.

Dies leitete sich aus der Theorie des Marxismus her. Die Überwindung der Ausbeuterordnung und die Errichtung einer neuen Gesellschaft der Freien und Gleichen konnte nur das Werk der Arbeiterklasse und ihrer Verbündeten sein. Schließlich war die Arbeiterklasse die zahlenmäßig stärkste und zudem die einzige, die die Werte schaffte.

Die Arbeiterklasse hingegen brauchte eine politische Organisation, die diesen Kampf zur Befreiung der Menschheit führte.

Das, so war es die Lesart seit Mitte des 19. Jahrhunderts, konnte nur eine Partei sein. Der russische Revolutionär Lenin, der die deutsche Sozialdemokratie und ihren Aufstieg aufmerksam studiert hatte, entwickelte deren theoretische Grundlagen weiter. Nach seiner Auffassung war diese Partei die Avantgarde, die straff geführte und organisierte Vorhut der Arbeiterklasse.

Diese Führungsrolle spielte sie aber nicht nur in der Zeit des Umsturzes der gesellschaftlichen Verhältnisse, sondern auch in der Phase des Aufbaus der neuen Gesellschaft. Ihren Führungsanspruch gründete die SED auf eine „wissenschaftliche Weltanschauung", den Marxismus-Leninismus. Diese führende Rolle wurde dann nach der ersten Neufassung der 1949er Verfassung vom 6. April 1968 als Verfassungsrecht niedergelegt. Während die neue Verfassung von 1968 in ihrer

Präambel noch auf die Verfassung von 1949 Bezug nahm, wurde in einer erneuten Verfassungsänderung nach dem VIII. Parteitag der SED im Jahre 1974 dieser Bezug gestrichen und im Artikel 1 der Verfassung die Führungsrolle der marxistisch-leninistischen Partei der Arbeiterklasse festgeschrieben – mit Konsequenzen, wie sie in den weiteren Artikeln der neuen Verfassung formuliert wurden. Daraus entwickelte die SED dann in der Folgezeit, bestimmt von den Beschlüssen des VIII. Parteitages, ihren unbedingten Anspruch auf die Führung in der Gesellschaft.

Warum hat die SED die Mauer gebaut?

Die Grenzsicherungsmaßnahmen im August 1961 waren keine Entscheidung der DDR. Die Beschlüsse wurden in Moskau getroffen und als kollektive Entscheidung der Staaten des Warschauer Vertrages ausgegeben. Bildlich gesprochen: die SED war die Baubrigade, nicht der Architekt.

Die Westgrenze der DDR war nicht nur eine deutsch-deutsche Grenze. Sie war die Trennlinie der beiden mächtigsten Militärbündnisse der Welt, von NATO und Warschauer Vertrag. Es tobte zwischen diesen der Kalte Krieg. Zudem: Die Sicherheit an dieser Grenze war für die Sowjetunion von existentieller nationaler Bedeutung. Dort mußten klare, übersichtliche Verhältnisse herrschen.

Diese waren durch die ungeklärte Westberlin-Frage nicht gegeben.

In der Strategie des Westen war die auf dem Territorium der DDR gelegene „besondere politische Einheit" ein „Pfahl im Fleisch der DDR" und „die billigste Atombombe". Zwischen den Westsektoren und dem „demokratischen Berlin" gab es keine Grenze: Man konnte mit der S-Bahn hinüber- und herüberfahren oder durchs Brandenburger Tor spazieren.

Es gab die sogenannte Republikfluchtbewegung (von 1945 bis 1961 etwa drei Millionen Menschen), die zum Teil durch Abwerbung, zum Teil auch aus dem Wunschdenken, im Westen schneller zu Wohlstand zu kommen, und zum weitaus geringsten Teil aus wirklich politischen Gründen entstand. Für die DDR war die „Republikflucht" also ein die Volkswirtschaft belastender negativer Faktor. Die Abgeworbenen waren zum größten Teil hochqualifizierte Fachkräfte wie Ingenieure, Ärzte, Lehrer und andere Spezialisten, die zum Teil – wie nachgewiesen werden kann – von Konzernleitungen gezielt ausgewählt wurden. (Übrigens war das nicht nur ein gewaltiger Schaden für die DDR, sondern erbrachte der BRD durch Einsparung von Ausbildungskosten auch gewaltige Vorteile.) Zudem kam es durch Pendler (im Osten leben und in Westberlin arbeiten), die durch den sogenannten Schwindelkurs besser lebten als ihre Landsleute, zu Mißstimmungen, und es gab auch sicherheitspolitische Probleme. Westberlin war ein Mekka vieler Geheimdienste. Und die Abschaffung der DDR wie auch des Sozialismus war ja erklärtes Ziel des Westens und Sinn des Kalten Krieges.

Eine Woche vor dem 13. August 1961 war die Grenzschließung in Moskau verabredet worden. Diese sollte aber nach Kenntnis der DDR-Führung so aussehen, daß der Verkehr zwischen den beiden Stadthälften nicht zum Erliegen kommen sollte. Man plante lediglich geordnete und damit kontrollierte Grenzübergänge. Insofern log Ulbricht mit seiner Bemerkung, niemand habe die Absicht eine Mauer zu errichten, keineswegs. Das entsprach nicht den Intentionen der SED-Führung.

Allerdings diktierten sowjetische Militärs in der Folgezeit die Gestaltung des Grenzregimes. Sie hatten den 2. Weltkrieg erlebt (der erst 16 Jahre zurücklag) und praktizierten die dort gesammelten Erfahrungen: Es wurden Panzersperren und Minenfelder angelegt, Stacheldrahtzäune und Laufgräben installiert usw.

Gleichwohl waren diese Maßnahmen durchaus auch im Interesse der DDR. Sie konnte sich nun ohne direkte Einwirkungen von außen stärker auf die Innenpolitik konzentrieren und gesellschaftliche Reformen beginnen. Es fand nachweisbar ein beachtlicher wirtschaftlicher Aufschwung statt.

Der Mauerbau war letztlich eine Verabredung zwischen der UdSSR und der USA, weil beide Großmächte Ruhe in Europa haben wollten. Sie hatten sich zuvor über die Köpfe der Deutschen verständigt.

Ebenfalls kam es zum Mauerfall 28 Jahre später am 9. November 1989 auch nicht allein durch den Druck der DDR-Bevölkerung und schon gar nicht durch einen Irrtum von Politbüromitglied Schabowski (der bei einer Presekonferenz vom sofortigen Inkrafttreten einer neuen Reiseregelung gesprochen hatte), sondern die Mauer fiel in einer Situation, in der sie durch den Zusammenbruch des europäischen Sozialismus auch international zu einem Anachronismus geworden war. Ihr Abriß ohne eine Verständigung zwischen den USA und der Gorbatschow-Sowjetunion wäre nicht zustande gekommen.

Warum hat man die Leute, die in den Westen wollten, nicht gehen lassen?

Wenn es um einen ständigen „Weggang" geht, so kann auf die vorhergehende Frage und deren Beantwortung verwiesen werden. Wenn es um kurzfristige Reisen geht, so ist das ein Problem, das es seit Bestehen der DDR gab. Die DDR hat bis zuletzt darum gekämpft, daß das Staatsbürgerschaftsrecht der DDR seitens der Bundesrepublik anerkannt würde, um Reisende als Reisende zu betrachten und nicht zum ständigen Weggang zu provozieren. Die BRD hat sich durch ihr Alleinvertretungsrecht angemaßt, auch juristisch für alle deutschen Bürger zuständig zu sein (was sie auf polnische und russische Staatsbürger deutscher Herkunft bis heute ausdehnt). Natürlich verfolgte die BRD damit politische Ziele. Der Staat DDR konnte diese Haltung der BRD nicht akzeptieren. Daß dies zum Schaden der Bürger geschah, denen ein freies Reiserecht verweigert wurde, mag man kritisch betrachten oder nicht. An der Tatsache einer politischen Mitschuld aller Bundesregierungen führt kein Weg vorbei. Sie gaben vor, einen Rechtsstandpunkt zu vertreten, trugen aber de facto und bewußt zu einem Unrecht bei. Sie nahmen es in ihr politisches Kalkül auf, weil es dadurch auch einen ständigen Unruheherd gab. Obwohl sich das Reiserecht in den achtziger Jahren nicht zuletzt auch durch wirtschaftliche Erpressung der DDR durch die BRD lockerte, blieb die Regelung u. a. auch aus finanziellen Gründen (Devisenmangel) tatsächlich unbefriedigend.

Politik und Geschichte

Warum gab es nach dem Volksaufstand vom 17. Juni 1953 bis zum Jahre 1989 keine weiteren Aufstände gegen die SED-Herrschaft?

Am 17. Juni 1953 gab es keinen Volksaufstand in der DDR. Die Unruhen waren allerdings auch kein faschistischer Putsch, wie es die SED-Führung behauptete.

Zu diesen Ereignissen gab es einen internationalen und einen nationalen Kontext, viele Faktoren spielten mit hinein.

Unmittelbarer Auslöser waren drastische Anhebungen der Arbeitsnormen in der DDR. Diese gingen darauf zurück, daß die SED-Führung 1952 den Aufbau der Grundlagen des Sozialismus beschlossen hatte. Das war wiederum eine Art Flucht nach vorn: Moskau hatte die DDR zur Disposition gestellt („Stalin-Note") und wollte sich aus einem neutralisierten Deutschland zurückziehen. Ulbricht hoffte, wenn sich die DDR als sozialistischer Bundesgenosse profilierte, würde die Sowjetführung ihre Position korrigieren.

Die SED-Führung erkannte jedoch bald, daß ihr scharfer innenpolitische Kurs falsch war und änderte ihn. Die Arbeitsnormen und andere repressive Vorschriften wurden zurückgenommen. Ehe das jedoch publik wurde, hatten viele Werktätige die Arbeit niedergelegt und gingen protestierend am 17. Juni auf die Straße.

Im Westen glaubte man, hier einen Ansatz zu haben, um einen Keil zwischen Regierende und Regierte treiben zu können. Mit allen Mitteln der Propaganda, vor allem des Westberliner Rundfunks (RIAS), forcierte man die innenpolitische Auseinandersetzung. Nicht zu vergessen: Der Kalte Krieg tobte, in Korea wurde seit 1950 scharf geschossen. Man hoffte, die Ostberliner Regierung auf diese Weise stürzen zu können. (Daher auch die Lesart des Westens: Volksaufstand).

Die sowjetische Besatzungsmacht sah ihre unmittelbaren Interessen bedroht. Sie ließ Panzer auffahren und verhängte den Ausnahmezustand. Die Arbeiter kehrten in die Betriebe und auf die Baustellen, die Provokateure nach Westberlin zurück.

Der Versuch eines von außen gesteuerten politischen Umsturzes war also bereits im Ansatz gescheitert. Seit jenem Jahr wurde in der Bundesrepublik dieser 17. Juni heuchlerisch als Gedenktag begangen.

Eine „Wiederholung" der Ereignisse von 1953 fand auch deshalb nicht statt, weil die DDR-Führung daraus gelernt hatte. Entscheidungen, die zwar politisch und wirtschaftlich nötig, aber nicht gegen das Volk durchsetzbar waren, mußten künftig unterbleiben.

Warum gab es keinen Kanzler in der DDR?

Der Kanzler ist der Regierungschef. Der hieß in der DDR Ministerpräsident. Allerdings war das politische System der DDR anders verfaßt als das der DDR.

Bis 1952 gab es in der DDR ebenfalls Länder und eine Länderkammer. Dann wurde das zentralistische System des sowjetischen Gesellschaftssystems übernommen. Das unterschied sich von der bis dahin üblichen föderalen Struktur.

Das höchste Parlament der DDR war die Volkskammer, sie war vergleichbar dem Bundestag. Diese beauftragte einen Vertreter der stärksten Fraktion (SED) mit der Regierungsbildung. Die Regierung bestimmte die innenpolitischen und die außenpolitischen Angelegenheiten.

Analog dem Bundespräsidenten gab es auch in der DDR einen Präsidenten. Das war Wilhelm Pieck. Als dieser 1960 starb, trat an dessen Stelle ein sogenanntes kollektives Staatsoberhaupt. Der Staatsratsvorsitzende war faktisch das DDR-Staatsoberhaupt. Ab Mitte der 70er Jahre war Erich Honecker Vorsitzender des Staatsrates und Generalsekretär des ZK der SED, also Staats- und Parteichef. Zudem war er auch Vorsitzender des Nationalen Verteidigungsrates. In seiner Person konzentrierte sich also alle Macht, die zwar de jure kontrolliert wurde („demokratischer Zentralismus"), de facto aber sich der Kritik und Kontrolle von außen entzog.

Zu allen Staatsstrukturen gab es Parallelstrukturen im SED-Apparat (mit 44.000 Mitarbeitern). Fast jeder Minister hatte ein Pedant in Gestalt eines ZK-Abteilungsleiters. Und da sich die SED als die „führende Kraft" in Staat und Gesellschaft verstand, hatte ein Abteilungsleiter im ZK mehr Gewicht als der Minister. Honeckers Steckenpferd war zunehmend die Außenpolitik, was dazu führte, daß der Außenminister der DDR wenig zu bestellen hatte.

Die Auswahl und der Einsatz der Funktionäre erfolgte auf der Basis eines Nomenklaturkadersystems. Es war das Rückgrat der DDR-Gesellschaft. Wie man früher dem Beamtenapparat nachsagte, er bilde das Korsett des bürgerlichen Staates und halte ihn zusammen, galt dies für die Nomenklaturkader in der DDR.

Wer waren die wichtigsten Politiker der DDR?

Die wichtigsten Politiker der DDR saßen in der SED-Führung, im Politbüro und im Sekretariat des Zentralkomitees. Der wichtigste Mann war der Erste bzw. Generalsekretär.
Die zweitwichtigsten waren der Sekretär für Wirtschaftsfragen, Günter Mittag, und der für Propaganda zuständige Joachim Herrmann, den man den „Medienzar" nannte. Diese drei Personen wurden am 18. Oktober 1989 zum Rücktritt gezwungen und wenig später aus der SED ausgeschlossen.
Das höchste politische Gremium der DDR war das SED-Politbüro. Es traf alle wichtigen Entscheidungen im Lande, weil sich „die Partei" für alles im Lande zuständig fühlte. Damit überforderte es unablässig sich selbst. Zugleich wurden dadurch die anderen zuständigen Gremien bevormundet.
Honecker dominierte das Politbüro. Gab es unter seinem Vorgänger Ulbricht inhaltliche Diskussionen und kontroverse Debatten unter Beteiligung von Fachleuten, so fand diese Praxis keine Fortsetzung. Das Politbüro stimmte einstimmig zu. In diesem Zirkel wurden Volkskammerbeschlüsse und Gesetze vorformuliert. Später traf Honecker zunehmend auch ad-hoc-Entscheidungen, die zuvor nicht einmal dem Politbüro bekanntgegeben wurden. Viele Dinge besprach er unter vier Augen mit dem Minister für Staatssicherheit Erich Mielke.

Worin unterschied sich Erich Honecker von Walter Ulbricht?

Als Ulbricht im Sommer 1973 starb, notierte der bekannte deutsche Dichter Peter Hacks in sein Tagebuch: „Ulbricht leider ist tot und Schluß mit der Staatskunst in Deutschland." Dies war nicht nur eine weitsichtige Analyse, sonder benannte auch ziemlich genau den Unterschied zwischen diesen beiden Persönlichkeiten.
Das Urteil der Geschichte über Ulbricht (1893-1973) fällt positiver aus als das über Honecker (1912-1994), obgleich dieser populärer schien.

Der Sachse Ulbricht hingegen wurde zur Witzfigur, zum Mauerbauer und Spalter erklärt. Sebastian Haffner hingegen, ein konservativer westdeutscher Historiker, stellte Ulbricht bereits 1966 auf eine Stufe mit Bismarck und Adenauer. Das traf wohl eher zu. Er war ein Staatsmann von Format, vielleicht der einzige, den die DDR hervorbrachte.

Walter Ulbricht war ein erfahrener Parteipolitiker, der in der Weimarer Republik, im sowjetischen Exil und in der unmittelbaren Nachkriegszeit im Umgang auch mit bürgerlichen Politikern, die an der Spitze anderer Parteien in der sowjetischen Besatzungszone standen, viel gelernt hatte. Natürlich prägte ihn noch bis in die 50er Jahre seine Vergangenheit in der KPD mit allen ihren Krisen und die sowjetische Emigration zur Stalinzeit. Das hat ihn zeitweilig engstirnig erscheinen lassen. Aber er war belesen und verfügte über eine Bildung durch autodidaktisches Studium und sein langes, bewußtes Parteileben. Er hatte die Fähigkeit, schnell Fehler zu erkennen und möglichst stillschweigend zu verändern. Er konnte zuhören, wenn nicht geschwafelt wurde, und umgab sich besonders in seinem letzten Lebensjahrzehnt mit Beratern, die nicht nur aus der SED kamen. Da er überzeugt war, eine wissenschaftliche Politik zu vertreten, suchte er auch die Nähe zu Wissenschaftlern. Das waren nicht nur Gesellschaftswissenschaftler, sondern auch Naturwissenschaftler. Es war nämlich eine von Ulbrichts Lebenserfahrungen, daß Naturwissenschaftler, besonders Physiker, zu erstaunlichen philosophischen und politischen Erkenntnissen kamen. Auch ansonsten hatte er sich in seinem letzten Lebensabschnitt vom Parteiführer zu Staatsmann entwickelt.

Das unterschied ihn von seinem Nachfolger, den er selbst jahrelang gefördert hatte, aber bei dem er nach und nach erkannte, daß dessen geistiger Horizont gewissen Beschränkungen unterlag. Honecker stammte, wie Ulbricht allerdings auch, aus ärmlichen Familienverhältnissen. Im Gegensatz zu Ulbricht hat er sich jedoch nie aus einem gewissen kleinbürgerlichen Milieu gelöst. Seine spätere Manie, Wohnungsmieten müßten niedrig sein, egal wieviel ihr Bau kostet, die Zimmergröße interessiere nicht, Hauptsache Eltern und Kinder brauchten nicht in einem Raum zu nächtigen, waren Reflex auf Dinge, wie er sie in der Umgebung seiner Jugend erleben mußte. Ein anderes Beispiel: Der Brotpreis durfte in der DDR auch deshalb nicht erhöht werden, weil er in seiner Kindheit Brotknappheit aus Geldmangel kennengelernt hatte. Das alles brachte ihm zunächst manche Sympathie in der Bevölkerung ein. Niemand sollte sich darüber mokieren. Aber gesamtvolkswirtschaftlich gesehen führte diese Politik zum Desaster.

Honecker saß während der Nazizeit zehn Jahre im Zuchthaus. Auch das hat seinen Charakter geprägt und erwies sich als nachteilig für seinen weiteren Weg: Es waren jene Jugendjahre, in denen normalerweise Wissen akkumuliert wird.

Honecker hat seinen Förderer auf wenig anständige Weise bei der sowjetischen Parteiführung denunziert und mit Hilfe Breshnews seinen Sturz betrieben. Er wurde also durch eine Intrige Staats- und Parteichef von Moskaus Gnaden. (Was man ihn wiederholt spüren ließ: Als er während der Raketenkrise zu Beginn der 80er Jahre Charakter zeigte und Moskau widersprach, stand es für ihn auf der Kippe. Erst 1985, nachdem Gorbatschow ins Amt gekommen war, wurde seine „Koalition der Vernunft" auch die Linie Moskaus.)

In späteren Jahren brach seine Eitelkeit durch, die von ihm keineswegs zurückgewiesene Verehrung hatte auch Anflüge von Personenkult. Die Tatsache, daß er als Staatsgast von den Großen dieser Welt begrüßt wurde und diese in Berlin Einkehr hielten, ließ ihn die Bodenhaftung verlieren. Fernsehfilme, in denen er im Ausland protokollgemäß im Vordergrund stand, konnte er sich nicht oft genug ansehen. Er soll in der zentralen SED-Zeitung „Neues Deutschland" und im Fernsehen nachgezählt haben, wie oft er in einer Ausgabe oder an einem Abend in Wort und Bild gewürdigt wurde.

Im Gegensatz zu Ulbricht las er wenig, Schöngeistiges ohnehin nur, wenn es ihm aus politischen Gründen empfohlen worden war. Er war Mittelmaß. Nebenbei: Darin glich er Kohl, so wie Ulbricht seinem Gegenspieler und gewieften Politiker Adenauer ähnelte. Und demzufolge umgab sich Honecker im Gegensatz zu Ulbricht mit Beratern, die zum großen Teil auch nur Mittelmaß waren.

Es gab also frappierende Unterschiede zwischen den beiden DDR-Politikern, wobei der eine nicht zufällig für den Aufstieg der DDR stand und der andere ihr Ende mit herbeiführen half.

Das allerdings hätte es den Politikern und der Justiz der Altbundesrepublik nicht erlauben dürfen, ihn durch die Justizorgane eines anderen, wenn auch deutschen, Landes wie einen Kriminellen zu behandeln. Das war unanständig und weist auf den Charakter dieses Staates hin, der sich als Siegermacht fühlt und auch so benimmt.

Ist die DDR gescheitert, weil die Politiker alt und verbohrt waren und nicht mehr mit der Zeit gingen?

Mit dem Alter von Politikern ist das so eine Sache. Man sagt der DDR nach, sie sei am Schluß ihrer Existenz von einer Gerontokratie (Greisenherrschaft) regiert worden. Natürlich war es manchmal ärgerlich und auch schon mal peinlich, wenn man die nicht mehr jungen Politiker auf einem „Familienbild" ansehen mußte. Aber daran allein ist die DDR nicht zugrunde gegangen. Andere Länder – auch westliche Demokratien – wurden und werden oft von steinalten Männern regiert.

Adenauer war 73 Jahre, als er zum ersten Mal als Bundeskanzler gewählt wurde. Und er war 87 Jahre, als er dann 1963 förmlich aus dem Amt getragen werden mußte. Sein Nachfolger, Ludwig Erhard, war bei seinem Amtsantritt auch schon stattliche 66 Jahre. Beide haben, objektiv betrachtet, für die Bundesrepublik eine relativ erfolgreiche Politik betrieben.

Adolf Hitler war, als er Reichskanzler wurde, mit 44 Jahren relativ jung, hat aber in den zwölf Jahren seiner Herrschaft Deutschland zugrunde gerichtet und halb Europa zerstört.

Der ehemalige Hollywood-Schauspieler Ronald Reagan wurde 1981 mit 70 Jahren USA-Präsident. Er schied mit fast 80 Jahren aus dem Amt, nicht, weil er zu alt war, sondern nur, weil er nach der amerikanischen Verfassung nach zwei Wahlperioden nicht mehr kandidieren durfte. Über seine Politik ist genügend bekannt.

Solche Beispiele könnte man aus der Weltgeschichte sehr viele anführen.

Alter macht manchmal weise, allerdings auch oft starrsinnig und damit politikunfähig. Das Lebensalter ist also keine Garantie für eine gute oder für eine schlechte Politik. Aber zweifellos ist es eine Gefahr, daß die langjährige Inhabe eines Amtes zu Erstarrungen und eingeschränkter Wahrnehmung der Wirklichkeit führt. Doch der Täuschung, daß „neue Gesichter" eine neue Politik bedeuten, sollte man genausowenig erliegen.

Wer hat 1989 die Partei entmachtet?

Zunächst war es 1989 darum gegangen, die seit 1971 amtierende Parteiführung zu entmachten, deren Politik katastrophale Auswirkungen auf das Leben im Lande hatte. Damit sollte der Weg für tiefgreifende Reformen freigemacht werden.

Auch innerhalb der SED gab es eine wachsende Opposition, die ihre festen Stützpunkte in Parteiorganisationen von Großbetrieben und Universitäten (etwa Bergmann-Borsig-Werke und Humboldt-Universität in Berlin) bis hinein in Kreis- und Bezirksleitungen hatte (Beispiele Dresden, Leipzig, Magdeburg u. a.).

Der Wunsch nach Veränderungen und Reformen war in der SED nicht minder ausgeprägt als im Volk. Was nicht überrascht: Mit 2,3 Millionen Mitgliedern war die SED de facto eine Volkspartei. Jeder siebte Ostdeutsche gehörte ihr an.

Der „Opposition" in der DDR ging es mehrheitlich um einen besseren Sozialismus. Es ging um eine Veränderung, nicht um die Abschaffung der DDR. In Leipzig und anderswo skandierte man zunächst: „Wir sind das Volk!"

Erst später, als die Verhältnisse ins Wanken gerieten und man in Bonn („Zehn-Punkte-Plan") die reale Chance für eine seit 1949 angestrebte Beseitigung der DDR witterte, wurde die Losung in die Leipziger Montagsdemonstration getragen: „Wir sind ein Volk!" Mit Blick auf die D-Mark wurde sie allerdings begeistert aufgegriffen.

Honecker, Mittag und Herrmann wurden am 18. Oktober 1989 zum Rücktritt gezwungen. Ein neues Politibüro unter Generalsekretär Krenz bestand im wesentlichen aus bekannten Gesichtern und ließ erkennen, daß keine gravierenden Korrekturen erfolgen würden. Freilich war in dieser Situation auch unklar, worin diese noch hätten bestehen können. Es dominierten nicht nur in der Parteiführung, sondern auch bei der innerparteilichen Opposition geschichtliche Illusionen.

Dem Ruf der Parteibasis nach einem Sonderparteitag widersetzte sich die „neue" Führung, sie wollte allenfalls eine Parteikonferenz. Der Druck auf das Politbüro und das Zentralkomitee nahm derart zu, daß das gesamte ZK am 3. Dezember 1989 zurücktreten mußte. An seine Stelle trat ein Arbeitsausschuß, der einen Sonderparteitag zum 8./9. Dezember 1989 einberief. Dieser brach demonstrativ mit dem stalinistischen Erbe und wählte den Rechtsanwalt Gregor Gysi zum SED-Vorsitzenden. Am 5. Februar 1990 gab sich die Partei den Namen PDS: Partei des Demokratischen Sozialismus. Die Illusionen wurden Doktrin ...

Nachdem es zunächst so aussah, als ob es gelingen könnte, erstmals in Deutschland eine linke, sozialistische Partei in der Gesellschaft zu etablieren, scheint man inzwischen zur deutschen Normalität zurückzukehren: Es gibt die etablierten Parteien, die sich den Staat untertan gemacht haben – und linke Grüppchen und Sekten, die es nicht vermögen, gesellschaftlichen Veränderungswillen mit einer Stimme zu artikulieren und durchzusetzen.

Warum hat es 1989 keine Volksabstimmung gegeben, ob die DDR-Bürger sich der Bundesrepublik anschließen wollen?

Die Frage scheint logisch, schließlich gibt es Beispiele in der Geschichte, daß man die Bewohner eines Landes oder einer Region befragte, ob sie mehrheitlich zu diesem oder jenem Staat wollten. Erinnert sei ans Saarland, dessen Eingliederung in die Bundesrepublik am 1. Januar 1957 auf der Basis einer Volksbefragung erfolgte.

Eine kurze Antwort wäre: Weil offenbar diejenigen dagegen waren, die bis heute keine Einheit aller Deutschen wollen, sondern nur den Anschluß eines immobilienreichen Teilgebietes des ehemaligen Deutschen Reiches, in dem der deutsche Kapitalismus viele materielle Werte eingebüßt hatte und nun wiederhaben wollte. Eine Volksbefragung hätte ganz sicher nicht das Ergebnis erbracht wie der Beschluß der CDU-geprägten Volkskammer vom 23. August 1990, in dem der Beitritt der DDR-Länder nach Artikel 23 des alten Grundgesetzes der alten BRD beschlossen wurde. Damals demonstrierten Teile der Bevölkerung auch unter der Losung: Kein Anschluß unter dieser Nummer.

Die Entscheidung zum Beitritt der DDR traf die Volkskam-

mer. Diese meinte, dazu durch die Wahlen am 18. März 1990 hinlänglich legitimiert zu sein. Der Beitritt zum „Geltungsbereich des Grundgesetzes" erfolgte am 3. Oktober 1990 auf der Basis des Artikels 23, der nach dem Anschluß der DDR am 21. Dezember 1992 gestrichen wurde. Er lautete: „Dieses Grundgesetz gilt zunächst im Gebiet der Länder Baden*, Bayern, Bremen, Groß-Berlin**, Hamburg, Hessen, Niedersachsen, Nordrhein-Westfalen, Rheinland-Pfalz, Schleswig-Holstein, Württemberg-Hohenzollern*. In anderen Teilen Deutschlands ist es nach deren Beitritt in Kraft zu setzen."
(* Baden und Württemberg-Hohenzollern wurden 1952 zum Land „Baden-Württemberg" – durch eine Volksabstimmung.
** Die Einbeziehung ganz Berlins in den Geltungsbereich des Grundgesetzes war eine völkerrechtliche Unmöglichkeit und de facto bis zum 3. Oktober 1990 unwirksam).
Der Beitritt der DDR war ein Anschluß, denn sie unterwarf sich einer anderen, von ihr nicht beschlossenen Verfassung. Der Weg über den Artikel 146 des gleichen Grundgesetzes wäre korrekt gewesen. Dieser lautete ursprünglich: „Dieses Grundgesetz verliert seine Gültigkeit an dem Tage, an dem eine Verfassung in freier Entscheidung beschlossen worden ist."
Dieser Text wurde durch den Einigungsvertrag bereits vor der offiziellen staatlichen Vereinigung geändert. „Dieses Grundgesetz, das nach Vollendung der Einheit und Freiheit Deutschlands für das gesamte deutsche Volk gilt, verliert an dem Tage, an dem eine Verfassung in Kraft tritt, die von dem deutschen Volke in freier Entscheidung beschlossen worden ist, seine Gültigkeit."
So lange gilt also das alte deutsche Grundgesetz von 1949.
Ein Befragung des Volkes wurde abgelehnt, weil sie im Grundgesetz nicht vorgesehen ist.
Dabei gibt es einen Artikel, den man durchaus hätte in Anwendung bringen können. Schließlich handelte es sich bei der Vereinigung der beiden deutschen Staaten um „eine Neugliederung des Bundesgebietes". Hierfür gibt es den Artikel 29 GG. In dessen zweitem Absatz heißt es:
„Maßnahmen zur Neugliederung des Bundesgebietes ergehen durch ein Bundesgesetz, das der Bestätigung durch Volksentscheid bedarf."

Nicht einmal in Ansätzen hat man die Bevölkerung der DDR gefragt. Es galten die Mehrheitsverhältnisse in der Volkskammer, die durch Versprechungen (D-Mark, „blühende Landschaften", „keinem soll es schlechter gehen") zustandegekommen waren. Nicht vergessen werden darf die Tatsache, daß vor der staatlichen Vereinigung bereits am 1. Juli 1990 die Einführung der D-Mark per Währungsreform erfolgte und damit die wirtschaftliche Vereinnahmung der DDR. Das Volk der DDR, nun im Besitz der begehrten D-Mark und aller vermeintlich daran hängenden Freiheiten, jubelte dem Bonner Bundeskanzler Kohl und seiner Partei zu und ließ ihn die Wahlen gewinnen. Als bald darauf klar wurde, daß die Menschen statt blühender Landschaften geschlossene Betriebe erwarteten, hätte eine Volksabstimmung vielleicht zu anderen Ergebnissen geführt. Die Angst der Herrschenden, daß bereits ein halbes Jahr später Ernüchterung um sich gegriffen und eine Abstimmung ein anderes Ergebnis gezeitigt hätte, ließ einen Volksentscheid nicht stattfinden. Er wurde nicht einmal erwogen.

Warum wurde nichts von der DDR in den gemeinsamen Staat übernommen?

Weil es kein „gemeinsamer" Staat ist. Die DDR ist nach dem Willen einer Mehrheit in der Volkskammer am 3. Oktober 1990 dem Geltungsbereich des Grundgesetzes der Bundesrepublik Deutschland beigetreten.

Der Beitritt zur Bundesrepublik bedeutete eine vollständige Übernahme aller dort geltenden Gesetze, des Geldes und der Gewohnheiten – und die Aufgabe der bis dahin in der DDR geltenden Gesetze, des Geldes und der Gewohnheiten. Für die Ostdeutschen handelte es sich folglich um einen doppelten Kulturschock: Sie verloren über Nacht das Gewohnte und ihnen Vertraute und bekamen zugleich etwas ihnen völlig Fremdes übergestülpt. Die Lebenshaltungskosten erreichten umgehend Westniveau, allerdings nicht die Gehälter. Es gibt auch heute noch Berufsgruppen im Osten, bei denen die Bezüge maximal 80 Prozent des vergleichbaren Westgehaltes betragen.

Für die Westdeutschen hingegen änderte sich nichts. Alles lief für sie weiter wie gewohnt.

Die augenfälligste Veränderung für sie bestand darin, daß sie nunmehr einen „Solidaritätsbeitrag" für den „Aufbau Ost" zahlten (wie übrigens auch ihre dazugekommenen ostdeutschen Landsleute).

Hinzu kam noch: Wenn aus der DDR etwas übernommen worden wäre, hätte man damit zugegeben, daß das gut gewesen sei. Das aber war politisch nicht gewollt. Da nach offizieller Lesart die DDR ein Unrechtsstaat, ein Irrweg der Geschichte, ein deutscher Betriebsunfall war, durfte man an ihr kein gutes Haar lassen. Alles – bis auf das Sandmännchen und das Ampelmännchen vielleicht, also Petitessen! – mußte beseitigt werden. Das, so zeigte bald das Leben, erwies sich als vorsätzlicher Irrtum. Inzwischen werden die Polikliniken als Ärztehäuser reaktiviert, das polytechnische Prinzip an den Schulen wird wieder entdeckt, die Agrargenossenschaften (als Nachfolger der Landwirtschaftlichen Produktionsgenossenschaften [LPG]) erweisen sich erfolgreicher als die sogenannten Wiedereinrichter, also Einzelbauern. SERO, das System zur Erfassung von Sekundärrohstoffen, erwies sich nach seiner Zerschlagung als wesentlich effektiver als das in der Bundesrepublik praktizierte sogenannte Duale System mit Grünem Punkt und Pfandabgabe. Die Sporttalentesichtung und -förderung in der DDR war erfolgreich. Auch dort kehrt man inzwischen auf die Methoden und die DDR-Praxis zurück.

Manche Entscheidung, die aus politischem Kalkül und mit der Arroganz des vermeintlich Überlegenen getroffen wurde, ist inzwischen irreparabel. Andere wären es durchaus. Das setzt Akzeptanz und Gleichberechtigung der Ostdeutschen voraus. Erst wenn dies passiert, kann man von einer inneren Einheit sprechen und von einem wirklich gemeinsamen Staat. Bisher fühlten sich viele Ostdeutsche allenfalls als geduldete Gäste in einem Haus, das ihnen nicht einmal in Teilen gehört.

Daß Ost- wie Westdeutsche die Entwicklung skeptisch bis genervt verfolgen, beweist der heftig umstrittene Witz eines Dresdner Komikers in einer Fernsehsendung. Frage: „Wann wird die innere Einheit vollendet sein?" – Antwort: „Wenn der letzte Ostdeutsche aus dem Grundbuch gestrichen ist!"

Hätte die DDR weiterbestehen können und was hätte geschehen müssen, damit die DDR überlebt?

Es war vor allem die wirtschaftliche Situation, mit den letztlich sozialen Auswirkungen, die schließlich den Unwillen der Bevölkerung steigerte. Die seit dem VIII. SED-Parteitag 1971 von Honecker verfolgte Wirtschafts- und Sozialpolitik war volkswirtschaftlich ruinös. Die DDR lebte über ihre Verhältnisse. Honecker glaubte sich nicht nur Wohlwollen erkaufen zu können. Er nahm an, daß die Befriedigung bestehender Bedürfnisse sich in einem höheren „Bewußtsein" niederschlagen würde. Er begriff nicht, daß ein Wunsch, sobald er befriedigt, augenblicklich einen neuen weckt.

In zunehmenden Masse stieg die Schuldenlast, die angehäuft wurde, um die ehrgeizigen Pläne besonders beim Wohnungsbau, aber auch auf anderen Gebieten zu verwirklichen. Einige Zahlen seien genannt.

Die Nettoauslandsverschuldung betrug kurz vor dem Sturz Ulbrichts

1970	2,2	Milliarden Valutamark
1975	11,0	Milliarden Valutamark
1980	25,3	Milliarden Valutamark
1985	30,0	Milliarden Valutamark
1987	34,7	Milliarden Valutamark

Die DDR war nicht mehr in der Lage, ihre Schulden abzubauen. Allein die Zinstilgung zehrte die Exporterlöse auf. Die notwendige Steigerung der Exporte wiederum führte zur Einschränkung des Binnenmarktes, also Mangel. Die zusätzlichen Exporte erfolgten besonders auf dem Konsumgütersektor, wo erstens kaum große Exportgewinne gemacht werden konnten und zweitens auf dem Binnenmarkt weitere Versorgungslücken entstanden. Freilich konnten dadurch die Otto- und Neckermann-Kataloge mit mehr und billigeren Angeboten für die westdeutschen Kunden aufwarten.

Aber mit den wachsenden Schulden, die vornehmlich in der Bundesrepublik aufgenommen wurden, war die Abhängigkeit der DDR von ihren Gläubigern gewachsen, und dadurch auch die Erpreßbarkeit. Das bekommt auf Dauer keinem Staat. Mit der Erpreßbarkeit, die sich vor allem auch auf so wunde Punkte richtete wie Reisefreiheit, Grenzsicherungsabbau und neue Kreditangebote, die die Abhängigkeit weiter erhöhten, nahm auch die Unzufriedenheit der Bevölkerung zu.

Die gegen Ende der 80er Jahre entstandene sogenannte Bürgerrechtsbewegung, die zunächst in wesentlichen Teilen nicht die Abschaffung der DDR wollte, sondern eine bessere DDR mit mehr Demokratie und besseren Lebensbedingungen, hätte zu diesem Zeitpunkt die DDR auch nicht mehr gerettet. Keine Frage ist, daß das auch gar nicht die Absicht ihrer Förderer war. Die letzte Rettungsmöglichkeit für die DDR ist vermutlich 1968/70 mit der Aufgabe der wirtschaftlichen, aber auch politischen Reformen für den Sozialismus verlorengegangen. Die nicht konsequente Verwirklichung solcher geplanten Reformen hat das europäische Sozialismusprojekt überhaupt scheitern lassen. Und da sich die DDR in einer historisch entstandenen und keineswegs so gewollten Abhängigkeit zur Sowjetunion befand, hatte diese Einseitigkeit existentielle Folgen. Als die Sowjetunion selber in Schwierigkeiten geriet, die Breshnew-Doktrin aufkündigte und ihre bisherigen Bündnispartner fallenließ, war auch die DDR erledigt. Gesellschaftspolitische Reformen ohne sichere ökonomische Basis haben nun mal keine Aussicht auf Erfolg.

Abkürzungsverzeichnis

ABF	Arbeiter- und-Bauern-Fakultät
BfV	Bundesamt für Verfassungsschutz
BND	Bundesnachrichtendienst
COCOM	Coordinating Committee (Koordinierungsausschuß für Ost-West-Handelspolitik)
ČSSR	Tschechoslowakische Sozialistische Republik
DDR	Deutsche Demokratische Republik
DEFA	Deutsche Film-Aktien-Gesellschaft
DFD	Demokratischer Frauenbund Deutschlands
DKW	Deutsche Kraftwagen-Werke
DGP	Deutsche Grenzpolizei
EOS	Erweiterte Oberschule
FDGB	Freier Deutscher Gewerkschaftsbund
FDJ	Freie Deutsche Jugend
GSSD	Gruppe der sowjetischen Streitkräfte in Deutschland
GuLag	Glawnoje uprawlenije lagerei (Hauptverwaltung der Lager in der UdSSR)
GÜST	Grenzübergangsstelle
HVA	Hauptverwaltung Aufklärung
KPD	Kommunistische Partei Deutschlands
KPdSU	Kommunistische Partei der Sowjetunion
KSZE	Konferenz für Sicherheit und Zusammenarbeit in Europa
KVP	Kasernierte Volkspolizei
KZ	Konzentrationslager
LDPD	Liberal-Demokratische Partei Deutschlands
LfV	Landesamt für Verfassungsschutz
LKW	Lastkraftwagen
LPG	Landwirtschaftliche Produktionsgenossenschaft
MdI	Ministerium des Innern
MfNV	Ministerium für Nationale Verteidigung
MfS	Ministerium für Staatssicherheit
MPi	Maschinenpistole
NATO	North Atlantic Treaty Organization
NDPD	Nationaldemokratische Partei Deutschlands
NÖSPL	Neues ökonomisches System der Planung und Leitung der Volkswirtschaft
NSDAP	Nationalsozialistische Deutsche Arbeiterpartei
NVA	Nationale Volksarmee

Abkürzungsverzeichnis

NVR	Nationaler Verteidigungsrat
POS	Polytechnische Oberschule
PDS	Partei des Demokratischen Sozialismus
PKW	Personenkraftwagen
RAF	Rote Armee-Fraktion
RGW	Rat für Gegenseitige Wirtschaftshilfe
RIAS	Rundfunk im amerikanischen Sektor
SBZ	Sowjetische Besatzungszone
SED	Sozialistische Einheitspartei Deutschlands
SMAD	Sowjetische Militäradministration
SPD	Sozialdemokratische Partei Deutschlands
SS	(faschistische) „Schutzstaffel"
UdSSR	Union der sozialistischen Sowjetrepubliken
UNO	United Nations Organization (Vereinte Nationen)
VEB	Volkseigener Betrieb
VP	(Deutsche) Volkspolizei
ZK	Zentralkomitee (der SED)

ISBN 3-360-01045-0

© 2003 Das Neue Berlin Verlagsgesellschaft mbH
Rosa-Luxemburg-Str. 39, 10178 Berlin
Umschlagentwurf: Peperoni Werbeagentur, Berlin
Alle Rechte vorbehalten.
Printed in Germany

Die Bücher der edition ost und des Verlags Das Neue Berlin
erscheinen in der Eulenspiegel Verlagsgruppe.

www.edition-ost.de